光明行 系列丛书

北京市监狱管理局
北京市戒毒管理局 编著

思想与政治

中国政法大学出版社
2025·北京

图书在版编目（CIP）数据

思想与政治 / 北京市监狱管理局，北京市戒毒管理局编著. -- 北京：中国政法大学出版社，2025. 3. -- ISBN 978-7-5764-2022-7

Ⅰ. D926.7

中国国家版本馆 CIP 数据核字第 20253X58K9 号

书　名	思想与政治 SIXIANG YU ZHENGZHI
出版者	中国政法大学出版社
地　址	北京市海淀区西土城路 25 号
邮　箱	bianjishi07public@163.com
网　址	http://www.cuplpress.com (网络实名：中国政法大学出版社)
电　话	010-58908466(第七编辑部) 010-58908334(邮购部)
承　印	北京中科印刷有限公司
开　本	720mm×960mm　1/16
印　张	18
字　数	280 千字
版　次	2025 年 3 月第 1 版
印　次	2025 年 3 月第 1 次印刷
定　价	68.00 元

编委会

总　序

　　教材是传播知识的主要载体，体现着一个国家、一个民族的价值观念体系。习近平总书记指出："紧紧围绕立德树人根本任务，坚持正确政治方向，弘扬优良传统，推进改革创新，用心打造培根铸魂、启智增慧的精品教材。"监狱作为教育人、改造人的特殊学校，更加需要一套科学系统的精品教材，洗涤罪犯灵魂，将其改造成为守法公民。多年来，首都监狱系统在"惩罚与改造相结合、以改造人为宗旨"的监狱工作方针指导下，始终坚持用心用情做好教育改造罪犯工作，秉持以文化人、以文育人理念，于2012年出版了北京市监狱管理局历史上第一套罪犯教育教材——"光明行"系列丛书，旨在用文化的力量，使人觉醒、催人奋进、助人新生。

　　丛书自问世以来，得到了司法部、北京市委政法委、市司法局等上级机关和领导的充分肯定，获得了范方平、舒乙、洪昭光等知名专家的高度评价，受到了全国监狱系统同行的广泛关注，得到了罪犯的普遍欢迎，成为北京市监狱管理局科学改造罪犯的利器。这套丛书获得了多项荣誉，2012年被国家图书馆和首都图书馆典藏，《道德与践行》被中央政法委、北京市委政法委列为精品书目，《健康与养成》获得了"全国中医药标志性文化作品"优秀奖等。"光明行"系列丛书已经成为北京市监狱管理局罪犯改造体系的重要组成部分，成为北京市监狱管理局的一张名片，为全面提升罪犯改造质量发挥了重要作用。

　　党的十八大以来，以习近平同志为核心的党中央高度重视监狱工作，习近平总书记多次作出重要指示，为监狱工作提供了根本遵循，指明了前进方向。特别是随着中国特色社会主义进入新时代，社会主要矛盾发生根本转变，经济生活发生巨大变化，社会形势发生重大变革，全党确立习近平新时代中国特色社会主义思想，提出了一系列治国理政的新理念、新思想、新战略，取得了举世瞩目的成就。近年来，随着刑事司法领域全面深化改革的逐步推进，国家相关法律和监狱规章发生较大调整，监狱押犯构成发生重大变化，监狱机关面临新形势、新任务、新挑战，需要我们与时俱进，守正创新，在罪犯改造的理论体系、内容载体、方式手段，以及精准化水平等方面实现新的突破，以适应新的改造需要。在这样的背景下，北京市监狱管理局以"十个新突破"为指引，正式启动对"光明行"系列丛书的修订改版，进一步丰富完善罪犯教育教材体系，推动教育改造工作走深、走精、走活、走实。

本次修订对原有的《监狱与服刑》《道德与践行》《法律与自律》《劳动与改造》《心理与心态》《回归与融入》6本必修分册，以及《北京与文明》《信息与生活》《理财与规划》《健康与养成》4本选修分册进行更新完善，同时新编了一本《思想与政治》必修分册，以满足强化罪犯思想政治教育、树立"五个认同"的现实需要，使得丛书内容体系更加科学完善。

新修订的"光明行"系列丛书共计160余万字，展现出以下四大特点：一是反映时代特征。丛书以习近平新时代中国特色社会主义思想为指导，反映十几年来社会发展和时代进步的最新成果，将中央和司法部对监狱工作的新思路、新要求融入其中，特别是坚持同中国具体实际相结合，同中华优秀传统文化相结合，对理论及内容进行更新，充分展现"四个自信"。二是彰显首善标准。丛书总结这十几年来北京市监狱管理局改造工作经验，将"十个新突破"及教育改造精准化建设的最新要求融入其中，体现了市局党组和全局上下的使命担当和积极作为，反映了首都监狱改造工作取得的成绩和经验，展现了首都监狱工作的特色和水平。三是贴近服刑生活。丛书立足监狱工作实际，紧扣服刑、改造、生活、回归等环节，贯穿服刑改造全过程，摆事实、讲道理、明规矩、正言行，既供罪犯阅读，也供民警讲授，对罪犯有所启发，使其有所感悟，帮助罪犯解决思想和实际问题。四是适合罪犯学习。丛书更新了大量具有时代性和典型性的故事和事例，以案析理、图文并茂，文字表述通俗易懂、简单明了，每个篇章新增了阅读提示、思考题以及推荐书目和影视作品，使罪犯愿意读、有兴趣、能读懂、易接受，将思想教育做到潜移默化、润物无声。

本次修订改版从策划编写到出版问世，历时一年，经历了内容调研、提纲拟定、样章起草、正文撰写、插图设计、统稿审议、修改完善和出版印刷等大量艰辛繁忙的工作。丛书修订得到了各级领导的大力支持和悉心指导，参与社会专家达到 21 人，参与编写的监狱民警 80 余人，组织召开各类会议 130 余次，问卷调查涉及罪犯 1800 余人次，投入经费 200 万元。我们还荣幸地邀请到秦宣、章恩友、马志毅、金大鹏、林乾、吴建平、元轶、刘津、许燕、杨光、巫云仙等知名专家担任顾问，加强指导、撰写序言、提升规格、打造精品。希望广大罪犯珍惜成果、加强学习、认真领悟、真诚悔过、自觉改造，早日成为有益于社会的守法公民。

在此，谨向付出艰辛劳动的全体编写人员致以崇高敬意，向支持帮助丛书编写出版的同志们及社会各界人士表示衷心的感谢！由于时间和水平有限，难免存在疏漏和不足之处，欢迎批评指正。

"光明行" 系列丛书编委会

2025 年 1 月

分　序

　　中国特色社会主义进入新时代，经济高质量发展扎实推进，新质生产力迅猛发展，中国特色社会主义制度建设、国家治理体系治理能力建设，以及国家安全体系安全能力建设取得长足进步。监狱作为刑罚执行机关，是整个国家运行体系的重要组成部分，在新时代新形势下，势必要紧紧跟随时代，开创新的发展格局。

　　坚持惩罚与改造相结合，注重罪犯的思想政治教育，是社会主义国家监狱工作的重要特点，也是突出优势。毛泽东等老一辈无产阶级革命家把改造罪犯同无产阶级解放事业紧密联系起来，把改造罪犯作为改造社会伟大事业的一部分，他们的许多论述至今闪耀着理性的光芒。如"人是可以改造的""世界观的转变是一个根本的转变""我们的监狱其实是学校"，等等。这些极富哲理的论述，为新中国的监狱制度和监狱工作指明了方向。

　　新时期，人民日益增长的美好生活需要和不平衡不充分的发展之间的矛盾，成为中国社会的主要矛盾，人民对于平安中国法治中国的目标提出了更高的要求。党的二十大在全面建成小康社会的基础上，描绘了全面建成社会主义现代化的宏伟蓝图。党的二十届三中全会通过了《中共中央关于进一步全面深化改革、推进中国式现代化的决定》，对健全社会治理体系作出了专门部署。习近平总书记高度重视新时期政法工作，2024 年 1 月 14 日对政法工作作出重要指示，要求"以政法工作现代化支撑和服务中国式现代化"。2024 年 4 月 12 日，习近平总书记针对监狱工作提出"用心用情做好教育改造罪犯的工作",新时代监狱教育改造工作又被赋予更高标准。

北京市监狱管理局推出的"光明行"系列丛书兼备教育性与可读性,受到读者的广泛好评,取得了很好的教育效果。此次全面修订,增加了《思想与政治》分册,重点介绍了习近平新时代中国特色社会主义思想,传播党史、国史、改革开放史以及中华民族史相关知识,助力罪犯更好地改造世界观、价值观、人生观,增强对伟大祖国、中华民族、中华文化、中国共产党、中国特色社会主义的认同度,帮助他们更好的自我改造,回归社会。《思想与政治》的增加使得丛书更加完整,中国特色更加突出。

作为一名马克思主义理论工作者,我认为《思想与政治》分册有以下特点:

第一,深刻的思想性、政治性。本书表现出坚定的政治立场,坚持马克思主义崇高理想和中国特色社会主义坚定信念,比较全面准确的阐释了习近平新时代中国特色社会主义思想的核心要义和主要观点,比较全面地分析了新时代中国国情,介绍了党史、国史和中华民族的历史,表达了爱党、爱国、爱人民、爱社会主义的崇高感情。文字中充满了对党对国家对中华民族对中国人民的浓厚情感,充满了对中国特色社会主义的道路自信、理论自信、制度自信和文化自信。

第二,强烈的启发性、感染性。人人都需要成长,人人都需要通过学习提升自己,读书是学习的最好路径。《思想与政治》分册既有正确的思想理论,又兼顾历史故事,史论结合,有点有面。同时,分册把个人成长和社会发展结合起来,把个人理想和中国特色社会主义光明前景结合起来,引领读者通过不断提升自我,积极投身于国家发展的大潮中,具有较强的启发性、感染性。

第三,鲜明的通俗性、可读性。《思想与政治》分册下了比较大的功夫,在行文中注重使用通俗性的语言,加入历史故事,引用直观的数据,在增加通俗性的同时,兼顾了可读性。此外,将近一半的课后思考题，都结合了教育改造实际。整体来看，作为思想政治读物，本书切实做到了拉近与读者间的距离。

　　总之，把高深的理论以较为通俗读物的形式送进监舍，让罪犯获得思想滋养，是一件非常有意义的事情。相信它能够帮助大家形成完整的、正确的世界观、人生观、价值观，为将来回归社会、融入社会打下坚实基础。

中国人民大学习近平新时代

中国特色社会主义思想研究院院长　

2024 年 12 月

目　录

第一篇
历史和人民选择了中国共产党

近代以来，中国面临着帝国主义和封建主义的双重压迫，导致国家贫弱、人民困苦。中国人民面临的两大历史任务是争取民族独立和人民解放，实现国家富强和人民富裕。为此，中国人民进行了长期的探索和斗争。中国共产党成立后，自觉肩负起这两大历史重任，同时致力于国家的繁荣富强和人民的富裕。新中国成立后，党又带领中国人民进行了社会主义革命和社会主义建设，使中国实现了由站起来、富起来到强起来的转变。在百年的奋斗中，党始终坚守为人民谋幸福、为中华民族谋复兴的初心和使命。

【阅读提示】

1. 了解中国近代史，特别是中国共产党如何带领人民争取民族独立。

2. 理解中国从站起来、富起来到强起来的历史进程。

3. 深刻理解中国共产党人的政治主张与奋斗目标，理解中国共产党为什么能赢得人民拥护。

近代以来，中国人有两个梦想，一是争取民族独立和人民解放，二是实现国家富强和人民幸福。"近代以后，争取民族独立、人民解放和实现国家富强、人民幸福就成为中国人民的历史任务。在旧式的农民战争走到尽头，不触动封建根基的自强运动和改良主义屡屡碰壁，资产阶级革命派领导的革命和西方资本主义的其他种种方案纷纷破产的情况下，十月革命一声炮响，为中国送来了马克思列宁主义，给苦苦探寻救亡图存出路的中国人民指明了前进方向、提供了全新选择。"[1]习近平总书记这段话深刻揭示了中国人民近代以来的百年梦想。近代中国的历史，是中国人民受难、中华民族受辱的历史，是中国社会各界奋力救亡、艰难探索的历史。最终，中国共产党团结带领全国各族人民，经过艰苦卓绝的斗争，通过一代又一代人的接续努力，赢得了民族独立和人民解放，实现了从站起来到富起来的历史性飞跃，迎来了走向中华民族伟大复兴的光明前景。所以说是中国历史和中国人民选择了中国共产党作为自己的领导核心，选择了社会主义作为自己的道路和方向。

第一节　曾经积贫积弱的中国

公元 17 世纪到 19 世纪的工业革命和资产阶级革命，使欧洲主要国家经济进步、科技实力和军事实力迅速增强，工业化和资产阶级民主制度给各国经济带来了日新月异的增长。而当时的清王朝夜郎自大、不思进取，错过了工业革命生产方式变革和政治制度变革的先机。生产方式的落后和政治制度的衰败使中国以科技实力和军事实力为标志的综合国力逐渐衰退，鸦片战争以后清王朝更是屡战屡败，日益陷入贫困和孱弱

---

[1] 习近平："在纪念马克思诞辰 200 周年大会上的讲话"，载《人民日报》2018 年 5 月 5 日，第 2 版。

的泥沼之中。

一、天朝上国的迷梦

中国自公元前 5 世纪进入封建社会以来，历经秦、汉、三国、两晋、南北朝、隋、唐、五代、宋、元、明、清等诸朝代，一直延续了两千多年。在这两千多年中，勤劳智慧的中华民族创造了灿烂辉煌的中华文明。中国人发明了指南针、造纸术、印刷术和火药，建造了万里长城，开凿了五千多里的大运河，但是，残酷漫长的封建专制统治，又使我国的经济、政治、文化、科技逐渐失去创新活力，长期处于发展迟缓的状态之中。17 世纪下半叶至 18 世纪，清朝的康熙、雍正、乾隆年间，是中国封建社会最后的鼎盛时期，但同时封建社会也走向了末世。到了鸦片战争前夜的嘉庆、道光年间，清王朝衰相尽显，潜伏着许多危机，而且闭关自守，故步自封。中国封建制度已处处暴露出土崩瓦解的先兆。

△ 中国国家博物馆馆藏清人绘《大观园图》，
当中国皇帝沉浸于虚幻的"盛世"时，
工业文明已经在地球另一端蓬勃兴起

然而，世界局势并没有因中国社会的停滞落后而停止变化，中国已经在科学技术及其运用上逐渐落后于西方资本主义国家。17—18 世纪西欧各国先后进入资本主义时代，17 世纪即明末崇祯和清初康熙时期，英国资产阶级革命完成，在乾隆盛世时，法国大革命、美国独立战争先后爆发，英国占领印度建立了殖民地。到 1807 年，第一艘蒸汽轮船在西方国家制造完成，世界形势急剧变革，新兴资产阶级国家对中国施行炮舰政策已经有了技术前提。而即将处于险境的清王朝还懵然不知，仍然在做着其天朝上国、万世长存的迷梦。

二、民族灾难的开端

清朝统治者害怕本国民众在思想上受外国人的影响而对其统治不利，采取了闭关锁国的政策。闭关政策固然是清政府在遇到外来威胁的情况下采取的一种民族自保政策，在一定的时期和一定程度上，也起到了某种抵御外侵的作用，但从历史发展的进程来看，它的消极作用大于积极作用。实行这种政策的结果，不仅切断了中国与世界的联系和经济文化交流，还严重地束缚了国人的眼界和思想，助长了夜郎自大、愚昧无知的陈腐观念的滋生和蔓延。鸦片战争前的清王朝好比一条庞大而破旧的船只，漂荡在急风暴雨来临之前的大海中。

19世纪初，英国已经基本上完成工业革命，建立了号称"日不落"的殖民大帝国。继在亚洲占领印度之后，中国成为它的主要侵略目标。英国早已对地大物博、人口众多的中国垂涎三尺，中国的海外贸易已大部分掌握在英国的东印度公司手里，而中国对通商的限制显然不利于其海外市场的拓展，英国遂决心要打开中国的大门。1793年，即将完成工业革命的英国曾派特使马戛尔尼到中国交涉，向清政府提出加开新的通商口岸、割让舟山附近岛屿、降低关税等无理要求，被清政府断然拒绝。此后英国又向中国大量倾销商品，试图以商品来打开中国的通商大门。

当时中国经济中占主导地位的是小农业与家庭手工业相结合的自给自足的自然经济，在19世纪以前，外国没有什么大宗货物是中国需要购买的，英国的洋货在中国市场上也很难卖出去。英国工业品遭到中国自然经济和闭关政策的顽强抵抗，销量不大，而英国商人却需要用大量银元购买中国的茶叶、生丝等商品。英国对华贸易长期处于入超状态。于是，英国殖民者以走私鸦片作为牟取暴利及改变贸易逆差的手段。英国东印度公司在其殖民地印度强迫和诱使印度农民大量种植鸦片，并源源不断地运入中国，输入量年年增加。鸦片战争前的四十年间，仅英国运进中国的鸦片就达四十二万七千箱，从中国掠夺走了三亿至四亿两银元。道光年间，已经是烟毒泛滥，成千上万中国人的身体被摧残，大量白银外流，国家财政经济出现了严重危机。

英国资产阶级及其政府对向中国发动武装侵略蓄谋已久。1825年和 1837 年英国发生了两次资本主义经济危机。为了摆脱危机和转移国内人民的视线，英国政府迫不及待地酝酿发动一场对华侵略战争。1835 年，林德赛致函英国外交大臣巴麦斯顿子爵，建议对中国发动战争，而且提出了具体的作战方案和所需的兵力及时间、路线等。在华鸦片贩子、伦敦东印度公司、曼彻斯特商会、利物浦印度协会等，都曾经上书英国政府，要求动用武力打开中国市场。

这期间的中国，鸦片之危害已经引起了国人的注意，人们纷纷要求禁绝鸦片。英国的鸦片走私不仅造成了中国的白银大量外流和财政危机，还导致银贵钱贱，加重了劳动人民的负担，并且直接毒害了中国人的身体和精神。鉴于此情，一些满腔爱国热忱的有识之士，纷纷向道光帝上奏章，要求禁烟。在种种压力下，清政府实行禁烟措施，钦差大臣林则徐于 1839 年 6 月在广东虎门销毁鸦片，是维护国家利益和民族尊严的正义行动。

中国的禁烟运动让英国政府找到了发动侵华战争的借口。1840 年 4 月，英国国会通过对华战争的决定。同年 6 月，英国侵华舰队封锁了珠江海口和广东海面，鸦片战争正式爆发。

鸦片战争以清政府的失败而告终。1842 年 8 月 29 日，清政府与英国签订了中国近代史上第一个不平等条约《南京条约》。1843 年 10 月，又签订了中英《虎门条约》。英国获得了实惠，美国、法国等西方列强趁火打劫，逼迫清政府与之签约，捞取商业利益。1844 年 7 月中美签订《望厦条约》，10 月中法签订《黄埔条约》，从 1845 年起，比利时、瑞典等国家也陆续胁迫清政府签订了类似条约。通过这一系列不平等条约，英国等西方列强在中国攫取了大量侵略特权。

鸦片战争的失败和《南京条约》等一系列不平等条约的签订，使中国社会开始发生了根本性的变化。鸦片战争之后，中国在政治上领土主权遭到严重破坏，自给自足的自然经济逐渐解体，逐渐成为世界资本主义的商品市场和原料供给地，中国开始沦为半殖民地半封建社会。

第一次鸦片战争后，西方资本主义列强相继侵入中国。但它们不满足已经取得的特权和利益，蓄意加紧侵犯中国主权，进行经济掠夺。

1854 年，《南京条约》届满十二年。英国借口中美《望厦条约》有关于十二年后贸易及海面各款稍可变更的规定，援引最惠国待遇，向清政府提出全面修改《南京条约》的要求。法、美两国也分别要求修改条约，清政府表示拒绝，交涉无果。1856 年，《望厦条约》届满十二年。美国在英国、法国的支持下，再次提出全面修改条约的要求，但仍被清政府拒绝。于是，西方列强决心对中国发动一场新的侵略战争。

1856 年 10 月到 1860 年 10 月，在俄、美支持下，英法趁中国爆发太平天国运动，清政府焦头烂额之际，以"亚罗号事件"及"马神甫事件"为借口，联手发动了进攻中国的战争。因为这场战争可以看作是第一次鸦片战争的延续，所以也称"第二次鸦片战争"。第二次鸦片战争历时四年多，中国人民和爱国官兵英勇抗敌，给予侵略者沉重的打击。但是，由于清政府的软弱、腐败和无能，战争以中国失败而告终。战争中，英法联军所到之处，烧杀抢掠，无恶不作，使中华民族再次蒙受深重的灾难。英法联军在北京洗劫和烧毁了融汇中外建筑艺术精华的"万园之园"——圆明园。

△ 圆明园遗址

第二次鸦片战争，列强侵略更加深入，先后迫使清政府签订中英《天津条约》和《北京条约》，中法《天津条约》和《北京条约》，中俄《瑷珲条约》等和约。中国因此而丧失了东北及西北共 150 多万平方公里的领土。

经过第二次鸦片战争，外国资本主义的侵略势力由东南沿海进入内地，并日益扩展，外国公使驻京加强了对清政府的影响和控制，中国社会进一步半殖民地化。

三、半殖民地半封建社会的形成

19 世纪 90 年代，世界资本主义列强先后进入帝国主义阶段。帝国主义国家迫切需要寻找新的投资场所，垄断殖民地的原料和市场，以保证本国工业的发展。当时，几乎整个非洲、大洋洲和亚洲远东以外的地区已沦为殖民地，侵略者的目光移向还没有完全被分割的少数地区。中国和朝鲜，就成为帝国主义国家争夺的焦点。

日本作为新兴的资本主义国家，侵略中国和朝鲜的蓄谋已久。早在明治维新时期，日本就制定了旨在征服中国，然后征服世界的"大陆政策"。日本统治者为了实现其对外侵略的狂妄计划，在加紧发展军事工业、疯狂扩军备战的同时，大肆向国民和士兵灌输武士道精神和推广军国主义教育。到甲午战争前夕，日本已建立了一支拥有 63 万常备兵、23 万预备兵的陆军和排水量 72 万多吨位的海军舰队。同时，还派出大批特务潜入朝鲜和中国的各战略要地，大肆收集政治、经济、军事情报，从各方面做好了武装侵略朝鲜和中国的准备。

日本在完成各项侵略准备之后，就开始寻找发动战争的借口。1894年初，朝鲜东学党在全罗道举行起义，提出"除暴救民、尽灭贵权、逐灭洋倭"等口号，展开了反对封建统治者和打击外国侵略者的斗争。朝鲜当局派兵镇压无效后，请求清政府派兵助剿。日本认为这是发动战争的绝好机会，一面极力怂恿清政府出兵，一面迅速进行战争动员。1894 年 6 月，清政府派军赴朝，日本政府则以"保护使馆和侨民"为名，大举出兵朝鲜。清政府发现落入日本的圈套后，进退两难，急忙建议两国军队同时撤出朝鲜，遭日本拒绝。

7 月 25 日，日本不宣而战，分两路向驻守在牙山的中国军队及牙山口外丰岛海面的中国兵舰发动突然袭击，挑起了侵略中国的战争。1894 年是中国农历的甲午年，这场战争史称中日"甲午战争"。

这场战争以中国战败、北洋水师全军覆没告终。清政府被迫签订了丧权辱国的《马关条约》。它给中国社会造成了极其严重的危害，进一步加深了中国社会半殖民地化的程度。

在甲午战争之前，中国经历了多年的洋务运动，建立了初步的近代工业。在中法战争中，中国取得了战争胜利，让世界为之一惊，对中国刮目相看。左宗棠收复伊犁，震慑了沙皇俄国。清王朝开始要求与外国修改不平等条约，开始在世界舞台上取得了一定的话语权，此时的中国仍然具有一定的经济实力和综合国力，建立了号称当时最强大的海军舰队，自称为亚洲第一强国。但是在甲午战争之后，中国失去了相应的国际地位和话语权，西方列强开始肆无忌惮地掀起了瓜分中国的狂潮。

随着民族危机的加深，中国人民反抗帝国主义的斗争日益高涨。与此同时，随着战争赔款的加深，人民不堪重负，终于引发了义和团运动。义和团的迅速发展，沉重地打击了帝国主义列强的侵华势力，使帝国主义极为恐惧，多次胁迫清政府镇压义和团。1900 年 5 月 28 日，英、美、法、德、俄、日、意、奥等八国在各国驻华公使会议上正式决定联合出兵镇压义和团运动，以"保护使馆"的名义，调兵入北京。1900 年 6 月 6 日前后，八国联合侵华计划相继得到各自政府的批准，进攻中国的战争爆发。6 月 10 日，英军驻华司令、海军中将西摩尔统率八国联军 2300 多人，由天津乘火车向北京进犯。随后，侵华帝国主义海军在沙俄海军将领指挥下，联合进攻大沽口炮台，大沽口失陷后，俄、英、德、美援军数千人，攻陷天津。8 月中旬，联军 2 万余人由天津进犯北京。北京失陷后，慈禧太后和光绪皇帝仓皇出逃西安。联军入城后，解除了义和团对东交民巷和西什库教堂的围攻，义和团被迫退出北京，转往外地坚持抗击侵略者。慈禧太后在流亡途中，指定李鸿章为与列强议和的全权代表，发布彻底铲除义和团的命令，与联军签订了丧权辱国的不平等条约——《辛丑条约》。这个条约虽暂时保住了清政府的权位，却大大加强了帝国主义对中国人民的盘剥。

四、国耻民辱何时休

甲午战争失败标志着清朝历时三十余年的洋务运动的失败，取得的近代化成果化为乌有，标志着列强侵华进入了一个新阶段，列强掀起进一步瓜分中国的狂潮，大大加深了中国的半殖民地化程度。甲午战争的失败直接导致中国人民挽救民族危亡的运动高涨，资产阶级掀起了维新变法运动和民主革命运动，中国人民自发反抗侵略的斗争高涨。

20 世纪初，帝国主义列强在迫使中国签订《辛丑条约》以后，加强了对清政府的政治控制，多方扩展在华经济势力，不仅给中国人民带来了沉重负担，还损害了国家主权。

外国在华投资规模急速扩张，包括扩大设厂规模和给清政府大量高息贷款，而铁路、矿山的利权更是成为帝国主义掠夺的重要目标。1903—1904 年，英国派兵入侵中国西藏地区。1904—1905 年，日、俄两国为了争夺在华利益竟然在中国东北进行战争，清政府却宣称"局外中立"。经过一年多的战争，日本战胜俄国，俄国将所攫得的中国东北南部所有一切侵略特权"转让"给日本。中国的民族危机进一步加深。

为了对外支付巨额赔款等，十多年间，清政府的财政开支激增4倍之多。在清朝的最后几年里，各种旧税一次又一次被追加，种种巧立名目的新税更是层出不穷，各级官吏还要中饱私囊，致使民怨沸腾，社会矛盾进一步激化。

在中外反动派的严重压迫下，20世纪初的中国，各阶层人民的斗争风起云涌、遍及全国。1902年至1911年间，各地较大规模的民变多达1300余起。其中包括各阶层人民的反洋教斗争，农民、手工业者的抗租、抗捐、抗税斗争，工人的罢工斗争，商人的罢市斗争，少数民族与会党的起事等。同时，拒俄、拒法、抵制美货、收回利权运动和保路运动等爱国运动不断涌现。在一些运动中，资产阶级开始崭露头角。这些情况说明，随着晚清政局的演变，人民群众已经不能照旧生活下去了。

思考题

1. 为什么说鸦片战争是中国沦为半殖民地的开始？

2. 近代以来中国人民都进行了哪些反抗帝国主义侵略和掠夺的斗争？

3. 为什么近代中国几乎所有的反抗帝国主义侵略和掠夺的斗争都归于失败？

第二节 各种救亡努力的失败

随着帝国主义列强的入侵，中国的民族危机和社会危机日益加深，中华民族面临亡国的危险，社会各阶级阶层都面临着"怎么办"的问题。农民阶级、地主阶级洋务派、资产阶级维新派、资产阶级革命派，先后提出自己的救国主张。他们从各自的阶级立场出发，对国家的出路进行探索，先后提出了不同的主张和方案，这些主张和努力，都没有能够挽救中国。

一、农民阶级自发救亡

农民是外国侵略者和本国封建统治者的主要压迫对象和反抗力量。长期以来，中国广大农民在封建地主的压迫和剥削下，过着极其贫困和不自由的生活。鸦片战争失败以后，为支付对列强的巨额赔款，同时也为了弥补财政亏空，清政府加重了赋税的征收科派。各级官吏在征收钱粮时往往浮收勒扣、横征暴敛，农民的负担更为沉重。

由于西方资本主义的入侵，中国的农业和家庭手工业相结合的自然经济逐渐解体。鸦片贸易在战后进一步泛滥，导致白银外流、银贵钱贱的现象更加严重，又额外增加了农民的负担。残酷的压迫和剥削，迫使广大人民尤其是农民群众走上反抗斗争的道路。1842 年至 1850 年间，全国各族人民的反清起义在百次以上。清政府调兵镇压，但群众斗争此起彼伏，酝酿着更大规模的反抗。太平天国农民起义就是在这种情况下爆发的。

△ 人民英雄纪念碑上的金田起义浮雕

太平天国颁布的《天朝田亩制度》是几千年来农民运动的思想结

晶，同时又有着不容忽视的局限性。

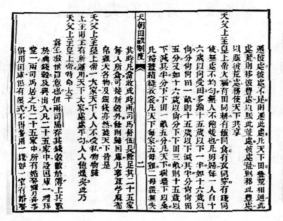

△ 太平天国《天朝田亩制度》

1843 年，洪秀全撷取原始基督教教义中反映下层民众要求的平等思想和某些宗教仪式，从农民斗争的需要出发，加以改造，创立了拜上帝教，并利用它发动和组织群众。1851 年 1 月，洪秀全率拜上帝教教众在广西桂平金田村发动起义，建号太平天国。随后，太平军从广西经湖南、湖北、江西、安徽，一直打到江苏，席卷 6 省。1853 年 3 月，占领南京，定为首都，改名天京，正式宣告太平天国农民政权的建立。

太平军所进行的战争，是一次反对清政府腐朽统治和地主阶级压迫、剥削的农民运动。太平军通过打击官僚机构、焚烧田契债券等方式冲击了封建统治秩序，沉重打击了清朝统治和外国侵略势力，获得了群众的短期支持和拥护。太平天国定都天京后，先后进行了北伐、西征和天京城外的破围战。到 1856 年上半年，除北伐失利外，太平军在湖北、江西、安徽和天京附近等战场都取得了重大胜利，控制了大片地区，达到了军事上的全盛时期。

太平天国定都天京后，进行了一系列制度建设，并颁布了《天朝田亩制度》。这是最能体现太平天国社会理想和这次农民起义特色的纲领性文件。太平天国的领导者们希望通过施行这样的方案，建立"有田同耕，有饭同食，有衣同穿，有钱同使，无处不均匀，无人不饱暖"的理想社会。

　　《天朝田亩制度》的主张，从根本上否定了封建社会的基础即封建地主的土地所有制，体现了广大农民要求平均分配土地的强烈愿望，是对以往农民战争中"均贫富""等贵贱"和"均平""均田"思想的发展和超越，具有进步意义。不过，它并没有超出农民小生产者的狭隘眼界。它所描绘的理想天国，仍然是闭塞的自给自足的自然经济，是小农业和家庭手工业相结合的传统生活方式；同时又是一个没有商品交换和绝对平均的社会。这种社会理想，在很大程度上具有不切实际的空想的性质。实际上，《天朝田亩制度》中的平分土地方案即使在太平军占领地区也并未能付诸实行。

　　在太平军取得重大胜利的同时，太平天国内部潜在的矛盾和弱点也日益明显地暴露出来。1856年，发生了太平天国内部自相残杀的天京事变。东王杨秀清、北王韦昌辉先后被杀，翼王石达开率部出走败亡。天京事变严重地削弱了太平天国的领导和军事力量，成为太平天国由盛转衰的分水岭。

　　为重整纲纪，挽救危局，洪秀全提拔了陈玉成、李秀成等一批具有军事才干的青年将领，1859年又封洪仁玕为干王，总理朝政。

　　《资政新篇》是洪仁玕于1859年提出的一个统筹全局的社会发展方案。它的主要内容是：在政治方面，主张"禁朋党之弊"，加强中央集权，并学习西方，制定法律制度。在经济方面，主张发展近代工矿、交通、邮政、银行等实业，奖励科技发明和机器制造，尤其是提出"准富者请人雇工"，对穷人"宜令作工，以受所值"，这就把对西方的学习，从生产力的领域扩展到生产关系的领域，即开始提倡资本主义的雇佣劳动制。在文化方面，建议设立新闻馆，"以报时事常变"，破除陈规陋俗，提倡兴办学校、医院和社会福利事业。在外交方面，主张同外国平等交往、自由通商，"与番人并雄"，但严禁鸦片输入。对于外国人，强调"准其为国献策，不得毁谤国法"。

　　这样一个具有资本主义色彩的方案，洪秀全看到后，几乎逐条加以批示，对其中绝大部分条款表示赞同，并下令镂刻颁布。但是限于当时的历史条件，未能付诸实施。

　　在清廷和西方帝国主义的联合夹击下，元气大伤的太平天国已经无法从根本上挽回败局。洪秀全本人的保守和迷信思想也越来越严重。当天京被湘军包围时，他拒绝了李秀成提出的"让城别走"、另辟新根据地的建议，坚持死守天京。1864 年 6 月，洪秀全病故。7 月，天京被湘军攻破，太平天国起义失败。

太平天国农民起义想要建立一个以"天王"为首的农民政权。但是，在以小农和家庭手工业相结合的分散的小生产的基础上，虽然可以建立暂时的劳动者政权，但它最终还是会向封建专制政权演变的。

太平天国农民起义动摇了清王朝封建统治的基础，有力地打击了西方资本主义侵略者，显示了农民阶级的反抗精神和战斗力量。太平天国起义及其失败表明，在半殖民地半封建的中国，农民具有伟大的革命潜力；但它自身不能担负起领导反帝反封建斗争取得胜利的重任。单纯的农民战争不可能完成争取民族独立和人民解放的历史任务。

二、清王朝救亡图存的努力

封建士大夫阶级的救亡努力是从销毁鸦片开始的。道光年间，烟毒泛滥，摧残了成千上万的中国人的身体，鸦片走私导致大量白银外流，国家财政经济出现了严重危机。一些有识之士纷纷向道光帝上奏章，要求禁烟。1838 年 10 月，湖广总督林则徐在奏章中说："今鸦片流毒，天下为害深重，法治当严，如果以平常态度看待，恐怕数十年之后，中国几乎就没有可以御敌之兵，也没有可以充饷之银了。"这些话说动了道光帝的心，1838 年底，道光帝宣召林则徐进京，半个月后，任命他为钦差大臣，驰赴广东，查禁鸦片。在广大人民群众的支持下，收缴鸦片两万多箱，共计二百三十七万六千多斤。1839 年 6 月，在林则徐的亲自监视下，用盐卤和石灰浸化的办法，在虎门海滩开始销毁，收缴的鸦片足足烧了将近一个月，当时虎门上空浓烟滚滚，人人拍手称快。这就是近代中国人民的爱国壮举——虎门销烟。林则徐不图私利，将收缴的鸦片全部销毁，令外国鸦片贩子也不得不肃然起敬。

△ 后人绘制的林则徐虎门销烟场景

　　洋务运动是在 19 世纪 60 年代初清政府镇压太平天国起义的过程中和第二次鸦片战争结束后兴起的。为了挽救清政府的统治危机，封建统治阶级中的部分成员如奕䜣、曾国藩、李鸿章、左宗棠、张之洞等，主张引进、仿造西方的武器装备和学习西方的科学技术，创设近代企业，兴办洋务。这些官员被称为"洋务派"。

　　洋务派兴办洋务事业的指导思想可以概括为"中学为体，西学为用"。所谓"中体西用"，就是以中国封建伦理纲常所维护的统治秩序为主体，用西方的近代工业和技术为辅助，并以前者来支配后者。从 19 世纪 60 年代到 90 年代，洋务派举办的洋务事业归纳起来有三个方面。

（一）兴办近代企业

　　洋务派首先兴办的是军用工业，这些企业都是官办的。其中规模较大的有 5 个：1865 年，曾国藩支持、李鸿章筹办的上海江南制造总局，是当时国内最大的兵工厂；同年，李鸿章在南京设立金陵机器制造局；1866 年，左宗棠在福建创办的福州船政局（附设有船政学堂）是当时国内最大的造船厂；次年，崇厚在天津建立天津机器制造局；1890 年，张之洞在汉阳创办湖北枪炮厂。

　　洋务派还兴办了一些民用企业。这些企业除少数采取官办或官商合办的方式外，多数都采取官督商办的方式。其中最重要的官督商办企业有轮船招商局、开平矿务局、天津电报局和上海机器织布局，都是李鸿章筹办或控制的。这些官督商办的民用企业，虽然受官僚的控制，发展受到很大限制，但基本上是资本主义性质的近代企业。

（二）建立新式海陆军

19世纪60年代，北京、天津、上海、广州、福州等地的军队纷纷改用洋枪、洋炮，聘用外国教练。李鸿章的淮军、左宗棠的湘军也是用洋枪装备的军队。

1874年，日本派兵侵犯中国台湾，清政府筹办海防、建设海军之议随之兴起。19世纪70～90年代，分别建成福建水师、广东水师、南洋水师和北洋水师。其中北洋水师是清政府的海军主力，拥有舰艇20多艘。

（三）创办新式学堂，派遣留学生

洋务派创办的新式学堂主要有三种：一为翻译学堂，如京师同文馆，主要培养翻译人才；一为工艺学堂，培养电报、铁路、矿务、西医等专门人才；一为军事学堂，如船政学堂等，培养新式海军人才。在创办新式学堂的同时，还先后派遣赴美幼童和官费赴欧留学生200多人。

洋务派提出"自强""求富"的主张，通过所掌握的国家权力集中力量优先发展军事工业，同时也试图"稍分洋商之利"，发展若干民用企业，在客观上对中国的早期工业和民族资本主义的发展起到了一定促进作用。但是，洋务派兴办洋务新政，主要是为了维护封建统治，并不是要使中国朝着独立的资本主义国家方向发展。

洋务运动历时30多年，虽然办起了一批企业，建立了海军，但却没有使中国富强起来。甲午战争一役，洋务派经营多年的北洋海军全军覆没，标志着以"自强""求富"为目标的洋务运动的失败。其失败的原因主要有以下三点：首先，洋务运动的指导思想是"中学为体，西学为用"，企图以吸取西方近代生产技术为手段，来达到维护和巩固中国封建统治的目的，这就决定了它必然失败的命运。其次，洋务运动进行之时，清政府已与西方国家签订了一系列不平等条约，西方列强正是依据种种特权，从政治、经济等各方面加紧对中国的侵略和控制，它们并不希望中国真正富强起来。而洋务派官员却一再主张对外"和戎"，他们企图依赖外国来达到"自强""求富"的目的，无异于与虎谋皮。最后，洋务企业的管理具有腐朽性。洋务派所创办的一些新式企业虽然具有一定的资本主义性质，但其管理基本上仍是封建衙门式的。企业内部极其腐败，充斥着营私舞弊、贪污受贿、挥霍浪费等官场恶习。正因为如此，洋务运动不可能为中国摆脱贫弱找到出路，也不可能避免最终失败的命运。甲午战败和北洋水师的全军覆灭，宣告了洋务运动的失败。

戊戌维新，也称戊戌变法、百日维新，是康有为、梁启超等人发起的，受到皇帝和部分大臣赞同的比较全面的向西方学习的救国努力。19世纪90年代以后，中国民族资本主义有了初步发展。新兴的民族资产阶级迫切要求挣脱外国资本主义和国内封建势力的压迫和束缚，为在中国发展资本主义开辟道路。

康有为和梁启超，是资产阶级维新派的代表人物，也是近代中国具有影响力的思想家。

甲午战争的惨败，造成了新的民族危机，也激发了新的民族觉醒。而站在救亡图存和变法维新前列的，正是代表民族资本主义发展要求的知识分子。他们把向西方学习推进到一个新的高度，即不但要求学习西方的科学技术，而且要求学习西方资本主义的政治制度和思想文化。在此背景下，资产阶级的改良思想迅速传播开来，逐步形成变法维新的思潮，并发展成一场变法维新的政治运动。

由于民族危机越来越严重，在维新派的推动和策划下，富有爱国心、想要有所作为但又无实权的光绪皇帝也希望通过变法维新来救亡图存，并从以慈禧太后为首的后党手中夺取统治大权。1898年6月11日，他颁布了"明定国是"谕旨，宣布开始变法，并在此后的103天中，接连发布了一系列推行新政的政令。其内容归纳起来，包括下列方面：

政治方面：改革行政机构，裁撤闲散、重叠机构；裁汰冗员，澄清吏治，提倡廉政；提倡向皇帝上书言事；准许旗人自谋生计，取消他们享受国家供养的特权。

经济方面：保护、奖励农工商业和交通采矿业，中央设立农工商总局与铁路矿务总局，各省设立商务局；提倡开办实业，奖励发明创造；

注重农业发展，提倡西法垦殖，建立新式农场；广办邮政，修筑铁路；开办商学、商报，设立商会等各类组织；改革财政，编制国家预决算。

军事方面：裁减旧式绿营兵，改练新式陆军；采用西洋兵制，练洋操，习洋枪等。

文化教育方面：创设京师大学堂，各省书院改为高等学堂，在各地设立中、小学堂；提倡西学，废除八股，改试策论，开经济特科；设立译书局，翻译外国书籍，派人出国留学；奖励新著，奖励创办报刊，准许自由组织学会。

"百日维新"期间颁布的各项政令大多是接受了维新派的建议而制定的，其中许多政令旨在开放一定程度的言论、出版、结社自由，使资产阶级享受一定程度的政治权利，促进资本主义工商业的发展，因此，戊戌维新是一场资产阶级性质的改良运动。但是，在光绪皇帝发布的新政诏令中，并没有采纳维新派多次提出的开国会等政治主张。这些政令和措施并未触及封建制度的根本，所要推行的是一种不彻底的改革方案。

维新派试图通过光绪皇帝推行的这种改革方案，遭到了封建守旧势力的强烈反对。光绪皇帝所颁布的新政命令，由于中央和地方守旧官僚们的抵制，大多未能付诸实施。聚集在慈禧太后周围的守旧势力力图对维新派进行反击和镇压。1898 年的"百日维新"如同昙花一现，只经历了 103 天就夭折了。除京师大学堂（北京大学的前身）被保留下来以外，其余新政措施大都被废除，维新派人士和参与或同情变法的官员，或遭杀害，或被囚禁，或被革职，或遭放逐。以慈禧太后为首的保守势力扼杀维新变法的政变，史称"戊戌政变"。维新运动失败后。康有为、梁启超远走日本避难，六个主要参与者谭嗣同、林旭、杨锐、杨深秀、刘光第、康广仁被杀，被称为"戊戌六君子"。谭嗣同本来也有机会逃走，但是他说："各国变法，无不从流血而成，今日中国未闻有因变法而流血者，此国之所以不昌也。有之，请自嗣同始。"为唤起民众觉醒，他从容就义。

戊戌维新作为近代中国一次资产阶级性质的改良运动，不但暴露了资产阶级的软弱性和妥协性，同时也说明在半殖民地半封建的中国，企图通过统治者走自上而下的改良的道路，是根本行不通的。要想争取国

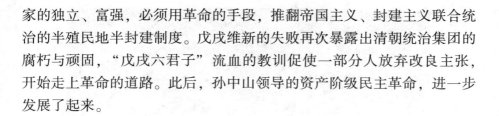

家的独立、富强，必须用革命的手段，推翻帝国主义、封建主义联合统
治的半殖民地半封建制度。戊戌维新的失败再次暴露出清朝统治集团的
腐朽与顽固，"戊戌六君子"流血的教训促使一部分人放弃改良主张，
开始走上革命的道路。此后，孙中山领导的资产阶级民主革命，进一步
发展了起来。

三、资产阶级革命成与败

戊戌维新运动失败后，以孙中山为代表的革命派在中国掀起了一场
资产阶级革命运动。这场革命的发生，是当时民族危机加深、社会矛盾
激化的结果，具有历史的必然性。它是当时中国人民争取民族独立、振
兴中华深切愿望的集中反映，是当时中国人民为救亡图存而前仆后继顽
强斗争的集中体现。

在资产阶级革命思想的传播过程中，资产阶级革命团体也在各地次
第成立。从 1904 年开始，出现了十多个革命团体，其中重要的有华兴
会、科学补习所、光复会、岳王会等。这些革命团体的成立为革命思想
的传播和革命运动的发展提供了不可缺少的组织力量。

1905 年 8 月 20 日，孙中山和黄兴、宋教仁等人以兴中会、光复会
和华兴会为基础，在日本东京成立了中国同盟会，孙中山被公举为总
理，黄兴被任命为执行部庶务，实际主持会内日常工作。同盟会以
《民报》为机关报，并确定了革命纲领。这是近代中国第一个领导资产
阶级革命的全国性政党，它的成立标志着中国资产阶级民主革命进入了
一个新的阶段。

孙中山领导的同盟会不仅提出了革命纲领，而且从事实际的革命活
动，先后发动了多次武装起义。这些起义虽然相继失败，但是产生了广
泛的影响。1911 年 4 月黄花岗起义失败后，以文学社和共进会为主的
革命党人决定在武昌举行武装起义。1911 年 10 月 10 日晚，驻武昌的新
军工程第八营的革命党人打响了起义的第一枪。起义军一夜之间就占领
武昌，取得首义的胜利。

△ 人民英雄纪念碑上的武昌起义浮雕

　　武昌起义掀起了辛亥革命的高潮，大江南北、长城内外，到处燃起革命的烈火。在一个月内，就有 13 个省及其他省的许多州县宣布起义，脱离清政府的统治。腐朽的清王朝迅速土崩瓦解。1912 年 2 月 12 日，清帝被迫退位，在中国延续了 2000 多年的封建帝制终于覆灭。

　　辛亥革命取得胜利后，1912 年 1 月 1 日，孙中山在南京宣誓就职临时大总统，定 1912 年为民国元年，改国号为中华民国，一个资产阶级共和国性质的政权——中华民国临时政府宣告成立。1912 年 3 月，临时参议院颁布《中华民国临时约法》（以下简称为《临时约法》）。这是中国历史上第一部具有资产阶级共和国宪法性质的法典。

　　辛亥革命是资产阶级领导的以反对封建君主专制制度、建立资产阶级共和国为目的的革命，是一次比较完全意义上的资产阶级民主革命。在近代历史上，辛亥革命是中国人民为救亡图存、振兴中华而奋起革命的一个里程碑，它使中国发生了历史性的巨变，具有伟大的历史意义。

　　辛亥革命取得了巨大的成功，但仍以失败而告终。南京临时政府只存在了三个月便夭折了。北洋军阀首领袁世凯在帝国主义和国内反动势力以及附从革命的旧官僚、部分立宪派的共同支持下，窃夺了辛亥革命的果实。3 月 10 日，袁世凯在北京就任临时大总统。4 月 1 日，孙中山正式卸去临时大总统职务。随后，临时参议院议决将临时政府迁往北京。

　　从根本上说，辛亥革命的失败是因为在帝国主义时代，在半殖民地半封建的中国，资本主义的建国方案是行不通的。尽管当时先进的中国人真诚地希望把中国建设成为资产阶级共和国，但是，帝国主义决不容许中国建立一个独立、富强的资产阶级共和国，从而使自己失去中国这个占世界人口四分之一的剥削、奴役的对象。因此，它们用政治、外交、军事、经济等各种手段来破坏、干涉中国革命，扶植并支持它们的代理人袁世凯夺取政权。帝国主义与以袁世凯为代表的大地主大买办势力以及旧官僚、立宪派一起勾结起来，从外部和内部绞杀了这场革命。

从主观方面来说，在于它的领导者资产阶级革命派本身存在许多局限性：第一，没有提出彻底的反帝反封建的革命纲领，他们没有明确提出反帝的口号，甚至幻想以妥协退让来换取帝国主义对中国革命的承认和支持。第二，不能充分发动和依靠人民群众。由于中国民族资产阶级同封建势力有千丝万缕的联系，因而不敢依靠反封建的主力军农民群众。第三，不能建立坚强的革命政党，作为团结一切革命力量的强有力的核心。同盟会内部的组织比较松懈，派系纷杂，缺乏一个统一和稳定的领导核心。

辛亥革命的失败表明，资产阶级共和国的方案没能拯救中国，先进的中国人需要进行新的探索，为中国谋求新的出路。

尽管辛亥革命最终失败了，但是，以孙中山为代表的中国民主革命的先驱者的功绩和不屈不挠的奋斗精神，在中国近代革命史上留下了光辉的一页。经过辛亥革命，民主共和的思想从此流传广远，人们对革命的继续追求也绵延不绝。接受过这场革命洗礼的中国先进分子和中国人民继续顽强探索民族复兴的道路。辛亥革命之后十年，中国共产党宣告成立。许多参加过辛亥革命的老人，陆续参加中国共产党或成为共产党的忠诚朋友，这不是偶然的。中国共产党人继承和发展了孙中山的革命事业，并把它推进到了新的阶段。

四、一盘散沙话北洋

袁世凯窃夺辛亥革命的果实之后，建立了代表大地主和买办资产阶级利益的北洋军阀反动政权。这个形式上的共和国，很快成为袁世凯窃国的工具。袁世凯复辟失败之后，中国陷入军阀割据混战的局面，政治局势动荡不安，经济发展受到严重阻碍。

在政治上，北洋政府实行军阀官僚的专制统治。以袁世凯为首的封建军阀大力扩充军队，建立特务、警察系统。他们制定《暂行新刑律》《戒严法》等一系列反动法令，剥夺《临时约法》赋予人民的言论、出版、集会、结社等各种政治权利，任意逮捕、杀害革命党人和无辜民众。

当时的中国，从形式上看，有了《临时约法》，有了国会，有了众多的公开活动的政党，似乎有点像民主共和国的样子了。实际上，全部政权都掌控在以袁世凯为首的北洋军阀手里，他们对资产阶级民主制度是不能容忍的。1912 年 8 月，宋教仁在征得孙中山、黄兴的同意后，以同盟会为基础联合其他几个政党，组成中国国民党。它在随后的第一届国会选举中获得了多数席位。国民党领袖宋教仁希望由此组织以他为首的责任内阁，在中国推行资产阶级议会民主制度。1913 年 7 月至 9 月，袁世凯又以武力镇压了南方七省国民党人的"二次革命"。同年 10 月，在总统选举中，袁世凯指使军警、流氓包围国会，强迫议员投票选举他为正式大总统。接着，他又撕下"拥护共和"的假面具，攻击国会是"暴民专制"，妨碍国家统一，于 1913 年 11 月下令解散国民党，收缴国民党议员的国会证书、徽章，使国会不足法定人数，无法开会。1914 年 1 月，他又停止参议院、众议院两院议员的职务，遣散议员。5月，袁世凯公然撕毁《临时约法》，炮制了一个《中华民国约法》，用总统制取代内阁制。不久，他又通过修改《大总统选举法》，使大总统不仅可以无限期连任，而且可以推荐继承人。这样，袁世凯不仅可以终身独揽政权，而且还可以将其传子传孙。至此，中华民国只剩下一块空招牌了。

军阀们为了实行专制统治，不惜投靠帝国主义。袁世凯统治时期，出卖路权、矿权，大肆借款，并签订众多不平等条约。他未经国会同意，与列强签订"善后大借款"合同，用盐税作抵押，使列强实现了控制和监督中国财政的愿望。1915 年 5 月，为了让日本支持复辟帝制，袁世凯竟然基本接受日本提出的严重损害中国权益的"二十一条"要求。皖系军阀段祺瑞控制北京政府时，也投靠日本，向日本借款扩充自己的势力。这些借款以东北金矿、森林，东北、山东铁路，国家烟酒专卖利润等为担保，便利了日本进一步掠夺中国的矿产资源和其他原料。

为了达到专制独裁的目的，袁世凯公然进行帝制复辟活动。1915年12月12日，袁世凯发表接受帝位申令。第二天，袁世凯在中南海居仁堂接受百官朝贺。31日，下令以1916年为"中华帝国洪宪元年"，准备在元旦举行登基大典。帝制复辟活动遭到举国反对，袁世凯从1月1日到3月23日只当了83天皇帝就被迫取消帝制和洪宪年号。

在经济上，北洋政府竭力维护帝国主义、地主阶级和买办资产阶级的利益。军阀、官僚大多是大地主，他们以各种手段兼并土地。袁世凯在河南彰德等县占有的土地就有4万多亩，奉系军阀张作霖在东北占地150万亩。在此情形下，许多自耕农和半自耕农陷入破产和丧失土地的境地，变成佃农和雇农。北洋政府还通过"清丈地亩"、征收各种苛捐杂税等手段，对农民进行盘剥。

军阀与官僚还借助政治势力，组成官僚买办资本集团，操纵、垄断财政金融、工业、运输业等。如以梁士诒为首的交通系集团，控制了铁路运输和交通银行。交通银行具有代理国库、发行纸币的特权，为北洋政府经理外债、内债和税收，还直接控制了一些工矿企业。

在文化思想方面，尊孔复古思潮猖獗一时。1913年6月，袁世凯向全国发布《通令尊崇孔圣文》。不久，又命令全国恢复祀孔、祭孔典礼，恢复跪拜礼节，中小学恢复尊孔读经。一些清朝遗老遗少、保守分子纷纷组织尊孔复古团体，发行尊孔刊物。他们攻击民主共和，宣传封建伦常。一些帝国主义分子也大肆鼓吹孔教是"中国独一无二之根本"，只有尊孔才能避免"人人之心皆为革命所颠倒"。

袁世凯当权时，北洋政府统治下的中国在形式上是统一的。在1916年袁世凯称帝败亡之后，连这种形式上的统一也维持不住了，中国陷入了军阀割据的局面，如同一盘散沙。这种局面之所以形成，其深刻的原因是：一方面中国主要是地方性的农业经济，没有形成统一的资本主义市场，另一方面帝国主义国家在中国采取划分势力范围的分裂剥削政策。这些割据称雄的各派系军阀之间，或者为了争夺中央政权，或者为了保持与扩大自己的地盘，纷争连年不断，引发多次战乱。军阀的专制统治和割据、纷争乃至混战，给人民带来无穷灾难，使经济遭到极大破坏。

孙中山具有坚韧的革命精神，他首先喊出"振兴中华"的口号，不断摸索救国救民的道路，并始终坚持奋斗。他在领导人民推翻帝制、建立共和国的斗争中建立了历史功勋。但是，孙中山并没有找到中国的真正出路，他所领导的革命推翻了封建帝制，而革命的果实却被袁世凯窃取。中国的旧民主主义革命已经陷入绝境，中国民族资产阶级再也不能领导中国革命前进。

思考题

1. 太平天国本是一场农民起义，为什么说也是中国人民反抗帝国主义压迫的一场斗争？

2. 清王朝救亡图存的努力都有哪些？

第三节 为什么是中国共产党

在 1919 年五四运动至 1949 年新中国成立这一时期，中国仍然是半殖民地半封建社会，社会的主要矛盾仍然是中国人民同帝国主义和封建主义的矛盾；农民仍然是反帝反封建斗争的主力军，工人阶级、学生群众和民族资产阶级这些新的社会力量发展了起来；而工人阶级则代替资产阶级成了资产阶级民主革命的领导力量。在中国工人阶级的先锋队中国共产党的领导下，中国人民经过长期、艰苦、曲折的斗争，推翻了三座大山，取得了新民主主义革命的胜利，创建了中华人民共和国，完成了争取民族独立、人民解放的任务，从而为实现国家繁荣富强、人民幸福创造了前提，开辟了道路。

一、中国人第一次真正觉醒了

新文化运动是中华民族救亡运动走向深入的结果。近代以来，为了挽救国家的危亡，中国的先进分子曾经历尽千辛万苦，向西方国家寻找真理。但是，中国人学习西方的努力在实践中却一而再，再而三地碰壁。辛亥革命的失败和北洋军阀统治的建立，更使人们陷入了深深的绝望、苦闷和彷徨之中。

一些先进的中国知识分子认为，以往少数先觉者的救国斗争之所以成效甚少，是因为中国国民对之"若观对岸之火，熟视而无所容心"。因此，"欲图根本之救亡"，必须改造中国的国民性。[1]

△《新青年》

---

〔1〕 陈独秀："我之爱国主义"，载《新青年》第 2 卷第 2 号。

他们决心发动一场新的启蒙运动，以期廓清蒙昧、启发理智，使人们从封建思想的束缚中解放出来。这个运动后来被称为新文化运动。

1915 年 9 月陈独秀在上海创办《青年杂志》（后改名为《新青年》），1917 年 1 月，爱国民主主义者、教育家蔡元培出任北京大学校长。他聘陈独秀为北京大学文科学长，《新青年》编辑部也随之迁至北京。李大钊、鲁迅、胡适等参加编辑部并成为主要撰稿人。《新青年》杂志和北京大学成了新文化运动的主要阵地。

陈独秀是中国最早的马克思主义者和中国共产党的缔造者之一。他在发表于《青年杂志》第一卷第一号的通信中说："盖改造青年之思想，辅导青年之修养，为本志之天职。批评时政，非其旨也。"不过，在政治斗争中，他们并非旁观者。他认为，之所以把主要注意力倾注于清除旧思想方面，是由于"伦理问题不解决，则政治学术，皆枝叶问题"。国民性不改造，"不但共和政治不能进行，就是这块共和招牌，也是挂不住的"。

新文化运动的倡导者提出的基本口号是民主和科学，即所谓拥护"德先生"（Democracy）和"赛先生"（Science）。提倡民主、反对专制，提倡科学、反对迷信盲从，在社会上掀起了一股思想解放的潮流。

1919 年的五四运动标志着新文化运动进入新的历史时期。五四运动的直接导火线，是巴黎和会上中国外交的失败。在 1919 年上半年召开的巴黎"和平会议"上，中国政府代表提出废除外国在华势力范围、撤退外国在华驻军等七项希望条件和取消日本强加的"二十一条"及换文的陈述书，遭到拒绝。这个由几个西方列强把持的会议，将战前德国在山东的特权转交给日本，严重损害了中国的利益。而北洋政府居然准备在这样的和约上签字。消息传到国内，激起了各阶层人民的强烈愤怒。五四运动由此爆发。

1919 年 5 月 4 日，北京大学等北京十几所学校的学生三千余人在天安门前集会，随后举行示威游行。学界的宣言呼吁："中国的土地可以征服而不可以断送！中国的人民可以杀戮而不可以低头！国亡了！同胞起来呀！"

学生的爱国行动受到北洋政府的严厉镇压。正是在这个时候，中国工人阶级开始以独立的姿态登上历史舞台。从 6 月 5 日起，上海六七万名工人为声援学生先后自动举行罢工。工人罢工推动了商人罢市、学生罢课。随后，这场反帝爱国运动扩展到了 24 个省区、150 多个城市。

五四运动开始时，英勇地出现在斗争前面的是学生群众。而后，运动突破了知识分子的狭小范围，成为了有工人阶级、小资产阶级和资产阶级参加的全国范围的革命运动。斗争的主力由学生转向了工人，运动的中心由北京转到了上海。

迫于人民群众的压力，北洋政府不得不于 6 月 10 日宣布罢免亲日派官僚曹汝霖、章宗祥、陆宗舆的职务。6 月 28 日，中国政府代表也没有出席巴黎和约的签字仪式。五四运动的直接斗争目标得到了实现。

巴黎和会上中国的外交失败，有力地打破了人们对于资本主义列强的幻想。而俄国十月革命的一声炮响，给中国送来了马克思列宁主义，部分有识之士开始在马克思主义的旗帜下集合起来。

在五四运动中，工人阶级显示了伟大的力量。工人在斗争中发挥决定性作用的这个事实，给予先进的知识分子以真切的教育。那些接触了社会主义思潮、初步掌握了马克思主义的知识分子脱下学生装，穿上粗布衣，开始到工人中去进行宣传工作和组织工作。他们发挥了某种先锋和桥梁的作用。而先进知识分子与工人群众相结合的过程，也就是马克思主义与中国工人运动相结合的过程。五四运动为 1921 年中国共产党的成立作了思想上和干部上的准备。正因为五四运动具备了上述新的历史特点，它也就成了中国革命的新阶段即新民主主义革命阶段的开端。

△ 人民英雄纪念碑上的五四运动浮雕

中国共产党的诞生，是中国近现代历史上开天辟地的大事件。随着中国工人阶级开始作为独立的政治力量登上历史舞台和马克思主义在中国逐步传播，建立一个以马克思主义理论为指导的工人阶级政党的任务被提上了日程。

在工人阶级政党产生以前，中国国民党及其前身在中国革命中起领导作用。辛亥革命以后，许多原先的革命党人有的消极退隐，有的甚至蜕变为军阀、官僚、政客。五四运动时，国民党并没有站在群众运动的前列。蔡和森感叹说，这个趋势很可以说明国民党已"不能领导革命了，客观的革命势力发展已超过它的主观力量了"。成立新的政党来领导中国革命，成了近代中国社会发展和革命发展的客观要求。

1920 年 4 月，经共产国际批准，俄共（布）远东局派维经斯基来华。他先后在北京、上海会见李大钊、陈独秀等人，介绍苏俄和俄共情况，并说中国可以组织共产党。这对中国共产党的创建起了一定的促进作用。

中国工人阶级政党最早的组织，是在中国工人阶级最集中的中心城市上海建立的，时间为 1920 年 8 月。首次会议决定，推陈独秀为书记，并函约各地社会主义分子组织支部。11 月，创办《共产党》（月刊）。

同年 10 月，李大钊、张国焘等在北京成立共产党的早期组织；11月，将其定名为中国共产党北京支部，李大钊任书记。从 1920 年秋至1921 年春，董必武、陈潭秋、包惠僧等在武汉，毛泽东、何叔衡等在长沙，王尽美、邓恩铭等在济南，谭平山、谭植棠等在广州，都成立了共产党的早期组织。在日本、法国留学的中国先进分子，也成立了这样的组织。

中国共产党早期组织成立后进行了一系列研究和宣传马克思主义的活动，促进了马克思列宁主义在中国的传播及其与中国工人运动的结合。在这个过程中，初步确立了共产主义信念的知识分子，其思想感情进一步转变到工人阶级方面来；同时，一部分工人由于受到马克思列宁主义的教育而提高了阶级觉悟，形成了一批工人阶级的先进分子。这样，在中国创建工人阶级的先锋队——中国共产党的条件基本具备了。

在中国工人运动与马克思列宁主义初步结合的基础上，中国共产党

△ 红船精神

第一次全国代表大会于 1921 年 7 月 23 日在上海法租界望志路 106 号举行。其间由于会场受到暗探注意和法租界巡捕房搜查，最后一天的会议改在嘉兴南湖的游船上举行。这条游船后来被称为"红船"。大会确定党的名称为中国共产党。党的纲领是：以无产阶级革命军队推翻资产阶级，采用无产阶级专政以达到阶级斗争的目的——消灭阶级，废除资本私有制，以及联合第三国际等。大会选举产生了由陈独秀、张国焘、李达组成的党的领导机构——中央局，以陈独秀为书记。中共一大的召开正式宣告了中国共产党的成立。

二、中国共产党救国救民的艰苦探索

五四运动后，中国进入新民主主义革命时期。自从中国共产党成立之后，中国人民和中华民族的前途和命运、中国历史的发展，就与中国共产党紧密相连。中国共产党领导人民经过了 28 年艰苦卓绝的奋斗，经过了北伐战争、土地革命战争、抗日战争和解放战争的浴血奋战，终于推翻了"三座大山"，最终取得新民主主义革命的胜利，建立了中华人民共和国这一在中国历史上具有划时代意义的崭新国家，实现了中国从几千年封建专制政治向人民民主的伟大飞跃。

（一）打倒军阀的第一次国共合作

1924 年，在中国共产党的努力下，国共两党形成了统一战线。1924 年 1 月第一次国共合作实现后，轰轰烈烈的大革命开始了。1926 年国民革命军誓师北伐，进展迅速。共产党人叶挺领导的、以共产党员为骨干的第四军独立团作为北伐先锋，战功卓著，获得了"铁军"称号，叶挺更是被誉为北伐名将。国民革命军誓师北伐仅半年时间，就取得了惊人的进展，控制了南方大部分省区。北伐过程中，中国共产党各级组织输送、救护、宣传、联络等工作，为北伐胜利进军提供了有力保障。

然而，反帝反封建的大革命迅猛发展，直接威胁着帝国主义和大地主、大资产阶级的利益，民族资产阶级也因惧怕工农运动而动摇起来。1927 年 4 月和 7 月，蒋介石和汪精卫先后在上海和武汉发动反革命政变。在中国共产党内，由于陈独秀犯了右倾机会主义错误，对国民党右派采取妥协退让政策。至此，第一次国共合作破裂，国共两党合作进行的北伐战争夭折。

（二）艰苦卓绝的土地革命战争

北伐战争中途夭折的教训，使共产党人和中国人民深刻认识到建立无产阶级军队、开展武装斗争的极端重要性，从而开始走上创建中国工农红军、进行土地革命、农村包围城市、

△ 二万五千里长征中红军过雪山

武装夺取政权的崭新革命道路。两年半的井冈山斗争，革命烈士达到四万八千人；二万五千里长征，最终到达陕北的中央红军队伍只有 7000余人；中国共产党人领导的新民主主义革命，道路艰险，艰苦卓绝。而正是在这样的艰苦斗争中，以毛泽东为代表的中国共产党，创立了农村包围城市武装夺取政权的新民主主义革命道路。

（三）抗日战争的先锋和中流砥柱

在中华民族处于生死存亡的危急关头，与当时国民党当局采取的不抵抗主义形成鲜明的对照，中国共产党率先举起了武装抗日的旗帜。1931 年"九一八事变"后，中国共产党多次发表宣言、通电呼吁停止

内战、一致抗日。9 月 20 日，中共中央即发表宣言，揭露日本帝国主义侵占东北的目的是使中国完全变成它的殖民地。中共中央发布一系列文告，号召全国工农武装起来，进行民族的自卫战争。党的各级组织要求每一个党员必须发挥自己全部的积极性，英勇地走上民族解放战争的战场，成为参加民族解放战争的先锋和模范。1932 年 4 月 15 日，中华苏维埃共和国临时中央政府宣布对日作战。面对日本的野蛮侵略，中国人民毅然奋起、英勇抵抗，进行了长达十四年的艰苦卓绝的抗日战争。中国人民在"九一八事变"后开始的抗日战争，揭开了世界反法西斯战争的序幕。中国人民付出了巨大的民族牺牲，为世界反法西斯战争的东方战线，艰难地支撑了半壁江山。

抗日战争初期最艰难的岁月里，中国共产党不仅积极参加和推动各地的抗日救亡运动，而且直接领导了东北人民的抗日武装斗争。1933 年初，中国共产党领导的抗日游击队先后在东北各地崛起。1934 年，各抗日游击队先后改编为东北人民革命军；1936 年 2 月以后，又陆续改建为东北抗日联军。东北抗日联军同日军进行了艰苦卓绝的斗争，沉重打击了日本侵略者。

但是，一直到 1936 年西安事变之前，国民党最高当局对中共团结抗战的呼吁总体上是持拒绝态度。西安事变爆发后，中国共产党迅速确定了和平解决的方针，迫使蒋介石接受了停止内战、联共抗日的主张，创造了实现第二次国共合作的条件。正因为有了中国共产党领导建立的、以国共合作为基础的抗日民族统一战线，一切爱国的力量集结在抗日的旗帜下，全国各族人民同仇敌忾、共赴国难，为取得抗日战争的最后胜利奠定了最广泛、最深厚的民众基础。

抗战进入相持阶段后，日本侵略者在坚持灭亡中国的总方针下，进行了策略调整，转变为"以政治诱降为主，军事打击为辅"的策略。军事上，从重视国民党正面战场改为集中主要力量对付共产党领导的敌后抗日根据地。以蒋介石为代表的国民党顽固派畏惧中国共产党和人民武装力量的不断壮大，虽然国民党表面上也在抗战，但国民党顽固派也表现出很大的妥协倒退倾向，逐渐实行消极抗日、积极反共的政策。此后，国民党顽固派在国统区内进一步加强特务活动，镇压和迫害共产党人和爱国进步人士；对于中国共产党领导的抗日根据地和八路军、新四军，则不断制造军事"摩擦"，掀起了三次反共高潮。

针对国民党蒋介石集团既动摇妥协又不敢公开放弃抗日、既积极反共又不敢彻底破裂国共合作的两面态度，中国共产党明确制定了"发展进步势力，争取中间势力，孤立顽固势力"的方针，以及"有理、有利、有节"的斗争策略，最大限度地孤立了极少数反共顽固派，广泛地团结了一切可以团结的抗日力量，使全国团结抗战的局面得以坚持和发展。

为了贯彻执行全面抗战路线，中国共产党作出了开辟敌后战场的战略决策，中国共产党领导的敌后战场逐渐成为中国人民抗日战争的主战场，成为坚持抗战并取得最终胜利的中流砥柱。在全国抗战初期，八路军主要在战役上有力地配合国民党军队作战，国民党政府较积极地组织了如淞沪会战、徐州会战、南京保卫战、武汉会战等一系列重要战役，但是太原失守后，华北国民党军队的正规战基本结束，而中国共产党的全面抗战路线和纲领则体现出人民战争的巨大威力。

太平洋战争爆发后，日本帝国主义对中国共产党领导的解放区发动更加疯狂的进攻。日本侵略者集中 60% 以上的兵力以及几乎全部伪军，对敌后抗日根据地进行疯狂"扫荡"。中国共产党领导的敌后抗日根据地处于极端困难的境地。八路军、新四军由 1940 年的 50 万人减少到1942 年的 40 万人，根据地面积缩小，人口急剧下降，财政经济和军民生活发生了极大的困难。面对困难局面，中国共产党坚持自力更生、艰苦奋斗、克服困难，准备将来反攻的方针，一方面利用政治、经济、思想各个方面的积极因素，另一方面从政治、经济、思想各个方面加强了根据地的建设，为战胜困难和发展抗日力量奠定了基础。

△ 1945 年 8 月 15 日，日本宣布无条件投降

1945 年上半年，世界反法西斯战争进入最后阶段，中国人民军队随后对日军全面开展战略反攻，最终取得了抗战的胜利。10 月 25 日，中国政府在我国台湾举行受降仪式，并收回被日

本侵占 50 年之久的台湾以及澎湖列岛。抗日战争的胜利，是中华民族由近代以来陷入深重危机走向伟大复兴的历史转折点。

在长达 14 年的抗战中，中国共产党的中流砥柱作用是中国人民抗日战争胜利的关键。中国共产党倡导和推动国共合作，建立、坚持和发展广泛的抗日民族统一战线。中国共产党坚持全面抗战路线，制定正确的战略策略，开辟广大敌后战场，成为坚持抗战的中坚力量。中国共产党始终坚持抗战、反对投降，坚持团结、反对分裂，坚持进步、反对倒退，坚持动员人民、依靠人民，同各爱国党派团体和广大人民一起，共同维护团结抗战大局，引领着夺取战争胜利的正确方向，成为夺取战争胜利的先锋。

（四）赢得人民就赢得历史

抗日战争胜利后，中国广大人民热切希望实现和平、民主，为建设新中国而奋斗。但是国民党统治集团作为大地主、大资产阶级的政治代表，其根本目标是使战后的中国恢复到战前的状态。由于共产党及其领导的人民革命力量的存在和发展是国民党实现上述目标的主要障碍，在抗战的中期、后期，蒋介石就开始采取避战观战以便保存实力、准备发动反共内战的方针。

以武力消灭共产党及其领导的人民军队和解放区政权，是蒋介石集团的既定方针。由于全国人民强烈要求和平、反对内战，由于国民党的军队大部分远在西南、西北后方，要把它们运往内战前线、完成内战部署需要相当长的时间；在国际上，由于苏联、美国等都表示希望中国能够和平建国，因此，蒋介石在积极准备内战的同时，又表示愿意与中共进行和平谈判。其目的，一是以此敷衍国内外舆论，掩盖其正在进行的内战准备；二是诱使中共交出人民军队和解放区政权，以期不战而控制全中国；三是如果谈判不成，即放手发动内战，并把战争责任转嫁给中国共产党。中国共产党力求和平，积极参与谈判，与蒋介石签署"双十协定"，确认和平建国的基本方针；参与政治协商会议，与民主人士共同努力，通过有利于人民的和平民主的决议，并签订《停战协定》。但是，国民党却以各种方式破坏《停战协定》和政协决议，加紧部署全面内战。

抗战胜利后，蒋介石进一步投靠美帝国主义。美国从它的全球战略出发，为了把中国变为它的附庸，从政治、经济、军事各个方面大力援助蒋介石。蒋介石的内战政策带来的恶果，使国统区的人民逐渐觉醒，反对国民党的斗争不断高涨。针对国民党的内战部署，中国共产党在努力争取和平民主的同时，加紧自卫战争的准备。当国民党发动全面内战的时候，中国共产党和解放区人民已经有了充足的准备。在人民的支持下，经过三年的解放战争，中国人民解放军以少胜多、以弱胜强。中国共产党最终赢得了新民主主义革命的胜利。

1949年9月21日，中国人民政治协商会议第一届全体会议在北平隆重召开，会议通过了《中国人民政治协商会议共同纲领》，规定了中华人民共和国的性质是工人阶级领导的、以工农联盟为基础的、团结各民主阶级和国内各民族的人民民主专政。10月1日，中华人民共和国成立，标志着半殖民地半封建社会的结束。我国各族人民历尽千辛万苦，从受剥削、受压迫的苦难深渊中解放了出来，成为了国家的主人。中华民族100多年来受帝国主义宰割和欺侮的年代一去不复返。

中国新民主主义革命的胜利，是中国共产党领导全国各族人民长期奋斗，无数先烈流血牺牲的结果，是马克思列宁主义、毛泽东思想的伟大胜利。实践证明，中国共产党是全国各族人民的领导核心。中国新民主主义革命的胜利，有力地表明，马克思主义不仅可以指导资本主义国家人民的解放斗争，也可以指导殖民地、半殖民地国家人民的解放斗争。

△ 人民英雄纪念碑碑文

三、中国共产党为什么能够成功

1939 年 10 月，毛泽东在《〈共产党人〉发刊词》一文中，总结了两次国内革命战争的经验教训，揭示了中国革命的客观规律，指出："十八年的经验，已使我们懂得：统一战线、武装斗争、党的建设，是中国共产党在中国革命中战胜敌人的三个法宝，三个主要的法宝。"[1]统一战线和武装斗争，是战胜敌人的两个基本武器。统一战线，是实行武装斗争的统一战线，而党的组织，则是掌握统一战线和武装斗争这两个武器以实行对敌冲锋陷阵的英勇战士。这就是三者的相互关系。正确地理解了这三个问题及其相互关系，就等于正确地领导了全部中国革命。这是中国共产党的伟大成绩，也是中国革命的伟大成绩。

1949 年 6 月，毛泽东在《论人民民主专政》中对三大法宝的内容和意义作了更加完整的概括，指出：一个有纪律的，有马克思列宁主义的理论武装的，采取自我批评方法的，联系人民群众的党；一个由这样的党领导的军队；一个由这样的党领导的各革命阶级各革命派别的统一战线；这三件是我们战胜敌人的主要武器，依靠这三件，使我们取得了基本的胜利。[2]

三大法宝的核心是党的建设。毛泽东认为，党的建设必须密切联系党的政治路线。党的纲领和政治路线决定着党的行动的总方向，决定着党的建设。要把党建设成为工人阶级的先锋队，实现党的领导作用，就必须有一条马克思主义的革命路线。

在党的建设的长期实践中，党中央特别重视从思想上建党，提出党员不但要在组织上入党，而且要在思想上入党，经常注意以无产阶级思想改造和克服各种非无产阶级思想。他指出，理论和实践相结合的作风，和人民群众紧密地联系在一起的作风，以及批评和自我批评的作风，是中国共产党区别于其他任何政党的显著标志。他针对历史上党内斗争中存在过的"残酷斗争、无情打击"的"左"倾错误，提出了"惩前毖后、治病救人"的正确方针，强调在党内斗争中要达到既弄清思想又团

---

[1]《毛泽东选集》第三卷，人民出版社 1991 年版，第 606 页。
[2]《毛泽东选集》第四卷，人民出版社 1991 年版，第 1480 页。

结同志的目的。毛泽东创造了在全党通过批评与自我批评进行马克思主义思想教育的整风形式。新中国成立前夕和成立以后，鉴于我们党成为领导全国政权的党，毛泽东多次提出要继续保持谦虚谨慎、戒骄戒躁、艰苦奋斗的优良作风，警惕资产阶级思想的侵蚀，反对脱离群众的官僚主义。

经过长时期革命斗争，中国共产党不断发展壮大，从一个开始只有50余名党员的党，成为一个到1949年9月已拥有448万余名党员的全国范围内的群众性的马克思列宁主义政党。中国共产党是保证中国革命胜利的最先进和最强大的领导力量。中国共产党成为执政党，是历史的选择、人民的选择。

武装斗争是中国革命的主要斗争形式，这是由中国国情和中国革命的特点决定的。在半殖民地半封建的中国，没有资产阶级的民主制度，帝国主义、封建主义和官僚资本主义的联合势力总是凭借其强大的军队和暴力，对人民实行独裁统治。在这样的社会历史条件下，中国革命只能以长期的武装斗争为主要形式。其他形式的斗争虽然也是重要的，但它们直接或间接地都是配合武装斗争的。近代以来的中国历史已经一再地证明，在中国离开了武装斗争，就不能完成任何革命任务。

同时，中国是一个以农业经济为主的半殖民地半封建的大国，政治经济发展不平衡，帝国主义势力之间的争夺造成中国反动统治集团之间的分裂和战争。这种特点，又使革命武装能够在反动统治薄弱的农村地区不断积蓄和发展自身的力量，逐步扩大斗争的阵地。

中国的武装斗争，实质上就是无产阶级领导下的农民战争。1927年大革命失败以后，中国共产党独立地承担起领导中国革命的重任。这个革命只能采取武装斗争的形式，也只能走上农村包围城市，进而夺取全国政权，建立人民当家作主的新中国的道路。

党从领导中国革命战争时起，即以武装斗争在农村开辟革命根据地，实行土地革命、武装斗争和根据地建设三方面的结合，形成在四周白色政权的包围中若干小块红色政权存在和发展的工农武装割据的局面。党逐步克服以城市斗争为重心、企求速胜的"左"倾错误，将工作重心转入农村，长期以农村根据地为依托，开展武装斗争。党成功地解决了在以农民为主要成分的情况下，用无产阶级建军思想，建设一支具有高度政治觉悟和严格纪律、同群众保持密切联系的新型人民军队的问题，这就使得人民军队既与一切反动统治势力掌握的军队根本不同，又在政治上、军事上和组织程度上远远超过历史上旧式的农民起义武装。

革命统一战线是中国共产党领导中国革命最成功的经验。1939 年 12 月，毛泽东撰写《中国革命和中国共产党》、论述新民主主义理论时指出："中国无产阶级应该懂得：他们自己虽然是一个最有觉悟性和最有组织性的阶级，但是如果单凭自己一个阶级的力量，是不能胜利的。而要胜利，他们就必须在各种不同的情形下，团结一切可能的革命阶级和阶层，组织革命的统一战线。"〔1〕

1947 年 12 月，毛泽东在《目前形势和我们的任务》中，进一步指出："中国新民主主义的革命要胜利，没有一个包括全民族绝大多数人口的最广泛的统一战线，是不可能的。不但如此，这个统一战线还必须是在中国共产党的坚强的领导之下。没有中国共产党的坚强的领导，任何革命统一战线也是不能胜利的。"〔2〕

中国社会的历史条件，决定了中国革命有必要和有可能建立最广泛的革命统一战线。中国社会是一个两头小中间大的社会。无产阶级只占人口的少数，最广大的人民是农民、小资产阶级和民族资产阶级。中国的民族革命和民主革命，符合最广大人民的利益，也为他们所拥护。外国帝国主义通过其在中国的附庸压迫中国，使中国的民族危机深重，而日本帝国主义直接武装侵略中国更使全国各民族、各阶级和各阶层人民面临亡国的绝境，这就使得建立广泛的革命统一战线成为可能。

巩固和扩大统一战线的关键，是坚持无产阶级及其政党对于统一战线的领导权。毛泽东指出，中国共产党掌握统一战线领导权，是中国革命发展规律的必然要求，统一战线领导权与中国革命的领导权是一致的，无产阶级政党不掌握统一战线领导权，中国革命不可能成功。

党还根据统一战线中各种社会力量的不同特性，以及它们在革命发展某一阶段的不同状况，规定和实行发展进步势力、争取中间势力、孤立顽固势力的政策。这样，党就能最大限度地孤立和打击主要的敌人，最广泛地团结一切可能团结的同盟者，保证革命在全国范围的历史性胜

---

〔1〕《毛泽东选集》第二卷，人民出版社 1991 年版，第 645 页。
〔2〕《毛泽东选集》第四卷，人民出版社 1991 年版，第 1257 页。

利，并保证中国社会经过新民主主义走向社会主义。

中国共产党自从 1921 年诞生以来，经历了四次伟大斗争：北伐战争、土地革命战争、抗日战争和解放战争。我们的党从一开始，就是一个以马克思列宁主义理论为基础的党。马克思列宁主义的普遍真理和中国革命的具体实践相结合，使中国革命的面貌为之一新。以马克思列宁主义的理论思想武装起来的中国共产党，在领导中国革命中形成了新的作风，其中最主要的就是"理论联系实际""密切联系群众"和"批评与自我批评"的"三大作风"。

从新民主主义革命时期的历史来看，我们党是在同党内教条主义和经验主义斗争的过程中成长起来的。这期间，我们党领导的革命斗争，取得了巨大胜利，也经历了严重的挫折。在"大革命"和土地革命战争时期，党的主要领导人分别犯了右倾机会主义和"左"倾教条主义错误。

1935 年 1 月召开的遵义会议上，我们党批判并纠正了王明的"左"倾错误。1938 年党的六届六中全会又提出"使马克思主义在中国具体化"的任务。1941 年至 1945 年间，中国共产党在延安开展了大规模的整风运动，确立了一条实事求是的辩证唯物主义思想路线。

作为无产阶级先锋队和广大人民利益的忠实代表，我们党从建党伊始就决定了和人民群众紧密结合。是否与人民群众紧密联系在一起，决定了我们党革命和建设的成败。延安整风运动，实际上也是一场伟大的群众运动。参加整风运动的群众之多，发动之彻底都是空前的。整风运动中，从党的领导班子整风计划的制定，到每一个阶段运动的部署，都贯彻了群众路线。全党上下结合，深入群众蹲点进行调查研究，总结出一套紧密联系群众的工作方法。毛泽东对其进行了全面系统的总结，提出了"一般和个别相结合""领导和群众相结合""从群众中来，到群众中去"的著名论断。

批评与自我批评的作风是我们党在长期的革命斗争中形成的，有利于统一思想、团结同志。土地革命战争时期，党内"左"倾路线占统治地位时，提倡"批评"，但没有提倡"自我批评"，批评成为攻击个人和"残酷斗争"的代名词。遵义会议以后，我们党端正了党的思想路线，党内"左"倾组织路线的错误及其危害也被全党所认识。

抗日战争开始以后，以毛泽东为代表的中国共产党人面临新形势，需要解决一些新问题，特别是整风运动，需要有正确处理党内外问题的方式方法。在新形势下，党中央在总结经验教训的基础上开始

△ 延安整风运动

在全党培养批评与自我批评的作风，在 1941 年 7 月颁布的《中共中央关于增强党性的决定》中明确规定："要用自我批评的武器和加强学习的方法，来改造自己，使适合于党与革命的需要。" 1941 年开始的延安整风运动，采取了以自我教育为主的批评与自我批评的方式，达到了统一思想、团结同志的目的。

在我们党长期革命实践的过程中，尤其是经过延安整风运动系统形成的党的优良作风，在党的七大上得到了全面的理论升华，被毛泽东同志概括为"理论联系实际""密切联系群众"和"批评与自我批评"三大优良作风。三大优良作风是党付出极大的努力和代价培育起来的，对中国革命和建设的胜利起到至关重要的作用。

思考题

1. 1919 年的中国发生了哪些重大事件？

2. 新文化运动最重要的结果是什么？

3. 中国共产党取得胜利的原因是什么

第四节　中国共产党领导中国走向富强

一、中国历史发展的新纪元

中华人民共和国的成立，标志着一百多年来压在中国人民头上的帝国主义、封建主义和官僚资本主义三座大山被推翻，国家四分五裂的历史从此结束，人民企盼已久的独立、统一的新民主主义的新中国终于诞生了。

（一）迅速恢复国民经济

在"二战"遭受法西斯蹂躏的国家中，中国是国民经济恢复最快最好的国家。新中国所继承的是一个千疮百孔的烂摊子——生产萎缩、交通梗阻、失业众多，由于国民党政府长期滥发纸币，造成物价飞涨、投机猖獗、市场混乱，使得民生问题更为艰困。面对这种困难的财政经济状况，党精心领导了稳定物价和统一财经的重大斗争，采取了有力的经济措施和必要的行政手段，相继组织了同投机资本作斗争的两大"战役"：银元之战、米棉之战。国家还实行全国财政经济工作的统一管理和统一领导，沉重打击破坏金融的非法活动。从此结束了国民党统治时代自抗战以来使人民深受其苦的通货膨胀和物价居高不下的现象，也结束了旧中国几十年财政收支不平衡的局面，为安定人民生活，恢复和发展工农业生产创造了有利条件。经济恢复期间，我国还进行了土地改革、"三反""五反"运动、镇压反革命运动等，对于新政权的巩固和发展发挥了重要作用，为三大改造奠定了基础。

（二）抗美援朝打出国家意志和我军军威

正当我国人民从各方面为争取财政经济状况根本好转而斗争的时候，新中国又面临着外部侵略的威胁。1950 年 6 月 25 日，朝鲜内战爆发。美国随即出兵干涉朝鲜内政，并派遣第七舰队侵入我国台湾海峡，阻挠中国的统一大业。侵朝美军飞机多次轰炸中国东北边境地区，我国安全面临严重威胁。应朝鲜政府的请求。10月初，毛泽东发布命令，将东北边防军组成中国人民志愿军赴朝作战。到1951年6月10日止，志愿军五战五捷，共歼敌23万余人，把战线稳定在"三八线"附近。1953年7月27日双方在停战协定上签字。虽然美国侵略者使用了除原子弹以外当时所有的现代化武器，但是这场战争终于以中朝人民的胜利而结束。这个胜利，打破了美帝国主义不可战胜的神话，为新中国打出了一片和平天地，打出了中国人民的志气和中国军队的军威，打出了新中国的国家意志和民族性格，也打出了中国

△ 抗美援朝

人民的尊严。这个胜利向全世界宣告，新中国不可欺，中国人民不可辱。

（三）万隆会议——新中国新形象

1955年召开的亚非会议即万隆会议，是有史以来亚非国家第一次在没有殖民国家参加的情况下讨论亚非事务的大型国际会议，是战后民族独立运动蓬勃兴起的产物。1954年，印度尼西亚政府首先提议召开，并获得缅甸、锡兰（今斯里兰卡）、印度和巴基斯坦等南亚、东南亚国家的大力支持。中华人民共和国应邀出席这次会议。

1955年4月会议在印尼万隆举行。会议期间，某些原殖民主义和帝国主义国家利用一些国家制造纷争和矛盾，并对新中国发出诋毁性言论，企图分裂会议。周恩来总理在会上提出"求同存异"的方针缓解了这一矛盾。会议确定的指导国际关系的十项原则，以中国倡导的"互相尊重主权和领土完整、互不侵犯、互不干涉内政、平等互利、和平共处"五项原则为核心内容，形成了举世闻名的万隆精神。万隆会议后，中国始终奉行和平共处五项原则处理国际事务，赢得了世界上不

同地区、不同种族和不同社会制度国家的一致赞誉。

二、社会主义改造的内容

从 1953 年开始，我国进入了大规模的对生产资料私有制实行社会主义改造和有计划地进行社会主义建设时期。为适应这个时期社会历史发展的客观要求，党提出了过渡时期的总路线，这就是：在一个相当长的时期内，逐步实现国家的社会主义工业化，并逐步实现国家对农业、手工业和资本主义工商业的社会主义改造，这也是"一五"计划的主要内容，简言之，即"一化三改"。其体现了发展生产力和变革生产关系的有机统一，是一条社会主义建设和社会主义改造同时并举的总路线。

（一）社会主义建设高潮

"一五"计划是在全国城乡迅速形成的参加和支援国家工业化建设的热烈气氛中进行的。工人阶级一马当先，他们不但努力提高自己的思想觉悟，而且努力提高自己的文化水平和科学技术知识水平。工程技术人员和科学工作人员在工业化中大显身手。大批高等学校和各类专业技术学校的毕业生服从国家分配，不辞艰苦，奔赴祖国各地工业建设的最前线。广大农民也关心工业建设，他们用努力增加生产、积极交纳农业税和交售粮棉的实际行动支援工业建设。工业建设战线喜报频传。1953年 12 月 26 日，鞍山钢铁公司的三大工程——大型轧钢厂、无缝钢管厂、七号炼铁炉举行开工生产典礼。这是我国重工业建设中首批竣工投入生产的重要工程，大大加强了以鞍钢为中心的东北钢铁基地，是新中国社会主义工业化起步时的一个有重要意义的胜利。1956 年，中国第一座生产载重汽车的工厂长春汽车制造厂建成投产，中国第一座飞机制造厂试制成功第一架喷气式飞机，中国第一座制造机床的工厂沈阳第一机床厂建成投产，中国第一座生产电子管的工厂北京电子管厂正式投产。1957 年，武汉长江大桥建成，使铁路从此可以纵贯中国。青藏、康藏、新藏公路相继建成通车，沟通了西藏和内地的联系。大大小小的建设项目不胜枚举，单是限额以上的较大项目，平均每天有一个开工或者竣工。

新中国工业化的起步，虽然基础是薄弱的，限制因素是多方面的，任务十分艰巨，但是有利条件也很多。其中最重要的就是：党提出的社会主义工业化的任务，作为过渡时期总路线、总任务的主体，受到全国人民的热烈拥护。在全党全国人民同心同德的艰苦奋斗中，中国的工业化在扎扎实实地取得进展。

（二）中国共产党人的创举

随着第一个五年建设计划的实施和社会主义工业化的起步，党对农业、手工业和资本主义工商业有系统的社会主义改造也迈开了步伐。

农业上，党中央概括提出了引导农民走向社会主义的几种过渡性经济组织形式。一是互助组，这具有社会主义的萌芽。二是初级农业生产合作社，在土地及牲畜、大农具私有的基础上土地入股、统一经营，有较多的公共财产，实行土地分红和按劳分配相结合的原则，这具有半社会主义的性质。三是高级农业生产合作社，将土地及其他主要生产资料归集体所有，统一经营、集体劳动，实行各尽所能、按劳分配的原则，这具有社会主义的性质。采取这种逐步过渡的办法，是中国农业合作化运动中的一项重要的创造。

在推进手工业合作化的过程中，中国共产党采取的是积极领导、稳步前进的方针。手工业合作化的组织形式，是由手工业生产合作小组、手工业供销合作社到手工业生产合作社，步骤是从供销入手，由小到大、由低到高，逐步实行社会主义改造和生产改造。农业合作化的迅猛发展，也极大地加快了手工业合作化的步伐。1955年底，党和国家提出要在两年内基本完成手工业合作化。实际上，由于改变了过去按行业分期、分批、分片改造的办法，而采取手工业全行业一起合作化的办法，到1956年底，参加合作社的手工业人员已占全体手工业人员的91.7%，手工业的合作化基本完成。

对资本主义工商企业进行社会主义改造，就是要把民族资本主义工商业改造成为社会主义性质的企业，并对民族资产阶级实行赎买政策。通过公私合营实现"四马分肥"。采取这样的政策，既可以在一定时期利用资本主义工商业的积极作用（如增加产品供应、扩大商品流通、维持工人就业、为国家提供税收等），又有利于争取民族资产阶级及其知识分子，并减少他们接受社会主义改造的阻力。正因为如此，中国共产党和人民政府对资本主义工商业采取了利用、限制、改造的政策，实现了对资产阶级的和平赎买，资本主义工商业实现顺利改造。

在推进社会主义工业化的同时，我们党领导人民完成了对农业、手工业和民族资本主义工商业的社会主义改造，1956 年社会主义制度在我国建立起来。社会主义制度的确立，为中国现代化的建设创造了制度条件，使广大劳动人民真正成为国家的主人和社会生产资料的主人，使占世界人口四分之一的东方大国进入了社会主义社会，这是世界社会主义运动史上又一个历史性的伟大胜利，是对马克思列宁主义的一个重大贡献，实现了中国历史上最伟大、最深刻的变革。

（三）劳动改造——亘古未有的特殊战绩

新中国的劳动改造罪犯事业也取得了巨大的成绩，充分显示了社会主义制度的优越性。对于罪犯特别是战争罪犯的劳动改造，取得了空前的、举世震惊效果。伪皇帝和大臣，曾经的军阀、汉奸和国民党将军，通过教育改造，转变为社会主义建设者和劳动者、中国共产党的拥护者；曾经的日本军阀和刽子手，转变为中日友好使者。取得这样的成果，在任何时代和国家都是无与伦比的。

新中国的劳动改造罪犯事业找到了一条化消极因素为积极因素、变破坏者为社会主义建设者的有效途径。只有使罪犯积极地改造客观世界，才能真正地改造他们自己的主观世界。罪犯在社会主义制度下进行劳动改造，实质上是使他们得到改恶从善重塑新生的效果。

劳动改造罪犯，是人民民主专政的任务之一。它是在依法监管罪犯的条件下，用组织大生产的集体劳动与政治思想、文化、技术教育相结合的途径，去改造罪犯成新人，立足于在惩罚犯罪的同时改造罪犯。对罪犯实行强迫劳动改造，给予重新做人的机会，体现了人民民主专政下刑罚改造人的作用，使犯人感到在社会主义制度下，只要改恶从善，都有自己的光明前途。在劳动改造中，把犯人当人看待。犯人没有被依法处以死刑，劳改机关就要依法保护和爱护他们的生命。要在吃、穿、住、医疗、卫生、作息时间、劳动保护等方面，对罪犯给予革命人道主义的待遇，对犯人采取教育改造的措施。从教育人、改造人、造就人的政治目的出发，结合劳改生产活动，对犯人有针对性地进行政治、劳动、文化和技术教育。劳动是改造罪犯的基本手段，通过集体生产劳动的实践活动，使罪犯真正认识寄生可耻、劳动光荣，产生爱劳动的心理，逐步树立起劳动观点，养成劳动习惯，学会生产技能，与劳动人民有共同的情感和语言。

新中国的劳动改造罪犯制度先后总结和制定了一套实施劳动改造罪犯的方针、政策、条例、规定，而且在管教犯人过程中还具体制定了各项合理的规章制度，采用了宽严并济、科学文明的管理措施，实行了有的放矢、行之有效的教育改造方法，是一个成功的创举。

三、在探索道路中曲折发展

新中国是一个社会主义国家，但又是一个经济文化落后、人口众多、幅员辽阔、发展不平衡的国家。怎样建设社会主义，怎样巩固和发展社会主义，并没有现成的道路可循，必须在实践中进行艰苦的探索。

（一）良好开局

1956 年 4 月毛泽东在《论十大关系》中初步总结了我国社会主义建设的经验，提出了探索适合我国国情的社会主义建设道路的任务，为中共八大的召开作了准备。中共八大的召开，标志着中国共产党探索中国自己的建设社会主义的道路取得初步成果。

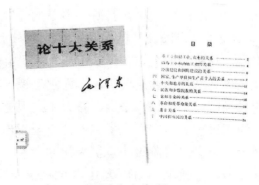

△《论十大关系》

中共八大正确地分析了国内形势和国内主要矛盾的变化，提出了党在今后的根本任务，强调在生产资料私有制的社会主义改造已经基本完成的情况下，国家的主要任务已经由解放生产力变为在新的生产关系下保护和发展生产力，全党要集中力量去发展生产力。这个着眼点，历史证明是正确的。

1957年2月，毛泽东在《关于正确处理人民内部矛盾的问题》中指出：社会主义社会存在着敌我之间和人民内部两类性质根本不同的矛盾，前者需要用强制的、专政的方法去解决，后者只能用民主的、说服教育的、"团结—批评—团结"的方法去解决，决不能用解决敌我矛盾的方法去解决人民内部的矛盾。这样，就把正确处理人民内部矛盾作为国家政治生活的主题，并且从理论上提出了关于社会主义社会矛盾的新学说，而同那种不承认社会主义社会仍然存在矛盾，一遇到矛盾便把它当作外来的敌我矛盾的理论区别开来，为我国社会主义事业的发展奠定了理论基础，是对马克思主义的科学社会主义理论的重要丰富和发展。

（二）曲折探索

1957年，党中央开始了整风运动，但由于当时党对阶级斗争和右派进攻的形势作了过分严重的估计，对斗争的猛烈发展没有谨慎地掌握，结果反右派斗争被严重地扩大化了，严重影响了中共八大关于我国社会主要矛盾的正确判断。

"鼓足干劲、力争上游、多快好省地建设社会主义"的总路线、"大跃进"、人民公社的出现，是探索社会主义建设道路中发生的严重失误。总路线的提出，反映了广大人民群众迫切要求尽快改变我国经济文化落后状况的普遍愿望。然而它忽视了客观的经济发展规律，否定了国民经济计划的综合平衡，夸大了主观意志和主观努力的作用。在随后的纠正过程中再次发生了偏差，以至于出现了庐山会议"反右倾"、八届十中全会以后阶级斗争扩大化的"左"倾错误，"左"倾错误的积累和发展，导致了一场长达10年的"文化大革命"。

（三）从站起来到富起来

走出动乱和曲折，在已有的基础上继续奋斗，让中国人民富起来，实现国家富强、人民幸福的中国梦，是中国共产党人不变的追求和梦想。

1978年12月党的第十一届三中全会胜利召开，是新中国成立以来党的历史上具有深远意义的伟大转折。实现了思想路线、政治路线、组织路线的拨乱反正，系统地清理了重大历史是非，恢复了党的民主集中制的传统，作出了实行改革开放、全党的工作重点转移到经济建设上来的决策。中国人民开始了走向富裕的历史进程。

以党的十一届三中全会为起点，中国改革开放走过 40 余年波澜壮阔的不平凡历程，这是一部国家和民族发展的壮丽史诗。在中国共产党领导人民的奋斗中，中国社会主义现代化建设事业蓬勃发展起来，通过不断的探索和推进，我国逐步开辟了一条适合中国国情的发展道路——中国特色社会主义道路，实现了从高度集中的计划经济体制向充满活力的社会主义市场经济体制的根本性转变，实现了人民生活从温饱转向基本小康的转变，综合国力极大提升。

在 40 多年改革开放的历史征程中，中国人民艰苦奋斗、顽强拼搏，极大地解放和发展了生产力，综合实力明显增强，改革开放和现代化建设取得了巨大成就。中国人民的生活实现了由贫穷到温饱，再到整体小康的跨越式转变；中国社会实现了由封闭、贫穷、落后和缺乏生机到开放、富强、文明和充满活力的历史巨变，写下了中华民族发展史上光辉的篇章。

40 余年来中国经济实现了巨变。1978 年，中国国内生产总值只有 3679 亿元，2017 年站上 80 万亿元的历史新台阶，达到 827122 亿元。2020 年突破 100 万亿元大关，2023 年超过 126 万亿元，稳居世界第二大经济体。2023 年我国经济总量占世界的比重升至 17% 左右，1979—2023 年对世界经济增长的年均贡献率为 24.8%，居世界首位[1]。经济结构实现重大变革，发展的协调性和可持续性明显提高，基础产业和基础设施跨越式发展，供给能力实现从短缺匮乏到丰富充裕的巨大转变，工业生产能力不断提升，交通运输建设成效突出，邮电通信业快速发展，科技创新成果大量涌现，发展新动能快速崛起。

40 余年来中国社会主义民主政治展现出旺盛的生命力。在作出把党和国家工作重心转移到经济建设上来、实行改革开放的历史性决策的同时，确立了发展社会主义民主、健全社会主义法治的基本方针。从制

---

〔1〕　国家统计局：《七十五载长歌奋进 赓续前行再奏华章——新中国 75 年经济社会发展成就系列报告之一》。

度上、法律上保障和发展全过程人民民主，这是我们党对社会主义民主政治建设规律认识的一个重大转变，对发展社会主义民主政治具有十分重要的意义。今天，在习近平新时代中国特色社会主义思想的指导下，中国特色社会主义民主政治建设必将取得更大成就，在我国民主政治发展进程中树立起新的里程碑。

改革开放是当代中国大踏步赶上时代的重要法宝。中国的改革不会停顿，开放不会止步。

——习近平

40余年来中国特色社会主义文化建设不断繁荣发展。党的十一届三中全会以后，伴随着经济、政治改革的要求，在文化领域掀起了一浪接一浪的热潮，中国特色社会主义文化建设进入了新的全面发展繁荣时期。在"三个代表"重要思想中把"代表中国先进文化的前进方向"作为主要内容之一，突出了社会主义先进文化的历史作用，体现了文化建设对党的建设的重要作用。随着改革开放不断深入的伟大实践，文化领域的改革发展，走过了极不平凡的历程，取得了极不平凡的成就。进入新时代，在习近平新时代中国特色社会主义思想指引下，我国坚定文化自信、高扬改革旗帜、锐意进取创新，中国特色社会主义文化发展道路越走越宽广，向着社会主义文化强国稳步迈进。

40余年来人民生活不断改善，和谐社会建设成效显著。党和政府始终坚持把增进民生福祉作为一切工作的出发点和落脚点，在发展中保障和改善民生，在经济增长的同时实现居民收入同步增长。改革开放以来，我国经济取得了突飞猛进的发展，国内生产总值快速增长，全体国民创造出了巨大的社会财富，就业机会不断增多，就业结构发生了巨大变化，城乡居民收入快速增长，人民生活水平显著提高，人民群众切切实实享受到了改革发展的成果。

40余年来中国的国际影响日益扩大。改革开放以来，我国的国际地位显著提高，在国际社会发挥着重要的作用。从邓小平同志提出对外开放起，我国的国际影响力不断提高。进入新时代之后，我国在政治、经济、军事、文化、体育、人民群众的生活水平和社会发展水平各方面都得到了极大的提高，中国的大国担当取得广泛国际赞誉，国际影响力、感召力、塑造力显著提升。

40余年来的沧桑巨变向我们证明，改革开放是发展中国特色社会主义、实现中华民族伟大复兴的关键一步，为全面建设社会主义现代化国家奠定了坚实基础。

思考题

1. 新中国刚刚成立，百废待兴，国家困难，为什么还要抗美援朝？
2. 为什么说中国只有走改革开放的道路才能走向富强？

推荐书目

1. 《中国近代史》，李侃等，中华书局1994年版。
2. 《中国共产党简史》，黄修荣、黄黎，人民出版社2011年版。

推荐电影

1. 《建国大业》（2009年），韩三平、黄建新执导。
2. 《长津湖》（2021年），陈凯歌、徐克、林超贤执导。

第二篇
新时代中国
共产党人的旗帜

改革开放四十多年来，党团结带领人民走出了一条中国式现代化新道路，现代化建设取得举世瞩目的成就。党的十八大以来，在习近平新时代中国特色社会主义思想旗帜的指引下，我国紧扣社会主要矛盾变化，统筹推进五位一体总布局，坚定实施科教兴国战略、人才强国战略、创新驱动发展战略、乡村振兴战略、区域协调发展战略，实现了第一个百年奋斗目标，开始向着全面建成社会主义现代化强国的第二个百年奋斗目标迈进，用新的伟大奋斗创造新的伟业！

【阅读提示】

1. 深入了解中国共产党在中华民族复兴中的伟大贡献。

2. 理解改革开放的历史进程与马克思主义中国化的理论。

3. 增强对中国特色社会主义道路的认同感，融入民族复兴的使命感。

道路决定命运，旗帜决定方向。历史和人民选择了中国共产党，中华民族伟大复兴事业有了主心骨。中国共产党人高举马克思主义和中国特色社会主义伟大旗帜，始终坚持马克思主义基本原理与中国实际相结合的正确道路，努力探索中国社会主义建设的规律，探索执政党建设的规律，团结带领中国人民，回答了一个又一个时代之问，创造了一个又一个奇迹，中国特色社会主义进入了新时代，中华民族正以崭新的姿态屹立于世界的东方。

第一节　人类历史之问

人类从何而来，人类社会又是怎样一步一步发展而来的，一直是一个未解之谜。马克思主义揭示了人类社会发展的一般规律，揭示了资本主义产生、发展和灭亡的规律，揭示了无产阶级解放斗争的规律，从而科学地回答了人类历史之谜。

一、何为马克思主义

坚持马克思主义立场观点和方法，我们首先要搞明白到底什么是马克思主义，区分清楚真马克思主义和假马克思主义，明确什么是马克思主义中不能丢、不能变的，什么是要发展、要丰富的。

什么是主义？通俗些讲，"主义"就是决定人的价值取向和行为取舍的思想和理论。实际上，任何一个科学的理论体系都必然地由价值追求和逻辑支撑两个基本要素构成。所谓价值追求，就是其主张什么、捍卫什么、追求什么，是本质、本源；所谓逻辑支撑，就是如何论证、支撑和实现自己的价值追求，这个是哲学、世界观、方法论。马克思主义也不例外，其价值追求就是人类解放，其逻辑支撑就是唯物主义辩证法，这一价值追求和逻辑支撑统一于共产党人担当历史命运，让价值理想如实反映在历史和社会现实运动的伟大实践中。概括地讲，马克思主义由马克思主义哲学、马克思主义政治经济学和科学社会主义三大部分构成，其中马克思主义哲学是基础、世界观和方法论，其共产主义的价值追求、辩证唯物主义和历史唯物主义的逻辑立场是不能丢、不能变的，这个是区分真马克思主义与假马克思主义的试金石，是我们共产党人坚定的理想信念，是抵制价值虚无主义和历史虚无主义最有力的武器；马克思主义政治经济学是马克思主义哲学在社会经济关系领域中的应用，揭示了资本主义生产和剥削的本质，论证了资本主义必然灭亡和共产主义必然胜利的客观规律。随着资本主义矛盾的不断展开，马克思主义政治经济学的研究范围、研究方式、研究成果也会不断丰富和发展；科学社会主义是辩证唯物主义在社会历史领域应用过程中产生的，是反映无产阶级革命斗争和社会主义发展规律的科学理论，这一理论遵从"由实践到理论再到实践"的螺旋式循环发展规律，必然在无产阶级的革命斗争和社会主义革命的实践当中不断丰富和发展，这也是马克思主义创造性、科学性、辩证性的体现。

（一）马克思主义精神血脉在中国大地的最新传承

马克思在《共产党宣言》中呼吁全世界无产者联合起来，为实现一切人的自由全面发展、为共产主义的最高理想而奋斗！实现这一追求，让无产阶级摆脱压迫与奴役，成为世界的主人，是马克思主义的基本价值追求。实现每个人自由而全面的发展，是马克思主义一以贯之的最高理想、价值基础和逻辑起点。而马克思主义理论就是关于无产阶级革命和人类解放的理论体系。毛泽东思想、中国特色社会主义理论体系是马克思主义科学精神在中国的继承与发展，是其中国化的理论产物和成果，习近平新时代中国特色社会主义思想是马克思主义中国化的最新成果。

从哲学上讲，人有怎样的理想就会有怎样的行动。中国共产党所做的一切，正是在这种马克思主义远大理想的驱动下，为人民谋幸福、为民族谋复兴、为世界谋大同。这是为实现最高理想所进行的实实在在的努力，是马克思主义精神信念在新时代的现实呈现。党的十八大以来，以习近平同志为核心的党中央在世界上高举起中国特色社会主义伟大旗帜，开创了党和国家事业发展的新局面，开创了坚持和发展马克思主义的新境界，开创了坚持和发展中国特色社会主义的新气象，创立了习近平新时代中国特色社会主义思想，引领中国特色社会主义进入了新时代。

党的十八大以来，习近平总书记反复强调共产党人要不忘初心、牢记使命，在 2012 年 11 月 17 日十八届中共中央政治局第一次集体学习时的讲话中明确指出："理想信念就是共产党人精神上的'钙'，没有理想信念，理想信念不坚定，精神上就会'缺钙'，就会得'软骨病'。"为此，党中央作出全面从严治党的战略部署。从本质上讲，就是在中国特色社会主义新的历史实践中更好地传承、延续马克思主义根本价值理想和精神血脉的过程。

（二）马克思主义的灵魂与马克思主义中国化时代化大众化的历史性飞跃

马克思主义揭示了人类历史的发展规律，毛泽东思想揭示了中国新民主主义革命的规律，中国特色社会主义理论体系初步揭示了中国改革开放和社会主义现代化建设的规律。

习近平新时代中国特色社会主义思想同马克思主义、毛泽东思想、邓小平理论、"三个代表"重要思想、科学发展观既一脉相承又与时俱进，是坚持与发展、继承与创新、源与流的关系。习近平新时代中国特色社会主义思想具有强大的理论穿透力和现实解释力，对发展马克思主义中国化作出了新的理论贡献。中国特色社会主义理论强调以正在做的事情为中心，着眼于马克思主义理论的运用，着眼于新的实际和新的发展，着眼于对实际问题的理论思考，说了很多前人没有说过的"新话"，开辟了 21 世纪马克思主义、当代中国马克思主义新境界，也解决了新时代理论"不够用"的难题。这一切都取决于习近平新时代中国特色社会主义思想在继承优秀传统的基础上，在尊重客观规律和中国特色社会主义发展实际的条件下，勇立时代潮头，发思想之先声，在认识和把握共产党执政规律、社会主义建设规律、人类社会发展规律方面提出了新论断、新命题、新理念，用鲜活丰富的当代中国实践来推动马克思主义发展。主要包括：人民中心论、社会主义现代化强国论、社会主要矛盾变化论、经济新常态论、供给侧结构性改革论、现代化经济体系论、国家治理体系和治理能力现代化论、中国特色社会主义最本质特征论、新时代强军论、新型大国关系论、人类命运共同体论等。这些新论断、新命题、新理念，都蕴含着马克思主义世界观、认识论、方法论、价值论层面的崭新的时代性理解和阐述，是马克思主义中国化、时代化的重要标志。这些原创性的理论为实现中华民族伟大复兴的历史使命指明了方向、画定了蓝图，并拓展了发展中国家走向现代化的途径，为发展中国家提供了全新选择，为解决人类问题贡献了中国智慧和中国方案。

（三）新时代条件下灵活运用马克思主义思想武器破解时代之问的典范

马克思给我们留下的最有价值、最具影响力的精神财富，就是以他名字命名的科学理论——马克思主义，这是我们改造世界的锐利思想武器。党的十八大以来，以习近平同志为核心的党中央坚持马克思主义基本原则，努力推动中国特色社会主义理论创新，统筹推进"五位一体"总体布局，协调推进"四个全面"战略布局，科学回答了新的时代之问。

习近平总书记非常重视运用历史唯物主义基本原理认识和分析我国社会主要矛盾，强调要善于把认识矛盾和化解矛盾作为打开工作局面的突破口。在党的十九大报告中，习近平总书记提出，中国特色社会主义进入新时代后，我国社会主要矛盾已经发生转化，明确新时代我国社会主要矛盾是人民日益增长的美好生活需要和不平衡不充分的发展之间的矛盾。这一对社会主要矛盾的主要方面在于"不平衡不充分的发展"，因此我们的工作重点是解决发展不平衡不充分的问题。这不仅要求我们继续提升经济发展的质量和效益，还要求我们注重发展社会主义民主政治、法治建设、生态文明建设等，以破解不平衡不充分的问题。可见，习近平总书记关于新时代我国社会主要矛盾的论断，是对我党以往关于社会主要矛盾认识的丰富和发展，是将马克思主义社会矛盾学说运用于当代中国现实的最新体现。

毛泽东同志创造性地把"人民群众是历史的创造者"这个观点转化为群众观点和群众路线，提出我党"全心全意为人民服务"的根本宗旨和走群众路线的根本领导方法与工作路线。习近平总书记进一步把群众观点拓展为"以人民为中心"的根本政治立场和价值取向，把群众观点和群众路线看作是处理党群关系和干群关系的根本立场和方法。针对有些领导干部不能妥善处理与群众的关系问题，习近平总书记深刻指出："领导在与群众的矛盾中一般来说处于主要方面。在领导和群众的矛盾中，如果领导方面是错误的，群众方面是正确的，毫无疑问，领导是主要矛盾方面；如果群众方面是错误的，领导方面是正确的，矛盾的主要方面也在领导，在于领导对群众的说服教育工作没有到位，在于领导的工作措施不适应于群众。因此，领导与群众产生矛盾时，领导要想方设法去做好教育和转化工作，而不能因为群众错了，你就站到群众的对立面去，把人民内部矛盾当作敌我矛盾。"〔1〕这充分体现了习近平总书记在新的时代条件下对马克思主义基本原理的创造性运用和发展。

政治讲堂

江山就是人民，人民就是江山。全党同志都要坚持人民立场、人民至上，坚持不懈为群众办实事做好事，始终保持同人民群众的血肉联系。

——习近平

二、揭开人类社会发展规律

2018年5月4日，习近平总书记在纪念马克思诞辰200周年大会上的讲话中指出："马克思给我们留下的最有价值、最具影响力的精神财富，就是以他名字命名的科学理论——马克思主义。这一理论犹如壮丽的日出，照亮了人类探索历史规律和寻求自身解放的道路。"马克思主义科学回答了人类历史之谜，揭示了人类社会发展的一般规律，揭示了资本主义运行的特殊规律，为人民指明了实现自由和解放的道路。

〔1〕 常光民、王传志："如何做好新形势下的群众工作——访中共浙江省委书记习近平"，载《求是》2005年第17期。

（一）马克思主义对人类社会的认识

受生产力发展水平的制约，古代人提出了"洪水创世""女娲造人"等观点。随着近代科学的发展，进化论成为解答人类起源的主流学说。所谓进化论，是指关于生物由低级到高级，由简单到复杂逐步演变过程的学说。这一学说主张物竞天择、优胜劣汰的思想，有人将此自然界的规律照搬到人类社会，给人类发展带来了不利影响，未能揭示人类社会发展的真正规律。古代中国，大多数人持历史循环论的观点，其以"五德终始说"为代表；也有思想家提出了"据乱世、升平世、太平世"的观点，认为社会有其自身的发展规律。但这些都不能从根本上揭示社会矛盾运动规律。马克思主义在总结批判前人观点的基础上，探讨了私有制的起源问题，提出了劳动创造人和人是社会关系的产物的观点，揭示了人的本质，形成了系统完整的唯物史观，找到了社会矛盾运动的基本规律，从而科学系统地回答了人类历史发展基本问题。

在马克思看来，共产主义"是历史之谜的解答，而且知道自己就是这种解答"。[1]"人们自己创造自己的历史，但是他们并不是随心所欲地创造……一切已死的先辈们的传统，像梦魇一样纠缠着活人的头脑。"[2]

马克思把人当作一种其心灵不仅反映世界而且创造世界的动物；人是由一种"意识"武装起来的，但这种贯穿于历史的意识总的来说已经由于阶级分裂的社会所产生的各种思想而受到了扭曲。剥削的生产方式注定要产生一种必然的依附性，人自身也不可能得到发展，人的全面解放，人的自由而全面的发展，只有在公有制和共产主义的基础上才能够得以实现，人类真正的历史将从共产主义开始。马克思进一步阐述，人们自己创造自己的历史。这样便把上帝赶出了人类历史活动，并因此而揭去了对历史之谜的解答的宗教外衣。

人类生活是由"生产方式"决定的。人首先必须满足吃、穿、住等物质的需要，然后才能从事法律的、政治的、宗教的、艺术的和哲学

---

〔1〕《马克思恩格斯选集》第三卷，人民出版社 2002 年版，第 297 页。
〔2〕《马克思恩格斯选集》第一卷，人民出版社 2012 年版，第 669 页。

的等活动，手推磨产生的是封建主义，蒸汽磨产生的是资本主义。这种观点在解答历史之谜过程中有着至关重要的地位。《哲学的贫困》一文认为，随着经济基础的变更，由法律的、政治的、宗教的、艺术的或哲学的等意识形态构成的"全部庞大的上层建筑也或慢或快地发生变革"，但是，"社会上一部分人对另一部分人的剥削却是过去各个世纪所共有的事实。因此，各个世纪的社会意识，尽管形形色色、千差万别，但总是在某种共同的形式中运动的，这种形式，这些意识形式，只有当阶级对立完全消灭的时候才会完全消失"。也就是说，这种革命性的变革只有在共产主义社会才能真正实现。

关于历史的概念。马克思认为，"历史"并非只是一个狭义的社会历史领域。"我们仅仅知道一门惟一的科学，即历史科学。历史可以从两方面来考察，可以把它划分为自然史和人类史。但这两方面是不可分割的；只要有人存在，自然史和人类史就彼此相互制约。"[1]在这里马克思非常清楚地说明了"惟一的科学，即历史科学"。我们由此可以认为，马克思所指的历史不仅仅是指狭义的社会历史领域，而是在哲学本体的语境中确认了人类现实的社会实践过程中构筑的历史性进程。

人类历史的现实起点是物质生活资料的生产。"人们为了能够'创造历史'，必须能够生活。但是为了生活，首先就需要吃喝住穿以及其他一些东西。""因此，这是人们从几千年前直到今天单是为了维持生活就必须每日每时从事的历史活动，是一切历史的基本条件"。[2]马克思在这里用一个孩童都知晓的常识，清晰明了地阐述了人与自然之现实的历史关系。

人类社会的历史存在是在长期物质发展到一定阶段通过现实的生产历史地实现的。马克思主义认为生产，不是仅仅停留在生产之混沌无序的总体之中，因为任何生产实践都是具体的有序的，而是一定的生产的内在结构组织和动态格局的功能实现，这就是作为一定历史生存本质的生产方式。即马克思所说的，在社会生产活动中存在着"人们用以生产自己必需的生活资料的方式"。我们可以把它理解为：一方面，生产的有序结构是由生活物质资料的历史特性决定的；另一方面，更深层的

---

〔1〕《马克思恩格斯选集》第一卷，人民出版社 2012 年版，第 146 页。
〔2〕《马克思恩格斯选集》第一卷，人民出版社 2012 年版，第 158 页。

含义是，生产方式表现了人们创造社会历史的主体活动之新的有序性，亦即人类生存的历史创造性。

描述历史并不是马克思的目的，其最终的理论旨归乃是对现实资本主义社会的批判。"资本主义向何处去?"是马克思生活时代所面临的时代课题，空想社会主义、古典政治经济学和古典哲学都没有找到科学的答案。马克思在解答历史之谜的过程中，不是单纯地解答"资本主义之谜"，而是在解答"历史之谜"的同时解答"资本主义之谜"，这就为从人类社会的前史进入正史创造了根本的理论条件，因而作为共产主义者和实践唯物主义者的马克思在解答"历史之谜"的同时，对欧洲的社会历史的现实特别是对资本主义的现实进行了全面而深刻的批判。

（二）马克思主义的社会形态理论

马克思以生产关系的性质为标准把人类历史划分为五种不同的社会形态，即原始社会、奴隶社会、封建社会、资本主义社会和共产主义社会（社会主义社会是共产主义社会的第一阶段）五种依次更替的社会形态。马克思的五种社会形态划分理论，是就全世界历史范围而言的，而不是说无论哪一个国家和民族不管其具体的历史情况如何，都要依次经历这五种社会形态。

1845—1846年，马克思、恩格斯合著的《德意志意识形态》一书，标志着历史唯物主义基本形成。在这部著作中，两位作者提出了社会形态划分及其发展规律的最初见解。他们根据生产力和生产关系的矛盾运动分析社会结构及其演变，把人类历史归结为生产关系（所有制形式）的发展，又把生产关系归结上升为生产力的高度。两位作者用以生产力和分工为基础的一定发展阶段的所有制形式，表述了他们社会形态划分理论的雏形。他们把资本主义社会以前的历史划分为三种所有制形式，"第一种所有制形式是部落所有制"，"第二种所有制形式是古典古代的公社所有制和国家所有制"，"第三种形式是封建的或等级的所有制"。[1]"部落所有制"，从经济结构上看，相当于氏族公社的土地公有制；从

---

〔1〕《马克思恩格斯选集》第一卷，人民出版社 2012 年版，第 148–149 页。

社会结构上看，相当于氏族公社开始解体、奴隶制正在出现的农村公社。马克思、恩格斯当时还没有把氏族公社和农村公社分开，他们讲的"部落所有制"虽然相当于西欧由原始社会向奴隶社会转变时期的所有制，但由于他们当时尚未形成科学的原始社会思想，因而将它作为人类社会发展的第一个独立阶段。"古典古代的公社所有制和国家所有制"，大体上相当于古希腊和古罗马的奴隶制。"封建的或等级的所有制"，指的是西欧的封建制度。这三种所有制形式，作为所有制发展的不同阶段，在历史上是按时间先后顺序演进的，而不是在空间上并列的。马克思、恩格斯认为这三种所有制形式是资本主义社会以前的所有制形式，如果再加上资本主义所有制形式和将来代替它的共产主义所有制形式，正好是五种所有制形式。以这五种所有制形式为基础，形成五种社会形态，即部落所有制社会、奴隶社会、封建社会、资本主义社会、共产主义社会。

三种社会形态划分法是马克思在《1857—1858 年经济学手稿》中明确提出的。他说："人的依赖关系（起初完全是自然发生的），是最初的社会形式，在这种形式下，人的生产能力只是在狭小的范围内和孤立的地点上发展着。以物的依赖性为基础的人的独立性，是第二大形式，在这种形式下，才形成普遍的社会物质交换、全面的关系、多方面的需要以及全面的能力的体系。建立在个人全面发展和他们共同的、社会的生产能力成为从属于他们的社会财富这一基础上的自由个性，是第三个阶段。第二个阶段为第三个阶段创造条件。"

三种社会形态划分法和五种社会形态划分法所划分开来的社会形态都属于经济的社会形态。所谓经济的社会形态，是指以生产关系或经济形式为标准划分的社会形态。在通常情况下，社会形态概念与经济的社会形态概念，含义是相同的，社会形态概念可以看作是经济的社会形态概念的简称。两种划分方法在说明人类历史由公有制社会到私有制社会再到更高发展程度的公有制社会的演变过程方面是一致的。三种社会形态划分法的人的依赖性关系中的原始共同体是公有制社会，原始共同体解体以后产生的奴隶社会和封建社会是私有制社会，物的依赖性社会或商品经济社会也是私有制社会；个人自由全面发展的社会是更高发展程度上的公有制社会。五种社会形态划分法中的原始社会是公有制社会，奴隶社会、封建社会、资本主义社会是私有制社会，共产主义社会（社会主义社会是它的第一阶段）是更高发展程度上的公有制社会。

（三）社会发展的根本动力

马克思主义认为，矛盾是事物发展的根本动力。人类社会发展的根本动力是社会基本矛盾运动规律。生产力和生产关系、经济基础和上层建筑之间的矛盾构成了社会的基本矛盾，它们之间的相互作用以及动态结合构成了社会发展的基本动力和一般规律。

1. 生产力和生产关系的矛盾运动及其规律

生产力是指社会成员共同改造自然、改造社会获取生产资料和生活资料的能力。生产关系是指劳动者在生产过程中所结成的相互关系，包括生产资料的所有关系、生产过程的组织与分工关系、产品的分配关系三个方面。

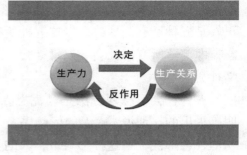

△ 生产力与生产关系

生产力决定生产关系，生产力的状况（包括生产力的性质、水平和发展要求）决定生产关系的状况。有什么样的生产力，就会有什么样的生产关系，生产力发展的一定状况要求形成与之相适应的生产关系。社会生产方式的运动总是从生产力的变化和发展开始。随着生产力的发展，原来由它所建立并同它相适应的生产关系，就变得越来越不能适应生产力的发展，以致不能继续保持其稳定不变的状态。在这种情况下，生产关系就不得不进行部分的变革以暂时维持它的存在；而当这种生产关系已经完全不能适应生产力发展的要求时，就必须进行全面的变革，以新的适合生产力发展的生产关系来代替原来的、已丧失其存在必然性的生产关系。

生产关系能动地反作用于生产力。当生产关系同生产力的发展要求相适应时，它有力地推动生产力的发展；当生产关系不适应生产力的发展要求时，它就严重地阻碍生产力的发展。新的生产关系之所以能够促进生产力的发展，在于它为生产力诸要素的结合提供了较好的形式，能够比较充分地调动生产力的积极因素，使其发挥作用。反之，旧的生产关系之所以阻碍生产力的发展，就在于它不能把生产力的诸要素较好地结合起来，无力充分调动生产力的积极因素，反而使它们受到压抑和摧残。

生产力和生产关系的相互作用及其矛盾运动构成了生产力和生产关系之间内在的、本质的、必然的联系。历史唯物主义把它表述为生产关系适合生产力状况的规律。这一规律的主要内容就是：生产力决定一定生产关系能否产生，决定它产生后发展的方向和形式；生产关系反作用于生产力，对于生产力的发展起着促进或阻碍作用。"决定"和"反作用"的矛盾运动和有机结合，形成了生产关系适合生产力状况的规律性运动。

生产关系适合生产力状况的规律，是社会发展的普遍规律，在社会发展的各个阶段、各个时期都起着作用。它提供了一把探究社会发展根源的钥匙，是马克思主义政党制定战略、策略、方针、政策的客观依据。

2. 经济基础和上层建筑的矛盾运动及其规律

经济基础是指由社会一定发展阶段的生产力所决定的生产关系的总和，而上层建筑是指建立在一定经济基础之上的意识形态以及相应的制度、组织和设施。

经济基础决定上层建筑。具体表现在：第一，经济基础的需要决定上层建筑的产生。上层建筑是适应经济基础而建立起来的；经济基础是根源，上层建筑是派生物，是经济基础的政治和思想表现形态。第二，经济基础的性质决定上层建筑的性质。有什么样的经济基础，就有什么样的上层建筑；不同性质的经济基础一定会产生不同性质的上层建筑。由于占统治地位的生产关系决定经济基础的性质，因而它必然对上层建筑起主导作用，并决定上层建筑的性质。第三，经济基础的变化发展决定上层建筑的变化发展及其方向；经济基础变化，上层建筑也要随之改变。上层建筑的各个部分，由于具有不同程度的相对独立性，其改变有早有晚、有快有慢，虽不是同时的立即的改变，但变化是必然的。

上层建筑对经济基础具有反作用。这种反作用集中表现在为它的经济基础服务。上层建筑反作用的性质，取决于它所服务的经济基础的性质，归根到底取决于它是否有利于生产力的发展。当它为适合生产力发展的经济基础服务时，它就成为推动社会发展的进步力量；当它为束缚生产力发展的经济基础服务时，它就成为阻碍社会发展的反动力量。社会主义国家的无产阶级政党是上层建筑中的核心政治力量，其先进性的发挥，就集中表现在它能代表先进生产力的发展要求，为社会主义经济基础服务。

上层建筑与经济基础的矛盾表现在：新建立起来的上层建筑总有某些不完善的地方，不能完全适应经济基础的要求；上层建筑一旦形成，就成为一种相对独立的力量，它有脱离经济基础的倾向；经济基础总会变化，这种变化不会立即在上层建筑中得到反映，这就造成上层建筑落后于经济基础的情况；当生产力的发展要求变革已经陈旧的经济基础时，仍然维护这种经济基础的上层建筑就成为经济基础和生产力发展的严重阻碍，它们之间的矛盾就趋于尖锐化。

在社会基本矛盾中，生产力和生产关系的矛盾是根本的矛盾，整个社会基本矛盾的运动总是从生产力开始。整个社会基本矛盾运动以生产力为起点，生产力通过分工决定生产关系，生产关系（经济基础）通过意识形态决定政治上层建筑，通过社会心理决定观念上层建筑；上层建筑通过社会心理或意识形态反作用于经济基础，生产关系通过分工反作用于生产力。这就是社会基本矛盾运动的内在机制。

由此可见，马克思主义从唯物史观的角度探讨了人类历史上社会形态的发展演变、揭示了人类社会发展的规律，从而科学回答了人类历史之谜，指明了人类社会发展的方向。

思考题

1. 马克思列宁主义代表了什么阶级的立场？
2. 什么是社会发展五大形态？
3. 社会发展的根本动力是什么？

第二节　马克思列宁主义到中国

社会主义经历了由空想到科学、由理论到实践、由一国实践到多国实践的三次大的飞跃，并在中国特色社会主义的伟大实践中焕发出强大生机和活力。在马克思、恩格斯的努力下，社会主义实现了由空想到科学的转变。而十月革命推动了社会主义由理论到实践的转变。在列宁的领导下，俄国将马克思主义基本原理同俄国实际相结合，形成了列宁主义，以此为旗帜，俄国社会主义革命取得了胜利，建立了世界上第一个社会主义国家，打破了资本主义一统天下的局面，给世界上广大被压迫民族带来了新的曙光。十月革命的胜利指明了中国革命的方向，给正在艰难探索救国救民道路的中国人民提供了新的解答方案。

政治讲堂

十月革命一声炮响，给我们送来了马克思列宁主义。

——毛泽东

一、列宁主义的胜利

19世纪末20世纪初，世界主要资本主义国家已从自由竞争阶段发展到私人垄断阶段——帝国主义阶段。各种社会矛盾不断激化，世界工人运动出现了新情况。以列宁为代表的俄国社会民主工党（布尔什维克），坚持马克思主义基本原理和无产阶级运动相结合，深入研究和总结无产阶级革命斗争经验，对新的世界形势和时代特征做了科学概括，为世界无产阶级制定正确的政策策略提供了理论指导，诞生了列宁主义。

列宁主义认为，帝国主义是资本主义的最高阶段，是无产阶级社会革命的前夜。由于帝国主义国家之间经济和政治发展不平衡，这就为社会主义首先在一个国家，并且可能在经济文化相对落后的国家发生社会主义革命提供了可能。"资本主义的发展在各个国家是极不平衡的，而且在商品生产下也只能是这样。由此得到一个结论：社会主义不能在所有国家内同时获得胜利，它将首先在一个或者几个国家内获得胜利，而其余的国家在一段时间内将仍然是资产阶级的或资产阶级以前的国家。"[1]

列宁论述了领袖、政党、阶级、群众之间的关系，认为群众是划分为阶级的，阶级是由政党领导的；"政党通常是由最有威信、最有影响、最有经验、被选出担任最重要职务而称为领袖的人们所组成的比较稳定的集团来主持的"。[2]无产阶级是最先进、最有远见、最有前途的阶级，肩负着推翻资本主义、建设社会主义、最终实现共产主义的伟大使命，无产阶级有自己的领导核心是革命取得胜利的保证，也是其在政治上成熟的表现。无产阶级专政只能由吸收了阶级的革命力量的先锋队来实现。

在这种理论的指导下，十月革命取得了胜利，开始了向社会主义的过渡。为适应国内革命战争的形势，保卫新生的革命政权，年轻的苏俄政权被迫实行"战时共产主义政策"（实行战时总动员；实行粮食等农产品的征购制度；实行全部工商业的国有化，禁止私人贸易；实行义务劳动制和食堂免费就餐），帮助苏维埃政权度过了战争危机，但国民经济破坏严重、粮食及燃料匮乏，农民利益得不到保障，俄国出现了严重的经济、政治危机。于是，列宁适时调整了政策，

△ 中国国家博物馆馆藏油画《列宁宣布苏维埃政权成立》，描绘了列宁向广大革命工人和士兵宣布"一切权力归苏维埃"的历史场景

---

〔1〕《列宁全集》第28卷，人民出版社1990年版，第88页。
〔2〕《列宁选集》第4卷，人民出版社2012年版，第151页。

实行"新经济政策"以实现向社会主义的过渡。该政策实质是利用市场和商品货币关系发展经济解决国内严重的经济困难和政治危机从而建立社会主义经济基础（公有制）。在农业上，以粮食税代替余粮收集制；工业上，部分恢复私营经济，关系国家经济命脉的企业仍归国家所有；允许自由贸易，恢复商品流通和商品交换；废除实物配给制，实行按劳分配制。

新经济政策的实施表明，列宁和布尔什维克党放弃了由战时共产主义政策直接过渡到社会主义的设想和实践，开始从国情出发，利用市场和商品货币关系来扩大生产，改善和巩固工农联盟，逐步过渡到社会主义，受到了广大工人和农民的欢迎，工农业生产逐步恢复到战前的水平，苏维埃政权得到进一步巩固。新经济政策的实施是列宁对小农占优势的俄国如何建设社会主义的问题进一步探索的结果，是他对马克思主义理论的重大发展。

继列宁之后，关于如何建设社会主义、建成什么样的社会主义等问题，斯大林在领导苏联建立社会主义和建设社会主义的实践过程中进行了积极有益的探索，形成了"斯大林模式"。斯大林的这些思想主要体现在《论列宁主义基础》《苏联社会主义经济问题》等著作中。斯大林认为，为建立社会主义的经济基础，要将优先发展重工业作为工业化的中心任务，特别是机器制造业这一整个工业的"神经中枢"。他认为，重工业是"工业化的中心，工业化的基础"[1]，把工业化和农业集体化当作苏联建立社会主义的必备条件，提出建立社会主义的经济基础，就是把农业和社会主义工业结合为一个整体经济，使农业服从社会主义工业的领导，在农产品和工业品交换的基础上调整城乡关系，堵死和消灭阶级首先是资本籍以产生的一切孔道，最后造成直接消灭阶级的生产条件和分配条件。[2]在整个工业化时期，苏联用于重工业的投资、用于积累的比重均占整个国民经济投资的30%左右，把工农业产品价格"剪刀差"作为积累工业资金的重要手段，"这种超额税是为了推进工业的发展，消除我国的落后状态"[3]，使农民的一半收入交给国家。

〔1〕《斯大林全集》第8卷，人民出版社1954年版，第112页。

〔2〕《斯大林选集》上卷，人民出版社1979年版，第511页。

〔3〕《斯大林选集》下卷，人民出版社1979年版，第149页。

从 1930 年起，苏联国民经济年度计划逐渐演变成为指令性计划，"这种计划各领导机关必须执行，这种计划能决定我国经济在全国范围内将来发展的方向"。[1] 于是，在苏联形成了以部门管理、垂直单一领导的，以指令性计划占有生产资料、决定生产、分配产品、计划流通、排斥和限制市场经济、所有权与经营权高度统一的经济管理体制，国家成为工业管理的主体与中心。通过这种工业化战略，苏联仅用了两个五年计划的时间，就基本建立起社会主义的大工业体系。苏联全力推进公有化进程，建立社会主义公有制与工业化政策齐头并进，在城市采取各种措施消灭私营工商业中的资本主义成分，在农村以强制手段消灭了富农阶级，把农民个体经济纳入社会主义建设的总体系，从而实现了农业全盘集体化。1934 年，苏联社会主义成分的比重在国民收入中占 99.1%，在农业总产值中占 98.5%，在工业总产值中占 99.8%，在零售商品流转额中占 100%。到了 1936 年，苏联基本上实现了社会主义，建成了社会主义社会的经济基础，斯大林宣布，苏联消灭了所有的剥削阶级。

斯大林建立了从最高领袖到地方基层政权的严密控制、垂直领导的庞大干部等级制。在这种体制下，从政党组织、国家机关、经济实体到一切社会团体全部执行党的最高指示，党的机关的绝对权力代替了党员群众的主动积极性，阻碍了社会主义民主的发展和社会主义法制的健全；一长制代替了党内民主和集体领导原则；委任制代替了选举制，造成了干部只向上负责而不向下负责的不良倾向；执行机关及其机构拥有全部权力，国家安全机关享有特殊的地位和权力，形成了官僚特权阶层，产生了高度中央集权以致个人专权，党政不分、机构重叠、权责不明的弊端。由于对国情的错误判断，对科学社会主义原则的生搬硬套，苏联形成了僵化的社会主义模式，各类弊端累积，制约了苏联的社会主义建设。

二、俄国革命对中国革命的影响

十月革命后，苏俄作为第一个社会主义国家，处于帝国主义的经济封锁和外交孤立的困境之中，国际帝国主义武装干涉战争此起彼伏，内

---

〔1〕《斯大林文选》上卷，人民出版社 1962 年版，第 129 页。

战连绵，新生的苏维埃政权随时都有被帝国主义联合颠覆的危险，因此其急于寻求能与其"结盟"的国家。另一方面，东方殖民地半殖民地国家从俄国革命胜利中看到了新的希望，他们迫切渴求学习借鉴俄国革命的成功经验。

正如毛泽东在《论人民民主专政》中所言，中国人找到马克思主义，是经过俄国人介绍的。俄国人举行了十月革命，创立了世界上第一个社会主义国家。过去蕴藏在地下为外国人所看不见的伟大的俄国无产阶级和劳动人民的革命精神，在列宁、斯大林领导之下，像火山一样突然爆发出来了，中国人和全人类对俄国人都另眼相看了。十月革命对中国革命的影响是深刻而深远的。它促进了马克思主义在中国的传播，使中国人民找到了科学的理论武器，使先进的中国人开始系统学习和研究马克思主义，中国的马克思主义政党，推动中国走上了马克思主义的革命道路，从而实现了由旧式的民主革命向新式的民主革命的转变，并初步明确了以社会主义作为中国革命发展的方向。

十月革命前，人们对马克思和马克思主义的了解是一种碎片化的状态，对马克思主义的传播也是一种零星式介绍。当时的资产阶级改良派和革命派都曾参与到对马克思主义的介绍中来，甚至于孙中山也对社会主义思想心有向之。不过并没有人真正了解马克思主义。十月革命后，苏俄政府基于世界革命的目的，开始有意识地、系统地向落后的东方国家传播马克思主义。十月革命逐渐赢得了中国民众的关注和认同，并且吸引着中国的先进人物尤其是知识分子去了解、学习和研究马克思主义。于是，在中国出现了第一批具有共产主义思想的知识分子。正是这些知识分子肩负起了学习、研究、传播、宣传和实践马克思主义的重任，为中国共产党的建立准备了条件。

"中国共产党就是依照苏联共产党的榜样建立和发展起来的一个党。自从有了中国共产党，中国革命的面目就焕然一新了。"[1] 1919年共产国际在莫斯科成立，其宗旨就是要指导其他国家尤其是亚非拉殖民地半殖民地国家开展社会主义运动。也正是在这种目的的指引下，苏俄政府在建立伊始便通过多种方式向中国进行革命宣传，直接推动了中国

---

〔1〕《毛泽东选集》第四卷，人民出版社1991年版，第1357页。

马克思主义组织的建立。包惠僧对此曾经回忆道："中国共产党是在第三国际领导下，马林、尼克斯基来到中国，按照第三国际的方针，即列宁的方针、政策建立起来的。马林的督促、指导和支援，对于中国共产党的诞生具有特殊的意义。"[1]中国共产党的成立是中国历史上开天辟地的大事，也是继十月革命后世界共产主义运动史上的大事。从此以后，中国共产党人以马克思列宁主义为指导，走上了谋求民族独立、国家富强和人民幸福的马克思主义道路。

马克思列宁主义传入中国，为救亡图存的中国人提供了新的道路选择。十月革命的炮声，给救亡图存的中国人带来了强大的心理震撼，直接推动了中国对社会主义的道路选择，为中国革命指明了新的方向，并深深地影响了中国近代发展的进程。

三、如何建设中国特色社会主义

20 世纪末，面对风云变幻的世界局势，如何走自己的路，如何建设中国特色社会主义就成为中国共产党所面临的时代之问。这不仅是"中国之问"，同样也是"世界之问"。

无论世界局势如何变幻，中国共产党始终以马克思主义为指导，在中国革命、建设、改革的历史进程中，实现了将马克思主义基本原理同中国具体实际相结合的两次历史性飞跃，形成了马克思主义中国化两大理论成果，即毛泽东思想，以及包括邓小平理论、"三个代表"重要思想、科学发展观、习近平新时代中国特色社会主义思想在内的中国特色社会主义理论体系。二者一脉相承，成为党领导中国人民战胜一个又一个困难、取得一个又一个胜利的行动指南。

毛泽东思想对中国特色社会主义建设的初步探索起步正确、方向明确起到了指引作用，为我党在十一届三中全会后成功开辟中国特色社会主义新道路、创立中国特色社会主义理论体系提供了最直接的、不可缺少的思想和理论来源。中国特色社会主义是对中国之问在当代最具科学性、最具影响力的最新解答。它的世界性价值在于：宣告西方某些势力

---

〔1〕 中共中央党史研究室第一研究部译：《联共（布）、共产国际与中国国民革命运动（1920—1925）》，北京图书馆出版社 1997 年版，第 262 页。

所谓"社会主义崩溃论"的破产，意味着科学社会主义基本原则依然具有不可颠覆的真理价值，预示了人类社会发展的总趋势和基本走向。

（一）毛泽东思想

毛泽东思想是在革命和建设的长期实践中，以毛泽东为主要代表的中国共产党人，根据马克思列宁主义基本原理，形成的适合中国实际的科学指导思想，是被实践证明了的关于中国革命和建设的正确的理论原则和经验总结，是中国共产党集体智慧的结晶。毛泽东思想以独创性理论丰富和发展了马克思列宁主义。主要包括：新民主主义革命、社会主义革命和社会主义建设、革命军队建设和军事战略、思想政治工作和文化工作、党的建设、国际战略和外交工作等各个方面的内容，是一个完整的科学思想体系。

第一次国内革命战争时期，毛泽东在《中国社会各阶级的分析》《湖南农民运动考察报告》中，分析了中国社会各阶级在革命中的地位和作用，提出了新民主主义革命的基本思想。土地革命时期，以毛泽东为主要代表的中国共产党人，坚持马克思列宁主义必须与中国革命具体实际相结合的基本原则，在探索中国革命新道路的具体实践中，在同党内一度盛行的把马克思主义教条化、把共产国际决议和苏联经验神圣化的错误倾向的斗争中，逐步开辟了农村包围城市、武装夺取政权的革命道路，毛泽东思想初步形成。遵义会议以后，毛泽东系统地总结了党领导中国革命特别是全民族抗日战争以来的历史经验，深入分析中国革命具体实际，从哲学方面总结党的历史经验，科学阐述了新民主主义革命的对象、动力、领导力量、性质和前途等基本问题，提出了新民主主义革命的总路线，并制定了相应的经济、政治、文化纲领，指明了新民主主义革命的具体目标，找到了新民主主义革命胜利的正确方法，毛泽东思想趋于成熟。1945 年党的七大将毛泽东思想写入党章，将其确立为党必须长期坚持的指导思想。解放战争时期和新中国成立以后，以毛泽东为主要代表的中国共产党人先后提出人民民主专政理论、社会主义改造理论、关

政治讲堂

星星之火，可以燎原。

——毛泽东

于严格区分和正确处理两类矛盾的学说，特别是正确处理人民内部矛盾的理论。毛泽东明确提出了把马克思列宁主义的基本原理同中国革命和建设的具体实际进行第二次结合，找出在中国怎样建设社会主义的道路的任务，并为开辟适合中国国情的社会主义建设道路进行了艰辛探索。这一时期形成的关于社会主义革命和社会主义建设的重要思想，集中体现于毛泽东《在中国共产党第七届中央委员会第二次全体会议上的报告》《论人民民主专政》《论十大关系》《关于正确处理人民内部矛盾的问题》等著作中，是毛泽东思想的丰富和发展。

新民主主义革命理论从中国的国情出发，深刻研究中国革命的特点和规律，发展了马克思列宁主义关于无产阶级在民主革命中的领导权思想。以社会主义革命和社会主义建设理论为指导，我国依据新民主主义革命胜利所创造的向社会主义过渡的经济政治条件，采取社会主义工业化和社会主义改造并举的方针，实行逐步改造生产资料私有制的具体政策，从理论和实践上解决了在中国这样一个占世界人口近 1/4、经济文化落后的大国建立社会主义制度这一重大问题。革命军队建设和军事战略的理论系统解决了如何把以农民为主要成分的革命军队建设成为一支无产阶级性质的、具有严格纪律的、同人民群众保持亲密联系的新型人民军队的问题。毛泽东精辟地论证了革命斗争中政策和策略问题的极端重要性，指出政策和策略是党的生命，必须根据政治形势、阶级关系和实际情况及其变化制定党的政策，把原则性和灵活性结合起来。他在总结实践经验的基础上，提出了许多重要的政策和策略思想。

党的建设理论成功地解决了如何在无产阶级战斗力很强而人数很少、农民和其他小资产阶级占人口大多数的国家，建设一个具有广泛群众性的、马克思主义的无产阶级政党的问题。

1981 年党的十一届六中全会通过的《中国共产党中央委员会关于建国以来党的若干历史问题的决议》指出：贯穿于毛泽东思想各个组成部分的立场、观点和方法，是毛泽东思想的活的灵魂，它们有三个基本方面，即实事求是、群众路线、独立自主。

实事求是，就是一切从实际出发，理论联系实际，坚持在实践中检验真理和发展真理。

群众路线，就是一切为了群众，一切依靠群众，从群众中来，到群众中去，把党的正确主张变为群众的自觉行动。群众路线是以毛泽东为主要代表的中国共产党人坚持把马克思列宁主义关于人民群众是历史创造者的原理，系统地运用在党的全部活动中，形成的党的根本工作路线。群众路线是党的生命线和根本工作路线，是我们党永葆青春活力和战斗力的重要传家宝。

独立自主，就是坚持独立思考、走自己的路，就是坚定不移地维护民族独立、捍卫国家主权，把立足点放在依靠自己力量的基础上，同时开展国际经济文化交流，学习外国一切对我们有益的先进事物。独立自主是中华民族的优良传统，是中国共产党、中华人民共和国立党立国的重要原则，是我们党从中国实际出发、依靠党和人民的力量进行革命、建设、改革的必然结论。

毛泽东思想是马克思主义中国化的第一个重大理论成果，是中国革命和建设的科学指南，是中国共产党和中国人民宝贵的精神财富。在马克思主义中国化的历史进程中，毛泽东思想为中国特色社会主义理论体系的形成奠定了理论基础。尤其是毛泽东思想关于社会主义建设的理论，为开创和发展中国特色社会主义作了重要的理论准备。毛泽东思想所确立的马克思主义中国化的奋斗方向、基本原则和基本方法，指导着我们党不断推进马克思主义中国化，不断开辟马克思主义中国化时代化新境界。

（二）邓小平理论

1978 年 12 月，党的十一届三中全会胜利召开，实现了新中国成立以来党的历史上具有深远意义的伟大转折，开启了改革开放和社会主义现代化建设历史新时期。以邓小平为主要代表的中国共产党人，重新确立了实事求是的思想路线，在总结国内外社会主义建设的历史经验特别是改革开放以来经验的基础上，鲜明地回答了"什么是社会主义、怎样建设社会主义"这个首要的基本的理论问题，逐步形成了建设中国特色社会主义的路线、方针、政策，阐明了在中国建设社会主义、巩固和发展社会主义的基本问题，创立了邓小平理论，开辟了建设中国特色社会主义的正确道路，推进了马克思主义的中国化。在邓小平理论的指导下，20 世纪的中国又一次发生了翻天覆地的变化，开启了中华民族"富起来"的新征程。

邓小平理论的形成，是以和平与发展成为时代主题为时代背景；以社会主义建设的经验教训为历史根据；以改革开放和现代化建设的实践为其现实依据，是以邓小平为主要代表的中国共产党人立足中国又面向世界，总结历史又正视现实、放眼未来，把马克思主义基本原理同中国的国情和时代特征结合起来，在研究新情况、解决新问题的过程中形成发展起来的。

什么是社会主义、怎样建设社会主义，是邓小平理论首要的基本的理论问题。搞清楚这一课题，关键是要在坚持社会主义基本制度的基础上进一步认清社会主义的本质。邓小平总结多年来的历史教训：离开生产力抽象地谈论社会主义，把许多束缚生产力发展的并不具有社会主义本质属性的东西当作"社会主义原则"加以固守，把许多在社会主义条件下有利于生产力发展的东西当作"资本主义复辟"加以反对。1992年初，邓小平在"南方谈话"中对社会主义的本质作了总结性理论概括："社会主义的本质，是解放生产力，发展生产力，消灭剥削，消除两极分化，最终达到共同富裕。"[1]邓小平关于社会主义本质的概括，遵循了科学社会主义的基本原则，反映了人民的利益和时代的要求，廓清了不合乎时代进步和社会发展规律的模糊观念，摆脱了长期以来拘泥于具体模式而忽略社会主义本质的错误倾向，深化了对科学社会主义的认识。既包括了社会主义社会的生产力问题，又包括了以社会主义生产关系为基础的社会关系问题，是一个有机的整体。它突出地强调

政治讲堂

发展才是硬道理。
——邓小平

了"解放生产力，发展生产力"，纠正了过去忽视生产力发展的错误观念，反映了中国社会主义整个历史阶段尤其是初级阶段特别需要注重生产力发展的迫切要求，明确了社会主义基本制度建立后还要通过改革进一步解放生产力，体现了在世界新科技革命推动生产力迅速发展的条件下，社会主义为应对资本主义严峻挑战所必须采取的战略决策。它突出地强调"消灭剥削，消除两极分化，最终达到共同富裕"，阐明了社会主义社会的发展目标以及实现这个目标必须以解

---

〔1〕《邓小平文选》第三卷，人民出版社1993年版，第372-374页。

放和发展生产力为基础，指出了我们发展生产力与剥削阶级统治的社会发展生产力的目的根本不同。

围绕着"什么是社会主义、怎样建设社会主义"这个基本的理论问题，邓小平理论比较系统地初步回答了建设中国特色社会主义的一系列基本问题，包括社会主义初级阶段理论，党的基本路线，社会主义根本任务的理论，"三步走"战略，改革开放理论，社会主义市场经济理论，"两手抓，两手都要硬"，"一国两制"，中国问题的关键在党等理论，形成了一个比较完备的科学体系。

解放思想、实事求是的思想路线，有力地推动和保证了改革开放的进行，体现了辩证唯物主义和历史唯物主义的世界观方法论，体现了革命胆略和科学精神的统一，是邓小平理论的活的灵魂，是邓小平理论的精髓。"社会主义本身是共产主义的初级阶段，而我们中国又处在社会主义的初级阶段，就是不发达的阶段。一切都要从这个实际出发，根据这个实际来制订规划。"[1]

社会主义初级阶段是我国最大的国情。党的十三大明确指出，社会主义初级阶段，就是指我国在生产力落后、商品经济不发达条件下建设社会主义必然要经历的特定阶段，即从我国进入社会主义到基本实现社会主义现代化的整个历史阶段。邓小平关于社会主义初级阶段的论断，使我们对社会主义建设的长期性、复杂性、艰巨性有了更加清醒的认识。

邓小平理论提出了党在社会主义初级阶段的基本路线：领导和团结全国各族人民，以经济建设为中心，坚持四项基本原则，坚持改革开放，自力更生，艰苦创业，为把我国建设成为富强、民主、文明的社会主义现代化国家而奋斗。高度概括了党在社会主义初级阶段的奋斗目标、基本途径和根本保证、领导力量和依靠力量以及实现这一目标的基本方针，既紧紧抓住了中国现阶段的主要矛盾，又体现了运用社会主义社会基本矛盾运动的规律，全面推动历史进步，实现民富国强、民族振兴的要求。党的基本路线是党和国家的生命线、人民的幸福线。

邓小平强调：贫穷不是社会主义，社会主义要消灭贫穷；[2]我们

---

〔1〕《邓小平文选》第三卷，人民出版社 1993 年版，第 252 页。

〔2〕《邓小平文选》第三卷，人民出版社 1993 年版，第 63–64 页。

要建设的中国特色社会主义，是不断发展社会生产力的社会主义；我们确定的基本路线，是以经济建设为中心，实现社会主义现代化的发展路线。而社会生产力的巨大发展，劳动生产率的大幅提高，最主要是靠科学的力量、技术的力量，因此，"科学技术是第一生产力"。

如何从中国的具体国情出发，加快我国的现代化建设？邓小平理论认为，在我国落后的生产力基础上实现社会主义现代化是一项十分艰巨的事业，必须有步骤分阶段实现：第一步，从1981年到1990年实现国民生产总值比1980年翻一番，解决人民的温饱问题；第二步，从1991年到20世纪末，使国民生产总值再翻一番，达到小康水平；第三步，到21世纪中叶，国民生产总值再翻两番，达到中等发达国家水平，基本实现现代化。然后在这个基础上继续前进。"三步走"的发展战略，把我国社会主义现代化建设的目标具体化为切实可行的步骤，为基本实现现代化明确了发展方向，展现了美好的前景，成为全国人民为共同理想而努力奋斗的行动纲领。

改革是社会主义社会发展的直接动力，它不是一个阶级推翻另一个阶级那种原来意义上的革命，也不是对原有经济体制的细枝末节的修补，而是对体制的根本性变革。它的实质和目标，是要从根本上改变束缚我国生产力发展的经济体制，建立充满生机和活力的社会主义新经济体制，同时相应地改革政治体制和其他方面的体制，以实现中国的社会主义现代化。判断改革和各方面工作的是非得失，归根到底，要以是否有利于发展社会主义社会的生产力，是否有利于增强社会主义国家的综合国力，是否有利于提高人民的生活水平为标准。

对外开放，既包括对发达国家的开放，也包括对发展中国家的开放，是对世界所有国家的开放。它不仅是经济领域的开放，还包括科技、教育、文化等领域的开放。要高度珍惜并坚决维护中国人民经过长期奋斗得来的独立自主权利。"任何外国不要指望中国做他们的附庸，不要指望中国会吞下损害我国利益的苦果。"[1]邓小平对社会主义与市场经济关系进行了深入的探索。"计划经济不等于社会主义，资本主义也有计划；市场经济不等于资本主义，社会主义也有市场。"[2]这一重

［1］《邓小平文选》第三卷，人民出版社1993年版，第3页。
［2］《邓小平文选》第三卷，人民出版社1993年版，第373页。

要论断，从根本上解除了把计划经济和市场经济看作属于社会基本制度范畴的思想束缚。党的十四大根据改革开放实践发展的要求和邓小平关于社会主义也可以搞市场经济的思想，特别是 1992 年初"南方谈话"的精神，确定了建立社会主义市场经济体制的改革目标。社会主义市场经济理论的要点有：一是计划经济和市场经济不是划分社会制度的标志，计划经济不等于社会主义，市场经济也不等于资本主义；二是计划和市场都是经济手段，对经济活动的调节各有优势和长处，社会主义实行市场经济要把两者结合起来；三是市场经济作为一种资源配置的方式本身不具有制度属性，可以和不同的社会制度结合，从而表现出不同的性质。坚持社会主义制度与市场经济的结合，是社会主义市场经济的特色所在。

邓小平理论还包括祖国统一、党的建设、外交国防等方面的内容，是对马克思列宁主义、毛泽东思想的继承和发展；是中国特色社会主义理论体系的开篇之作；是改革开放和社会主义现代化建设的科学指南。经过改革开放和现代化建设实践的检验，邓小平理论已经被证明是指导中国人民建设中国特色社会主义、保证中国通过改革开放实现国家繁荣富强和人民共同富裕的系统的科学理论。邓小平理论是中国共产党和中国人民宝贵的精神财富，是改革开放和社会主义现代化建设的科学指南，是党和国家必须长期坚持的指导思想。

（三）"三个代表"重要思想

20 世纪 80 年代末 90 年代初，面对严峻复杂的国内外形势，以江泽民同志为主要代表的中国共产党人，在建设中国特色社会主义的实践中，加深了对"什么是社会主义、怎样建设社会主义和建设什么样的党、怎样建设党"的认识，积累了治党治国的宝贵经验，形成了"三个代表"重要思想。"三个代表"重要思想是加强和改进党的建设、推进我国社会主义自我完善和发展的强大理论武器，丰富和发展了中国特色社会主义理论体系，成功把中国特色社会主义推向了 21 世纪。

> **"三个代表"重要思想**
> 代表着中国先进生产力的发展要求
> 代表着中国先进文化的前进方向
> 代表着中国广大人民群众的根本利益

"三个代表"重要思想是在对"冷战"结束后国际局

势科学判断的基础上形成的；是在科学判断党的历史方位和总结历史经验的基础上提出来的；是在建设中国特色社会主义伟大实践基础上形成的。在千年更迭、世纪交替之际，我们党所处的国际国内环境已经发生并还在经历着前所未有的巨大变化，这是"三个代表"重要思想产生的最重要的时代背景。我们党历经革命、建设和改革，已经从领导人民为夺取全国政权而奋斗的党，成为领导人民掌握全国政权并长期执政的党；已经从受到外部封锁和实行计划经济条件下领导国家建设的党，成为对外开放和发展社会主义市场经济条件下领导国家建设的党。党所处的地位和环境、党所肩负的历史任务、党的自身状况，都发生了新的重大变化。这一时期，正值我们党的队伍进入整体性交接的关键时刻，一大批年轻干部走上了各级领导岗位。总结我们党的历史，可以得出一个重要的结论：我们党之所以赢得人民的拥护，是因为我们党作为中国工人阶级的先锋队和中国人民的先锋队，在革命、建设、改革的各个历史时期，总是代表中国先进生产力的发展要求，代表中国先进文化的前进方向，代表中国最广大人民的根本利益，并通过制定正确的路线方针政策，为实现国家和人民的根本利益而不懈奋斗。在历史发展过程中，党也有过失误，但党依照"三个代表"重要思想要求自己、衡量自己，不断获得新的生机和活力。从正反两方面可以说明，"三个代表"重要思想的提出，正是立足于党的历史、总结党的历史经验得出的重要结论。党如何正确处理社会主义现代化建设中的若干重大关系，如何完善社会主义市场经济体制，如何推进政治体制改革，如何解决国内的人与资源、环境的矛盾，保持国民经济的可持续发展，这些都是摆在中国共产党面前的必须研究解决的紧迫而重大的问题。所以，"三个代表"重要思想是我们党在理论和实践上不断探索和开拓的结果。

"三个代表"重要思想始终代表中国先进生产力的发展要求，是我们党站在时代前列，保持先进性的根本体现和根本要求。我们党建立时就是以中国先进生产力的代表走上历史舞台的；我们党领导人民进行革命、建设和改革，都是为了促进生产力特别是先进生产力的解放和发展。实现社会主义现代化，最根本的就是要通过改革，不断促进先进生产力的发展，在我国形成发达的生产力。科技进步和创新是发展生产力的决定因素。大力推动科技进步和创新，不断用先进科技改造和提高国民经济，努力实现我国生产力发展的跨越。这是我们党代表中国先进生产力发展要求必须履行的重要职责。

大力发展社会主义先进文化，必须牢牢把握先进文化的前进方向，建设社会主义精神文明，不断满足人民群众日益增长的精神文化需求，不断丰富人民的精神世界，增强人民的精神力量；就要建设社会主义精神文明，发展面向现代化、面向世界、面向未来的、民族的、科学的、大众的社会主义文化；就要弘扬民族精神，以加强社会主义思想道德建设为重要内容和中心环节。同时，必须作好思想政治工作。思想政治工作是经济工作和其他一切工作的生命线，是我们党和社会主义国家的重要政治优势。越是发展经济，越是改革开放，越要重视思想政治工作。

人民是我们国家的主人，是决定我国前途和命运的根本力量，是历史的真正创造者。建设中国特色社会主义，是我国各族人民实现自己利益、创造美好生活的共同事业，是亿万人民群众广泛参与的创造性事业。我们党全部工作的出发点和落脚点，是不断实现好、维护好、发展好最广大人民的根本利益。我们党始终坚持人民的利益高于一切。党除了最广大人民的利益，没有自己特殊的利益。我们党进行的一切奋斗，归根到底都是为了最广大人民的根本利益。党的一切工作，必须以最广大人民的根本利益为最高标准。任何时候都必须坚持尊重社会发展规律与尊重人民历史主体地位的一致性，坚持为崇高理想奋斗与为最广大人民谋利益的一致性，坚持完成党的各项工作与实现人民利益的一致性。

"三个代表"重要思想主要内容包括：发展是党执政兴国的第一要务、建立社会主义市场经济体制、全面建设小康社会、建设社会主义政治文明、推进党的建设新的伟大工程、社会主义初级阶段的基本纲领；中国特色社会主义改革开放的理论；建立巩固的国防、加强军队的革命化现代化正规化建设的思想；坚持和发展爱国统一战线理论；中国特色社会主义外交和国际战略；推进祖国完全统一等方面，是一个完整的科学体系。这一重要思想，是中国特色社会主义理论体系的接续发展；是加强和改进党的建设、推进中国特色社会主义事业的强大理论武器。"三个代表"重要思想反映了当代世界和中国的发展变化对党和国家工作的新要求，是加强和改进党的建设、推进我国社会主义自我完善和发展的强大理论武器，是党和国家必须长期坚持的指导思想。

（四）科学发展观

进入新世纪新阶段，以胡锦涛同志为主要代表的中国共产党人，抓住重要战略机遇期，在全面建设小康社会进程中，不断推进实践创新、理论创新、制度创新，根据新的发展要求，深刻认识和回答了新形势下实现什么样的发展、怎样发展等重大问题，形成了以人为本、全面协调、可持续发展的科学发展观。科学发展观是马克思主义关于发展的世界观和方法论的集中体现，是马克思主义中国化的重大成果，在新的历史起点上坚持和发展了中国特色社会主义。

科学发展观是我们党坚持以邓小平理论和"三个代表"重要思想为指导，在深刻把握我国基本国情和新的阶段性特征的基础上形成和发展的；是在深入总结改革开放以来特别是党的十

六大以来实践经验的基础上形成和发展的；在深刻分析国际形势、顺应世界发展趋势、借鉴国外发展经验的基础上形成和发展的。经过长期努力，我国经济社会发展取得了举世瞩目的成就，但仍处于并将长期处于社会主义初级阶段的基本国情没有变。进入新世纪新阶段，我国进入发展关键期、改革攻坚期和矛盾凸显期，经济社会发展呈现一系列新的阶段性特征。这些阶段性特征是社会主义初级阶段基本国情在新世纪新阶段的具体表现，反映了我国经济社会发展面临的新形势、新矛盾和新问题。解决好这些突出矛盾和问题，保持我国经济社会发展良好势头，是对我们的重大考验。社会主义初级阶段基本国情和新的阶段性特征，是科学发展观形成的现实依据。

进入新世纪，世界处在大发展、大变革、大调整之中。和平与发展仍然是时代主题，世界多极化不可逆转，经济全球化深入发展，科技革命加速推进，各国相互依存逐步加深，大国关系深刻变动。同时，国际

环境中不稳定不确定因素增多，我国发展的外部条件复杂多变。经过改革开放以来的发展，当代中国同世界的关系已经发生历史性变化，我国发展对世界发展的作用和影响不断提高，国际社会普遍看好我国的发展前景，看重我国的作用和影响，同我国合作的意愿普遍增强，国际环境发展变化对我国发展的作用和影响也不断增大。世界发展大势和走向、国外发展的经验教训，是科学发展观形成的时代背景。

科学发展观的第一要义是发展，核心是以人为本，基本要求是全面协调可持续，根本方法是统筹兼顾。这是对科学发展观的集中概括。

推动经济社会发展是科学发展观的第一要义。"发展是解决中国一切问题的总钥匙，发展对于全面建设小康社会、加快推进社会主义现代化，对于开创中国特色社会主义事业新局面、实现中华民族伟大复兴，具有决定性意义。"[1]

在当代中国，坚持发展是硬道理的本质要求就是坚持科学发展。这必须加快转变经济发展方式、善于抓住和用好机遇。

以人为本是科学发展观的核心立场。集中体现了马克思主义历史唯物论的基本原理，体现了中国共产党全心全意为人民服务的根本宗旨和推动经济社会发展的根本目的。以人为本就是以最广大人民的根本利益为本。以人为本的"人"，是指人民群众，就是以工人、农民、知识分子等劳动者为主体，包括社会各阶层人民在内的中国最广大人民；"本"，就是根本，就是出发点和落脚点。坚持以人为本，就要坚持发展为了人民，始终把最广大人民的根本利益放在第一位；就要坚持发展依靠人民，从人民群众的伟大创造中汲取智慧和力量；就要坚持发展成果由人民共享，着力提高人民物质文化生活水平。其最终是为了实现人的全面发展。要坚持在经济社会发展的基础上促进人的全面发展，要把促进经济社会发展与促进人的全面发展统一起来，把促进人的全面发展作为经济社会发展的最终目的，既着眼于人民现实的物质文化生活需要，又着眼于促进人民科学文化素质的提高。

全面、协调、可持续是科学发展观的基本要求。"全面"是指发展要有全面性、整体性，不仅经济发展，而且各个方面都要发展，坚持全

---

〔1〕　胡锦涛："在全国劳模和先进工作者表彰大会上的讲话"，载中央政府门户网站 http://www.gov.cn，最后访问日期：2019年4月27日。

面发展，就是要按照中国特色社会主义事业总体布局，正确认识和把握经济建设、政治建设、文化建设、社会建设、生态文明建设是相互联系、相互促进的有机统一体；"协调"是指发展要有协调性、均衡性，各个方面、各个环节的发展要相互适应、相互促进，坚持协调发展，就是保证中国特色社会主义各个领域协调推进；"可持续"是指发展要有持久性、连续性，不仅当前要发展，而且要保证长远发展坚持可持续发展，必须走生产发展、生活富裕、生态良好的文明发展道路、必须建设生态文明。

统筹兼顾是科学发展观的根本方法，深刻体现了唯物辩证法在发展问题上的科学运用，深刻揭示了实现科学发展、促进社会和谐的基本途径，是正确处理经济社会发展中重大关系的方针原则。坚持统筹兼顾，必须正确认识和妥善处理中国特色社会主义事业中的重大关系；必须认真考虑和对待各方面的发展需要，正确反映和兼顾各阶层各群体的利益要求；要牢牢掌握统筹兼顾的科学思想方法，努力提高战略思维、创新思维、辩证思维能力，不断增强统筹兼顾的本领，更好地推动科学发展。要坚持以宽广的胸怀把握全局，以辩证的思维分析全局，以系统的方法谋划全局，把中国特色社会主义伟大事业和党的建设新的伟大工程作为一个整体，统筹改革发展稳定、内政外交国防、治党治国治军各方面工作。既立足当前，又着眼长远，做到兼顾各方、综合平衡。

科学发展观强调，党的建设是党领导的伟大事业不断取得胜利的重要法宝。执政能力建设是党执政后的一项根本建设。保持和发展党的先进性是马克思主义政党自身建设的根本任务和永恒课题。因此，必须全面提高党的建设的科学化水平。

科学发展观还在推进全面深化改革，推动国防和军队建设科学发展，坚持"一国两制"、推进祖国统一，推动建设持久和平、共同繁荣的和谐世界方面提出了一系列新思想、新论断。这些重要思想是科学发展观的重要组成部分，是科学发展观在内政外交、国防领域的运用和展开，它们共同丰富和发展了中国特色社会主义理论体系，既贯穿了马克思主义立场、观点、方法，又把马克思主义中国化推进到新境界，是发展中国特色社会主义，全面建设社会主义现代化国家、全面推进中华民族伟大复兴的正确理论。

思考题

1. 列宁主义在苏俄取得了什么样的成功？
2. 毛泽东主席是怎样分析中国农村阶级的？
3. 改革开放以来，中国特色社会主义有哪些重大理论创新？

第三节　回答中国新时代之问

习近平新时代中国特色社会主义思想以前所未有的政治胆略和理论勇气，回答了一系列新的时代之问，不仅引领中国特色社会主义走进新时代，而且引领中国走向了新的征程。

党的十八大以来，以习近平同志为核心的党中央以巨大的政治勇气和强烈的责任担当，提出一系列新理念、新思想、新战略，从理论和实践结合的角度系统回答了新时代坚持和发展什么样的中国特色社会主义、怎样坚持和发展中国特色社会主义这个重大时代课题，创立了习近平新时代中国特色社会主义思想。在习近平新时代中国特色社会主义思想指导下，中国共产党领导全国各族人民，统揽伟大斗争、伟大工程、伟大事业、伟大梦想，推动中国特色社会主义进入了新时代，推动中华民族迎来了从站起来、富起来到强起来的伟大飞跃。习近平新时代中国特色社会主义思想，是对马克思列宁主义、毛泽东思想、邓小平理论、"三个代表"重要思想、科学发展观的继承和发展，是马克思主义中国化的最新成果，是党和人民实践经验和集体智慧的结晶，是中国特色社会主义理论体系的重要组成部分，是全党全国人民为实现中华民族伟大复兴而奋斗的行动指南。

一、新时代

经过长期努力，中国特色社会主义进入了新时代，这是我国发展新的历史方位。作出这个重大政治判断，是改革开放以来特别是党的十八大以来我国社会所取得的历史性成就和发生的历史性变革的必然结果，是我国社会主要矛盾运动的必然结果，也是党团结带领人民开创光明未来的必然要求。这个新时代，是中国特色社会主义新时代，而不是别的什么新时代。深刻把握中国特色社会主义新时代的内涵和特征，有利于进一步统一思想、凝聚力量，在新的起点上把中国特色社会主义事业向前推进。

（一）新时代的内涵及意义

第一，这个新时代是承前启后、继往开来，在新的历史条件下继续夺取中国特色社会主义伟大胜利的时代。从历史脉络来看，中国特色社会主义是党和人民长期奋斗所创造积累的根本成就和前赴后继的事业，特别是改革开放以来，党领导人民走中国特色社会主义道路，极大激发了中国人民的创造力，使社会主义在中国展现出强大生命力。

第二，这个新时代是决胜全面建成小康社会，进而全面建成社会主义现代化强国的时代。从实践主题来看，到 2020 年全面建成小康社会，是党向人民、向历史作出的庄严承诺。到新中国诞生 100 年建成社会主义现代化强国，则标志着中国在 100 年内走完发达国家几百年走过的现代化路程，这是中国特色社会主义新时代的必然要求和历史任务。

第三，这个新时代是全国各族人民团结奋斗、不断创造美好生活、逐步实现全体人民共同富裕的时代。从人民性来看，以人民为中心的发展思想，是党全心全意为人民服务的根本宗旨在新时代的具体体现。新时代不仅要国家富强，而且要人民幸福，在解决人民"从无到有"的需求之后，注重解决"从有到优"的需求，朝着创造美好生活、共同富裕的目标前进。

第四，这个新时代是全体中华儿女勠力同心、奋力实现中华民族伟大复兴中国梦的时代。经过党的十八大以来的历史性变革，今天我们比历史上任何时期都更加接近、更有信心和能力实现中华民族伟大复兴的目标。在新时代，凝聚起全体中华儿女共筑中国梦的力量，中华民族必将以更加昂扬的姿态屹立于世界民族之林。

第五，这个新时代是我国日益走近世界舞台中央、不断为人类作出更大贡献的时代。中国梦与世界各国人民祈和平、求发展的梦是相通的，实现中国梦也离不开世界和平发展的国际环境，世界的发展也需要中国。作为世界上最大的发展中国家和第二大经济体，作为安理会常任理事国，新时代的中国既有责任、也有能力为人类繁荣与进步作出新的更大贡献。

中国特色社会主义进入新时代，在中华人民共和国发展史上、中华民族发展史上具有重大意义，在世界社会主义发展史上、人类社会发展史上也具有重大意义。

第一，从中华民族伟大复兴的历史进程看，中国特色社会主义进入新时代，意味着近代以来久经磨难的中华民族迎来了从站起来、富起来到强起来的伟大飞跃，迎来了实现中华民族伟大复兴的光明前景。新中国的成立使中国人民站起来，改革开放使中国人民逐步富起来，新时代中华民族要实现强起来的宏伟目标。

第二，从科学社会主义的发展进程看，中国特色社会主义进入新时代，意味着科学社会主义在 21 世纪的中国焕发出强大生机活力，在世界上高高举起了中国特色社会主义伟大旗帜。20 世纪末，世界局势风云变幻，世界社会主义运动遭受曲折。中国坚持改革开放和现代化建设，取得了历史性的成就，在沧海横流中显示了中国特色社会主义的勃勃生机。

第三，从人类文明世界局势进程看，中国特色社会主义进入新时代，意味着中国特色社会主义道路、理论、制度、文化不断发展，拓展了发展中国家走向现代化的途径，给世界上那些既希望加快发展又希望保持自身独立性的国家和民族提供了全新选择，为解决人类问题贡献了中国智慧和中国方案。中国发展所释放出的强大影响力和示范力，吸引了很多国家的关注和借鉴。

在党的十九大报告中，习近平总书记在深刻阐明党的十八大以来取得的历史性变革和历史性成就的基础上，提出了关于我国发展历史方位的新判断，即"中国特色社会主义进入了新时代"，并对"中国特色社会主义进入新时代"的深层意蕴进行了深度揭示，从三个维度提出了"三个意味着"：从中华民族发展史的维度，提出了第一个"意味着"——"近代以来久经磨难的中华民族迎来了从站起来、富起来到强起来的伟大飞跃"；从世界社会主义发展史的维度提出了第二个"意味着"——"科学社会主义在 21 世纪的中国焕发出强大生机活力";从人类社会发展史的维度提出了第三个"意味着"——"中国特色社会主义道路、理论、制度、文化不断发展，拓展了发展中国家走向现代化的途径"。强调为解决人类问题贡献中国智慧、提供中国方案，这就进一步升华了中国特色社会主义进入新时代的价值意蕴。在此基础上，习近平总书记在党的十九大报告中用五个排比句对"新时代"的内涵和特征进行了清晰地描述，即这个新时代"是承前启后、继往开来、在新的历史条件下继续夺取中国特色社会主义伟大胜利的时代，是决胜全面建成小康社会、进而全面建设社会主义现代化强国的时代，是全国各族人民团结奋斗、不断创造美好生活、逐步实现全体人民共同富裕的时代，是全体中华儿女勠力同心、奋力实现中华民族伟大复兴中国梦的时代，是我国日益走近世界舞台中央、不断为人类作出更大贡献的时代"。这是对中国发展新的历史方位的判断和新时代特征的揭示，为我们在新时代制定方针、描绘蓝图提供了基本依据。

(二) 回答时代之问

党的十八大以来，以习近平同志为核心的党中央，以辩证唯物主义和历史唯物主义为指导，紧密结合新的时代条件和实践要求，以全新的视野进行艰辛的理论探索，创立了习近平新时代中国特色社会主义思想。这一新思想以前所未有的政治勇气和自信底气，回答了一系列时代之问，不仅指导中国特色社会主义走进新时代，而且引领中国走向全面建设社会主义现代化国家的新征程。

习近平新时代中国特色社会主义思想回答新时代之问，体现在新时代提出新课题，新课题催生新思想。党的十九大报告强调，习近平新时代中国特色社会主义思想，从理论和实践相结合的高度，比较系统地回答了"新时代坚持和发展什么样的中国特色社会主义、怎样坚持和发展中国特色社会主义"这一时代性课题。关于"新时代坚持和发展什么样的中国特色社会主义"，党的十八大以来习近平总书记多次强调，中国特色社会主义是既坚持科学社会主义基本原则，又具有鲜明实践特色、理论特色、民主特色、时代特色的社会主义；是植根于中国大地、反映中国人民意愿、适应中国和时代发展进步要求的社会主义；是中国特色社会主义道路自信、理论自信、制度自信、文化自信"四位一体"的社会主义；是统揽伟大斗争、伟大工程、伟大事业、伟大梦想的社会主义。关于"新时代怎样坚持和发展中国特色社会主义"，习近平总书记在强调新时代坚持和发展中国特色社会主义的总目标、总任务、总体布局、战略布局和发展方向、发展方式、发展动力、战略步骤、外部条件、政治保证等一系列基本问题的基础上，提出了新时代中国特色社会主义思想的"十个明确"和十四条"新时代坚持和发展中国特色社会主义的基本方略"。由此，"一个主题+一系列基本问题+'十个明确'+'十四条基本方略'"，构成了习近平新时代中国特色社会主义思想的主体内容要素，形成了系统完备、内在统一的逻辑体系。这就把"什么是中国特色社会主义、怎样建设中国特色社会主义"规律的认识提升到了一个新的更高的水平，体现了中国共产党人对共产党执政规律、社会主义建设规律和人类社会发展规律的科学认识。

习近平新时代中国特色社会主义思想回答新时代之问，体现在全球化时代中国坚持和平发展道路和推动构建人类命运共同体的理念中。在党的十九大报告中，习近平总书记强调，"中国将高举和平、发展、合作、共赢的旗帜"，承诺"中国无论发展到什么程度，永远不称霸，永远不搞扩张""中国将继续发挥负责任大国作用，积极参与全球治理体系改革和建设，不断贡献中国智慧和力量"，强调要"始终做世界和平的建设者、全球发展的贡献者、国际秩序的维护者"等。这体现了中国将对世界作出较大贡献的信心和决心。倡导"人类命运共同体"契合了全球化时代的重大关切，有利于寻求各国利益交汇点和人类认知的最大公约数。它不仅昭示着中国作为一个以"人类命运共同体"为价值诉求的新型"文明型"国家的崛起，而且昭示着中国人对于一个公平、公正、合理的新全球化世界发自内心的呼唤。同时，人类命运共同体思想不仅仅是一种理念，而且伴随着"一带一路""亚投行""讲好中国故事、传播好中国声音"等一系列外交布局。人类命运共同体思想的提出和深度阐释，对于澄清和纠正西方对中国和平发展道路的误读，打消他国对我国迅速发展的疑虑，为中华民族伟大复兴创造一个和平、有利的国际环境，具有积极的正能量效应。对于推动全球治理体系变革、引领全球治理体系升级，也将具有长久的、根本性的价值指导意义。

二、习近平新时代中国特色社会主义思想的形成背景

习近平新时代中国特色社会主义思想是马克思主义中国化的最新成果，是中国特色社会主义理论体系的重要组成部分，是全党全国人民为实现中华民族伟大复兴而奋斗的行动指南。这一思想的提出具有深刻的社会历史条件，世界大发展、大变革、大调整是时代背景，党和人民的实践经验与集体智慧的结晶是实践基础，我国发展新的历史方位是国情依据，党的初心和使命是根本动力。

（一）世界面临百年未遇之大变局

任何一个重大理论都是时代的产物。马克思列宁主义产生于自由竞争资本主义和垄断资本主义在西欧占据统治地位的时代。战争与革命，和平与发展成为时代主题则分别是马克思主义中国化的两大理论成果——毛泽东思想和中国特色社会主义理论体系形成的时代背景。

和平发展大势不可逆转。第一，和平与发展是世界人民的共同愿望。20世纪上半叶两次世界大战给人类带来了巨大的灾难。"二战"结束后两极格局下冷战的对峙，也给和平与发展带来了巨大的破坏。历史的教训人们记忆犹新，世界人民希望和平与发展。第二，新兴市场国家和发展中国家群体性崛起成为维护世界和平和促进共同发展的重要力量。"二战"结束后，世界经济发展经过了多个波次，最初是欧洲一些国家以及日本等国的战后重建，继而是韩国、新加坡等国的悄然崛起。冷战后，经济全球化浪潮催生了一大批新兴市场国家的发展。新兴市场国家和发展中国家群体性崛起已成为世界历史发展的潮流。

人类面临许多共同挑战。第一，和平与发展仍然是当代主要矛盾的集中体现。一方面，世界和平的矛盾仍然是世界在政治上的主要矛盾。苏联的解体宣告了冷战的结束，但是当前冷战思维依然存在，霸权主义和强权政治并未退出世界舞台，甚至有上升趋势，这些仍然是威胁世界和平与稳定的根源。因此，和平问题仍然是当代世界政治最突出的问题和集中体现。另一方面，世界各国要求共同发展与世界经济增长不稳定

性不确定性因素增多之间的矛盾成为世界在经济发展上的主要矛盾。在旧殖民主义时代，一些原生型资本主义国家把自己的发展建立在对落后国家的侵略、掠夺的殖民统治基础之上，造成了世界发展严重不平衡，南北差距严重扩大。在旧殖民体系被打破之后，无论发达国家还是发展中国家都把经济发展作为重要目标，但是不稳定性不确定性因素增多。比如，世界经济增长动能不足，贫富分化日益严重等。发展问题仍然是当代世界经济最核心的问题。第二，世界面临突出的非传统安全。安全是指主体没有危险的客观状态，包括个体安全、集体安全、社会总体安全（如国家安全）和人类安全等形态。传统安全主要指国家政治和军事安全。随着人类社会的发展变化，出现了经济、文化、科技、社会、生态环境等领域的非传统安全问题，而且具有领域不断扩大和程度愈加严重的趋势。比如，由于恐怖行为的神秘性、渗透性、跨国性等特点，国际恐怖主义呈现蔓延的趋势；互联网已经进入人们生活的各个角落，网络安全问题成为信息时代人类共同的挑战；由于重大传染性疾病的突发性和难以预测性，其已成为困扰人类健康的重大问题；由于全球气候变暖等原因，人类赖以生存的自然环境正在恶化甚至威胁人类的生存和发展等。正因如此，我国对非传统安全的威胁给予了特别的关注。

世界正处于大发展大变革大调整时期，面临百年未遇之大变局。和平发展大势不可逆转地决定了世界的大发展。发展是人类的永恒追求，发展的最大障碍是战争，和平是发展的前提条件。和平与发展相互促进，持久地维护世界和平需要大发展；解决人类面临的许多共同挑战，推动构建以合作共赢为核心的新型国际关系必须大发展；适应方兴未艾的新科技革命，迎接大踏步到来的信息社会必然大发展，和平、发展、合作、共赢成为当今时代潮流。

（二）习近平新时代中国特色社会主义思想的实践基础

中国共产党是一个善于总结经验的政党，自成立以来在领导中国革命、建设和改革的过程中，遵循的一条基本原则就是不断总结实践经验，坚持的一个基本规律就是不断把实践经验上升为理论，再用理论创新指导实践创新，从而把党建设成为一支善于创新的政党。中国特色社会主义建设在探索中发展，党和人民的实践经验与集体智慧在不断积累和丰富，为理论创新提供了不竭源泉。改革开放以来尤其是党的十八大以来党和人民的实践经验与集体智慧的结晶是习近平新时代中国特色社会主义思想提出的实践基础。

改革开放以来尤其是党的十八大以来党和人民实践经验的总结：改革开放以来，中国共产党深刻总结改革开放前社会主义建设初步探索中的经验教训和改革开放进程中的实践经验，深刻揭示了什么是社会主义和怎样建设社会主义、建设什么样的党和怎样建设党、实现什么样的发展和怎样发展等不同时期的基本理论问题。党的十八大以来，国内外形势变化和我国各项事业发展都给我们提出了一个重大时代课题，这就是必须从理论和实践结合的角度系统回答新时代坚持和发展什么样的中国特色社会主义、怎样坚持和发展中国特色社会主义。这是从改革开放以来尤其是党的十八大以来党和人民实践经验中总结的新的基本理论问题，习近平新时代中国特色社会主义思想正是围绕这一基本理论问题提出来的。

改革开放以来尤其是党的十八大以来党和人民集体智慧的结晶：人民群众是社会历史的主体，是历史的创造者。党的十八大以来，以习近平同志为核心的党中央把人民对美好生活的向往作为奋斗目标，把为了群众作为价值追求，把依靠群众作为工作指针，把保持与人民群众的血肉联系作为根本要求，深入开展群众路线实践教育活动，不断总结人民群众的实践经验，鲜明提出新形势下党治国理政的一系列重要方略，取得了改革开放和社会主义现代化建设新的历史性成就。因此，习近平新时代中国特色社会主义思想是改革开放以来尤其是党的十八大以来党和人民集体智慧的结晶。

（三）习近平新时代中国特色社会主义思想的国情依据

党的十九大报告指出："经过长期努力，中国特色社会主义进入了新时代，这是我国发展新的历史方位。"这个新的历史方位是指我国处于社会主义初级阶段和我国是世界上最大发展中国家的国际地位没有变的情况下，发展进入到了新时期，呈现出新的阶段性特征，决定了新的主要矛盾、新的历史使命，需要用新的理论指导解决新的主要矛盾，完成新的历史使命，这是对新时代我国国情的新认识。

　　新的历史方位决定了新的主要矛盾。党的十九大报告指出："中国特色社会主义进入新时代，我国社会主要矛盾已经转化为人民日益增长的美好生活需要和不平衡不充分的发展之间的矛盾。"新的主要矛盾反映了我国发展的实际状况，揭示了制约我国发展的症结所在，指明了解决当代中国发展问题的根本着力点。1981 年，十一届六中全会通过的《关于建国以来党的若干历史问题的决议》对社会主义初级阶段主要矛盾作出判断："在社会主义改造基本完成以后，我国所要解决的主要矛盾，是人民日益增长的物质文化需要同落后的社会生产之间的矛盾。"其中"需要"是不断提高的，"社会生产"是不断发展的。新时代的主要矛盾表明"需要"提高到了新高度，"社会生产"出现了新特征，导致社会主要矛盾发生了相应的转变。因此，新的主要矛盾是社会主义初级阶段主要矛盾在我国发展新的历史方位的特殊表现，它们在本质上是一致的，是不矛盾的，而且都是存在于需求与供给之间的矛盾。准确揭示社会主要矛盾的转变是对中国特色社会主义建设规律认识的深化。解决新的主要矛盾，必须针对新"需要"，采取新举措；针对"不平衡不充分的发展"，实施新办法。新的主要矛盾贯穿于新时代的整个过程和社会生活的各个方面，解决新的主要矛盾是推进新时代发展的根本之道。

　　新的历史方位决定了新的历史使命。党的十九大报告指出："今天，我们比历史上任何时期都更接近、更有信心和能力实现中华民族伟大复兴的目标。"这是新时代中国共产党的历史使命。为了实现这一伟大目标，完成这一历史使命，党的十九大报告对社会主义初级阶段未来的发展作出新的规划，我们要全面建成小康社会、实现第一个百年奋斗目标，然后再乘势而上，开启全面建设社会主义现代化国家新征程，向第二个百年奋斗目标进军。把全面建设社会主义现代化国家的任务分为两个阶段。第一个阶段，从 2020 年到 2035 年，在全面建成小康社会的基础上，再奋斗 15 年，基本实现社会主义现代化。第二个阶段，从 2035 年到 21 世纪中叶，在基本实现社会主义现代化的基础上，再奋斗 15 年，把我国建成富强民主文明和谐美丽的社会主义现代化强国。这既是对实现中华民族伟大复兴历史使命的再强调，又赋予新时代下这一历史使命的新高度和新内涵。这意味着近代以来久经磨难的中华民族迎来了从站起来、富起来到强起来的伟大飞跃，迎来了实现中华民族伟大复兴的光明前景。

新的主要矛盾和历史使命，是对新时代国情的深刻把握。解决新的主要矛盾、完成新的历史使命，具有艰巨性、复杂性和曲折性，这就要用创新的理论指导解决这些问题。因此，我国发展新的历史方位是习近平新时代中国特色社会主义思想提出的国情依据。

三、习近平新时代中国特色社会主义思想的主要内容

习近平新时代中国特色社会主义思想内容十分丰富，涵盖改革发展稳定、内政外交国防、治党治国治军等各个领域、各个方面，构成了一个系统完整、逻辑严密、相互贯通的思想理论体系。

"十个明确"是指导思想层面的表述，重点讲的是怎么看，回答的是"新时代坚持和发展什么样的中国特色社会主义的"问题；"十四个坚持"是行动纲领层面的表述，重点讲的是怎么办，回答的是新时代怎样坚持和发展中国特色社会主义的问题。"十个明确"和"十四个坚持"体现了习近平新时代中国特色社会主义思想理论与实践的统一。

(一) 十个明确

习近平新时代中国特色社会主义思想内涵十分丰富，涵盖了经济、政治、法治、科技、文化、教育、民生、民族、宗教、社会、生态文明、国家安全、国防和军队、"一国两制"和祖国统一、统一战线、外交、党的建设等各方面。其中最重要、最核心的内容就是党的十九大报告概括的"十个明确"。

第一，明确坚持和发展中国特色社会主义，总任务是实现社会主义现代化和中华民族伟大复兴，在全面建成小康社会的基础上，分两步走，在本世纪中叶建成富强民主文明和谐美丽的社会主义现代化强国。第二，明确新时代我国社会主要矛盾是人民日益增长的美好生活需要和不平衡不充分的发展之间的矛盾，必须坚持以人民为中心的发展思想，不断促进人的全面发展、全体人民共同富裕。第三，明确中国特色社会主义事业总体布局是"五位一体"、战略布局是"四个全面"，强调坚

定道路自信、理论自信、制度自信、文化自信。第四，明确全面深化改革总目标是完善和发展中国特色社会主义制度、推进国家治理体系和治理能力现代化。第五，明确全面推进依法治国总目标是建设中国特色社会主义法治体系、建设社会主义法治国家。第六，明确党在新时代的强军目标是建设一支听党指挥、能打胜仗、作风优良的人民军队，把人民军队建设成为世界一流军队。第七，明确中国特色大国外交要推动构建新型国际关系，推动构建人类命运共同体。第八，明确中国特色社会主义最本质的特征是中国共产党领导，中国特色社会主义制度的最大优势是中国共产党领导，党是最高政治领导力量，提出新时代党的建设总要求，突出政治建设在党的建设中的重要地位。

这"十个明确"，高度凝练、提纲挈领地点明了习近平新时代中国特色社会主义思想的主要内容，构成了系统完备、逻辑严密、内在统一的科学体系。

（二）十四个坚持

习近平新时代中国特色社会主义思想不但明确了新时代坚持和发展什么样的中国特色社会主义，也回答了新时代怎样坚持和发展中国特色社会主义，党的十九大概括为"十四个坚持"，即新时代中国特色社会主义基本方略。这是习近平新时代中国特色社会主义思想的重要组成部分，也是落实习近平新时代中国特色社会主义思想的实践要求。

坚持党对一切工作的领导。党政军民学，东西南北中，党是领导一切的。必须增强政治意识、大局意识、核心意识、看齐意识，自觉维护党中央权威和集中统一领导，自觉在思想上、政治上、行动上同党中央保持高

△ 十四个坚持

度一致，完善坚持党的领导的体制机制，坚持稳中求进工作总基调，统筹推进"五位一体"总体布局，协调推进"四个全面"战略布局，提高党把方向、谋大局、定政策、促改革的能力和定力，确保党始终总揽全局、协调各方。

坚持以人民为中心。人民是历史的创造者，是决定党和国家前途命运的根本力量。必须坚持人民主体地位，坚持立党为公、执政为民，践行全心全意为人民服务的根本宗旨，把党的群众路线贯彻到治国理政全部活动之中，把人民对美好生活的向往作为奋斗目标，依靠人民创造历史伟业。

坚持全面深化改革。只有社会主义才能救中国，只有改革开放才能发展中国、发展社会主义、发展马克思主义。必须坚持和完善中国特色社会主义制度，不断推进国家治理体系和治理能力现代化，坚决破除一切不合时宜的思想观念和体制机制弊端，突破利益固化的藩篱，吸收人类文明有益成果，构建系统完备、科学规范、运行有效的制度体系，充分发挥我国社会主义制度的优越性。

坚持新发展理念。发展是解决我国一切问题的基础和关键，发展必须是科学发展，必须坚定不移贯彻创新、协调、绿色、开放、共享的新发展理念。必须坚持和完善我国社会主义基本经济制度和分配制度，毫不动摇巩固和发展公有制经济，毫不动摇鼓励、支持、引导非公有制经济发展，使市场在资源配置中起决定性作用，更好地发挥政府作用，推动新型工业化、信息化、城镇化、农业现代化同步发展，主动参与和推动经济全球化进程，发展更高层次的开放型经济，不断壮大我国经济实力和综合国力。

坚持人民当家作主。坚持党的领导、人民当家作主、依法治国有机统一是社会主义政治发展的必然要求。必须坚持中国特色社会主义政治发展道路，坚持和完善人民代表大会制度、中国共产党领导的多党合作和政治协商制度、民族区域自治制度、基层群众自治制度，巩固和发展最广泛的爱国统一战线，发展社会主义协商民主，健全民主制度，丰富民主形式，拓宽民主渠道，保证人民当家作主落实到国家政治生活和社会生活之中。

坚持全面依法治国。全面依法治国是中国特色社会主义的本质要求和重要保障。必须把党的领导贯彻落实到依法治国全过程和各方面，坚定不移走中国特色社会主义法治道路，完善以宪法为核心的中国特色社会主义法律体系，建设中国特色社会主义法治体系，建设社会主义法治国家，发展中国特色社会主义法治理论，坚持依法治国、依法执政、依法行政共同推进，坚持法治国家、法治政府、法治社会一体建设，坚持依法治国和以德治国相结合，依法治国和依规治党有机统一，深化司法体制改革，提高全民族法治素养和道德素质。

坚持社会主义核心价值体系。文化自信是一个国家、一个民族发展中更基本、更深沉、更持久的力量。必须坚持马克思主义，牢固树立共产主义远大理想和中国特色社会主义共同理想，培育和践行社会主义核心价值观，不断增强意识形态领域主导权和话语权，推动中华优秀传统文化创造性转化、创新性发展，继承革命文化，发展社会主义先进文化，不忘本来、吸收外来、面向未来，更好构筑中国精神、中国价值、中国力量，为人民提供精神指引。

坚持在发展中保障和改善民生。增进民生福祉是发展的根本目的。必须多谋民生之利、多解民生之忧，在发展中补齐民生短板、促进社会公平正义，在幼有所育、学有所教、劳有所得、病有所医、老有所养、住有所居、弱有所扶上不断取得新进展，深入开展脱贫攻坚，保证全体人民在共建共享发展中有更多获得感，不断促进人的全面发展、全体人民共同富裕。建设平安中国，加强和创新社会治理，维护社会和谐稳定，确保国家长治久安、人民安居乐业。

坚持人与自然和谐共生。建设生态文明是中华民族永续发展的千年大计。必须树立和践行"绿水青山就是金山银山"的理念，坚持节约资源和保护环境的基本国策，像对待生命一样对待生态环境，统筹山水林田湖草系统治理，实行最严格的生态环境保护制度，形成绿色发展方式和生活方式，坚定走生产发展、生活富裕、生态良好的文明发展道路，建设美丽中国，为人民创造良好生产生活环境，为全球生态安全作出贡献。

坚持总体国家安全观。统筹发展和安全，增强忧患意识，做到居安思危，是我们党治国理政的一个重大原则。必须坚持国家利益至上，以人民安全为宗旨，以政治安全为根本，统筹外部安全和内部安全、国土安全和国民安全、传统安全和非传统安全、自身安全和共同安全，完善国家安全制度体系，加强国家安全能力建设，坚决维护国家主权、安全、发展利益。

坚持党对人民军队的绝对领导。建设一支听党指挥、能打胜仗、作风优良的人民军队，是实现"两个一百年"奋斗目标、实现中华民族伟大复兴的战略支撑。必须全面贯彻党领导人民军队的一系列根本原则和制度，确立新时代党的强军思想在国防和军队建设中的指导地位，坚持政治建军、改革强军、科技兴军、依法治军，更加注重聚焦实战，更加注重创新驱动，更加注重体系建设，更加注重集约高效，更加注重军民融合，实现党在新时代的强军目标。

坚持"一国两制"和推进祖国统一。保持我国香港、澳门特区长期繁荣稳定，实现祖国完全统一，是实现中华民族伟大复兴的必然要求。必须把维护中央对香港、澳门特别行政区全面管治权和保障特别行政区高度自治权有机结合起来，确保"一国两制"方针不会变、不动摇，确保"一国两制"实践不变形、不走样。必须坚持一个中国原则和"九二共识"，推动两岸关系和平发展，深化两岸经济合作和文化往来，推动两岸同胞共同反对一切分裂国家的活动，共同为实现中华民族伟大复兴而奋斗。

坚持推动构建人类命运共同体。中国人民的梦想同各国人民的梦想息息相通，实现中国梦离不开和平的国际环境和稳定的国际秩序。必须统筹国内国际两个大局，始终不渝走和平发展道路、奉行互利共赢的开放战略，坚持正确义利观，树立共同、综合、合作、可持续的新安全观，谋求开放创新、包容互惠的发展前景，促进和而不同、兼收并蓄的文明交流，构筑尊崇自然、绿色发展的生态体系，始终做世界和平的建设者、全球发展的贡献者、国际秩序的维护者。

坚持全面从严治党。勇于自我革命，从严管党治党，是我们党最鲜明的品格。必须以党章为根本遵循，把党的政治建设摆在首位，思想建党和制度治党同向发力，统筹推进党的各项建设，抓住"关键少数"，坚持"三严三实"，坚持民主集中制，严肃党内政治生活，严明党的纪律，强化党内监督，发展积极健康的党内政治文化，全面净化党内政治生态，坚决纠正各种不正之风，以零容忍态度惩治腐败，不断增强党自我净化、自我完善、自我革新、自我提高的能力，始终保持党同人民群众的血肉联系。

"十个明确"与"十四个坚持"，互为表里、相辅相成、辩证统一，"十个明确"是"十四个坚持"的理论源头和旗帜方向，"十四个坚持"是"十个明确"的实践要求，二者统一于习近平新时代中国特色社会主义思想。只有深刻学习领会"十个明确"的核心要义，统一思想、凝聚共识，切实按照"十四个坚持"的基本方略，大胆实践、开拓创新，才能不断夺取新时代中国特色社会主义伟大胜利。

四、习近平新时代中国特色社会主义思想的历史地位

党的十九大报告指出，习近平新时代中国特色社会主义思想，是对马克思列宁主义、毛泽东思想、邓小平理论、"三个代表"重要思想、科学发展观的继承和发展，是马克思主义中国化的最新成果，是党和人民实践经验和集体智慧的结晶，是中国特色社会主义理论体系的重要组成部分，是全党全国人民为实现中华民族伟大复兴而奋斗的行动指南，必须长期坚持并不断发展。

（一）马克思主义中国化最新成果

习近平新时代中国特色社会主义思想与马克思列宁主义、毛泽东思想、邓小平理论、"三个代表"重要思想、科学发展观既一脉相承又与时俱进，是中国特色社会主义理论体系的重要组成部分，是马克思主义中国化的新飞跃，是当代中国马克思主义，是21世纪马克思主义。

习近平新时代中国特色社会主义思想开辟了马克思主义新境界。习近平新时代中国特色社会主义思想鲜明贯穿着马克思主义的立场、观点、方法，始终把马克思主义作为理论起点、逻辑起点、价值起点，处处闪耀着马克思主义真理光辉。同时，它又以我们正在做的事情为中心，直面前进道路上的各种困难和矛盾、风险和挑战，着力探索破解难题、推进事业发展的新理念新思想新战略，具有强烈的时代气息和现实针对性。以一系列具有原创性的新思想新观点新论断，在理论上实现了重大突破、重大创新、重大发展，写出了马克思主义新版本，对马克思主义在21世

纪的发展作出了重大原创性贡献，以全新视野深化了对共产党执政规律、社会主义建设规律和人类社会发展规律的认识，充分彰显了科学理论的强大生命力和中国共产党人的理论创造力，是当代最现实最鲜活的马克思主义。

习近平新时代中国特色社会主义思想开辟了中国特色社会主义新境界。中国特色社会主义是改革开放以来党的全部理论和实践的主题。以习近平同志为核心的党中央坚持和发展中国特色社会主义，续写中国特色社会主义这篇大文章，以一系列具有原创性的新思想新观点新论断，形成了系统完备、逻辑严密、内在统一的科学体系，把中国特色社会主义和实现社会主义现代化、实现中华民族伟大复兴有机贯通起来，聚焦"从哪里来、到哪里去"的历史追问，系统阐述了民族复兴的深刻内涵、历史方位、实现路径和战略步骤，为实现中华民族伟大复兴的中国梦提供了强大精神力量，指明了正确前进方向，充分体现了中国特色社会主义理论自信，也向世界展示了社会主义的光明图景。

习近平新时代中国特色社会主义思想对人类文明进步具有重要意义。当今世界正处于百年未有的大变局，世界经济增长需要新动力，发展需要更加普惠平衡，贫富差距鸿沟有待弥合，地区热点问题此起彼伏，面对摆在全人类面前的共同挑战，"世界怎么了，应该怎么办"，习近平新时代中国特色社会主义思想立足中国国情，把握世界发展大势，积极探索关系人类前途命运的重大问题。中国开辟的新型现代化之路、提供的新型经济全球化方案、倡导的"一带一路"建设、提出的世界经济复苏方案，中国提出的"人类命运共同体"理念、共商共建共享原则等思想；中国的做法和经验为发展中国家提供了路径启示，拓展了发展中国家走向现代化的途径，给世界上那些既希望加快发展又希望保持自身独立性的国家和民族提供了全新选择。为应对全球性挑战、解决全球性问题贡献了中国智慧和中国方案，为人类文明思想宝库增添了绚丽夺目的瑰宝。

实践没有止境，理论创新也没有止境。习近平新时代中国特色社会主义思想是开放的理论体系，是我们推进马克思主义中国化的新的起点，必将随着党和国家事业的发展而不断发展。

（二）新时代的旗帜

旗帜问题至关重要，事关党的正确方向，决定着党的凝聚力、引领力、战斗力，关乎国家前途命运和人民根本利益。新时代新任务新实践需要新思想来指引。习近平新时代中国特色社会主义思想扎根于中国大地，立足于新中国成立以来特别是改革开放 40 多年的伟大实践，聚合了 14 亿多中国人民的智慧和创造，具有无比深厚的现实基础和十分鲜明的实践特色，是新时代党和人民共同奋斗的精神旗帜。

这一思想坚持以社会主义现代化建设进程中的实际问题、以我们正在做的事情为中心，着眼统揽伟大斗争、伟大工程、伟大事业、伟大梦想，大智慧谋划大格局，大手笔续写大文章，是实践探索、经验总结、理论升华凝结而成的思想结晶。这一思想既立足于现实的中国，又植根于历史的中国，以中华文明为源头活水，从 5000 年文明中承继人文精神、道德价值的精华养分，从历朝历代的治乱兴衰中总结安邦治国、经世济民的历史智慧，从我们党革命建设改革的奋斗历程中探寻民族复兴、民富国强的客观规律，是中华文化创造性转化和创新性发展的思想成果，具有无比深厚的历史底蕴。这一思想紧紧围绕强国梦想，贯通党的使命、国家的前途、人民的福祉、民族的命运，贯通中国的过去、现在和未来，体现了科学社会主义理论逻辑与中国社会发展历史逻辑的辩证统一。这一思想必将以强大的解释力、创造力、凝聚力，激励全党全国各族人民朝着共同的目标团结奋进，不断创造新辉煌。

党的十九大通过的党章修正案，把习近平新时代中国特色社会主义思想确立为党的指导思想，第十三届全国人民代表大会第一次会议把这一思想载入宪法。党的十九届六中全会通过的《中共中央关于党的百年奋斗重大成就和历史经验的决议》是深刻总结党的百年奋斗特别是新时代党和国家事业取得历史性成就、发生历史性变革得出的重大结论，阐明了把伟大社会革命和伟大自我革命不断推向前进的重要保证，体现了马克思主义建党学说的思想精髓，蕴含着深刻的历史逻辑、理论逻辑、实践逻辑。

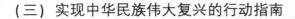

（三）实现中华民族伟大复兴的行动指南

习近平新时代中国特色社会主义思想是党和国家必须长期坚持的指导思想，是全党全国各族人民团结奋斗的共同思想基础，是全面建成社会主义现代化强国、实现中华民族伟大复兴中国梦的行动纲领。

习近平新时代中国特色社会主义思想，是党的意志、国家意志和人民意志的集中体现，为新时代坚持和发展中国特色社会主义提供了根本指引。中国特色社会主义是全面建成社会主义现代化强国、实现中华民族伟大复兴的必由之路。习近平新时代中国特色社会主义思想围绕新时代坚持和发展什么样的中国特色社会主义、怎样坚持和发展中国特色社会主义这个重大时代课题进行谋篇布局，在不断推进"四个伟大"的实践过程中，提出了一系列具有开创性意义的新理念新思想新战略，从根本上引领党和国家事业取得历史性成就、发生历史性变革，开启和引领了中国特色社会主义的新时代、新发展，也必将有力指引决胜全面建成小康社会、全面建成社会主义现代化强国的新征程。

习近平新时代中国特色社会主义思想为新时代治国理政提供了基本遵循。这一思想围绕什么是国家治理现代化，如何实现国家治理现代化，顺应时代潮流，把握时代发展大势，坚持一切从实际出发，坚持人民主体地位，坚持把人民对美好生活的向往作为奋斗目标，直面前进道路上的各种困难和矛盾、风险和挑战，准确把握我国发展的阶段性特征和我国社会主要矛盾的新变化，勇于破除一切不合时宜的思想观念和体制机制弊端，提出一系列重要观点，作出一系列重大部署，为不断完善中国特色社会主义制度，推进国家治理体系和治理能力的现代化提供了基本遵循。

习近平新时代中国特色社会主义思想为全面从严治党、把党建设成为中国特色社会主义事业的坚强领导核心提供了强大的思想武器。建设现代化强国，实现民族复兴，关键在党。这一思想着眼确保党始终成为中国特色社会主义坚强领导核心，提出全面加强党的领导，强调党是最高政治领导力量，坚定维护党中央权威和集中统一领导，增强政治意识、大局意识、核心意识、看齐意识，确保党始终总揽全局、协调各方，深刻揭示了党和国家的根本所在、命脉所在，揭示了全国各族人民的幸福所系、利益所系。这一思想着眼保持党的先进性和纯洁性，经受"四大考验"，消除"四种危险"，提出全面从严治党，明确新时代党的建设总要求，强调以政治建设为统领，坚持思想建党和制度治党同向发力，全面推进党的政治建设、思想建设、组织建设、作风建设、纪律建设，以零容忍态度惩治腐败，构建起体现马克思主义政党本质、符合时代发展和长期执政要求、系统完备的党建理论体系。这一思想深刻把握伟大工程在"四个伟大"中的决定性作用，充分体现了"打铁必须自身硬"的坚强意志，体现了推进社会革命和自我革命相统一的高度自觉，对在管党治党实践中引领党的革命性锻造，实现全党思想上统一、政治上团结、行动上一致，极大增强党的凝聚力、战斗力和领导力、号召力，完成好新时代党的历史使命具有重大意义。

思考题

1. 什么叫中国特色社会主义新时代？
2. 习近平新时代中国特色社会主义思想强调的核心价值观是什么？
3. 什么是百年未有之历史大变局？

推荐书目

1. 《改革历程》，唐德刚，人民出版社 2007 年版。
2. 《马克思主义中国化的理论与实践》，朱志敏，北京师范大学出版社 2010 年版。

推荐电影

1. 《我的父亲我的兵》（2016 年），杜军执导。
2. 《战狼 2》（2017 年），吴京执导。

第三篇
尊崇宪法
守护宪法

宪法是我国的根本大法，是治国安邦的总章程，是保持国家统一、民族团结、经济发展、社会进步和长治久安的法律基础，是中国共产党执政兴国、团结带领各族人民建设中国特色社会主义的法制保证。弘扬宪法精神，必须明确中国共产党是中国特色社会主义事业的领导核心，处在总揽全局、协调各方的地位，党的领导是中国特色社会主义最本质的特征，是中国特色社会主义法治之魂。只有在党的领导下依法治国、依宪治国、厉行法治，人民当家作主才能充分实现，国家和社会生活法治化才能有序推进。

【阅读提示】

1. 了解中国宪法与法治体系，党的领导与依法治国的关系。

2. 普及法律知识，增强守法意识。

2018 年 3 月 17 日，在第十三届全国人民代表大会第一次会议的第五次全体会议上，12 名陆海空三军仪仗兵，分两列从会场后方正步行进至主席台前伫立，三名礼兵迈着正步护送《中华人民共和国宪法》（以下简称《宪法》）至宣誓台。

国家主席习近平举起右手，进行了庄严的宪法宣誓，这是我国实行宪法宣誓制度以来第一次在全国人民代表大会上举行宪法宣誓活动，也是中华人民共和国历史上第一次。

宪法是一个国家的根本大法，是现代国家的立国基础和根本依据，现代国家的所有法律法规都是依据宪法制定的，现代社会生活的各个方面，都是依据宪法和法律运行的。现代国家的基本政治经济文化社会制度、国家政权的本质属性和政权组织方式、国家的主权归属和公民的权利义务等现代国家最基本的规定，都来自于宪法。尊崇宪法，遵守法律，是每个公民的基本义务。一个社会离开了宪法和法律，就会陷入无序和混乱。而任何社会组织或者公民无视法律，就会陷入犯罪的深渊。

第一节　宪法是民意的集中体现

一、什么是宪法

宪法是国家的根本大法，是治国安邦的总章程，适用于国家全体公民，是特定社会政治经济和思想文化条件综合作用的产物，集中反映各种政治力量的实际对比关系，确认革命胜利成果和现实的民主政治，规定国家的根本任务和根本制度，即社会制度、国家制度的原则和国家政权的组织形式以及公民的基本权利义务等内容。国家内部政治力量的对比关系的变化对宪法的发展变化起着直接作用，国际关系也对宪法发展趋势有所影响。

为什么宪法是根本大法？宪法通常被称为"人权保障书"，保障人权是宪法的终极目的。同时，宪法通常还被称为"限权法"，宪法保障人权的终极目的是通过限制权力而实现的。

宪法是国家的根本大法和总的章程。这是由于它规定的是国家生活和社会生活中最根本、最重要的问题，而生活中的其他法律是针对社会生活中某一具体方面所作的具体规定。例如，刑法规定的是社会生活中什么样的违法行为构成犯罪，以及对犯罪行为如何惩罚的专门法律。因此，宪法的内容决定了它在一个国家当中具有最高的法律地位、法律权威和法律效力。

宪法的最高法律效力体现在：一是一切规范性文件在渊源上都起源于宪法，宪法是其他法律制定的依据。通俗地说，宪法是母法，其他法律是子法。子法是对母法的具体阐述。二是其他一切规范性文件即子法都不能和宪法原则和精神相抵触、相违背。如果抵触或违背要么被撤销，要么宣布无效。三是宪法是一切国家机关、武装力量、政党、社会团体以及公民的最高行为准则。

只有确保宪法和法律的实施，才能维护社会主义法治的统一和尊严。作为一名公民，我们有维护宪法和法律尊严、保证宪法和法律实施的职责，必须增强法治观念，自觉地遵守宪法和法律，承担自己的社会责任。

二、尊崇宪法的必要性

我国《宪法》第五十三条规定："中华人民共和国公民必须遵守宪法和法律，保守国家秘密，爱护公共财产，遵守劳动纪律，遵守公共秩序，尊重社会公德。"因此，尊崇宪法是每个公民的法定义务。

中共十八届四中全会审议通过的《中共中央关于全面推进依法治国若干重大问题的决定》提出，将每年12月4日定为国家宪法日，并在全社会普遍开展宪法教育，弘扬宪法精神。为了增强全社会的宪法意识，加强宪法实施，全面推进依法治国，十二届全国人大常委会第十一次会议作出决定，将现行宪法通过、公布、施行日期12月4日设立为国家宪法日。建立宪法宣誓制度，以此方式来维护宪法权威，宣扬宪法理念，深化社会各界对宪法内容和含义的直观认识。

宪法与国家前途、人民命运息息相关。维护宪法权威，就是维护党和人民共同意志的权威。捍卫宪法尊严，就是捍卫党和人民共同意志的尊严。保证宪法实施，就是保证人民根本利益的实现。

公民学习宪法的意义在于：一是，学习宪法可以清晰地知道：我们是什么国家，国家基本制度有哪些，为何说人民代表大会制度是我国的根本政治制度，为什么要遵守和维护宪法权威，从而坚定爱国主义情怀。二是，学习宪法有助于公民了解自身的基本权利和义务，从而使公民树立权利和义务相一致的观念，明白既没有脱离权利的义务，也没有脱离义务的权利，更好地运用宪法维护自身的合法利益。三是，学习宪法还有助于每个公民积极投身到推进国家的民主政治建设和法治建设的进程中去，为实现依宪治国的目标，端正自己的宪法观和权利观，牢固树立起中国特色社会主义民主与法治理念。

宪法和依据宪法制定的各项法律法规，界定了人们的权利义务，规定了人们行为的各项规范和底线。遵守法律，就拥有自由有序的生活空间，享受法律所赋予的权利保障；违反法律，就必然受到制裁。宪法和法律面前所有公民一律平等，任何人违法犯罪，都必须承担相应的后果，这就是现代法治社会的基本精神。

思考题

1. 宪法对于一个国家来讲到底有多重要？
2. 公民的权利和义务之间是什么关系？

第二节　中国宪法的历史

中国宪法的历史发展大体上经历了三个阶段：旧中国宪法的产生和发展，新中国宪法的产生和发展，现行《宪法》的修正。

一、清末的宪法立法尝试

1906 年 9 月 1 日，清政府颁布《宣示预备立宪谕》，宣布放弃祖宗之制，"仿行宪政"，"预备立宪"由此而来。

1908 年 8 月，清政府出台《钦定宪法大纲》，这是中国历史上第一部宪法性文件。这个大纲一共 23 条，其中正文 14 条、附录 9 条，正文为"君上大权"，附录为"臣民权利义务"。

《钦定宪法大纲》正文明确规定了君主的具体权力：颁布法律，发布议案，召集与解散议会，设官制禄和黜陟百司，赏爵和恩赐，统帅陆海军和编定军制，宣战、媾和及订约，派遣和接受使节，宣告戒严，总揽司法，发布命令，决定皇室经费，财政紧急处分等。同时规定，皇帝在行使上述权力时不受任何约束等。它实际上是将两千多年封建专制时代皇帝拥有的至高无上的但从未用文字表述的权力，以法律条文的形式明文确定下来。

而在附录中虽然规定臣民的权利有言论、著作、出版、集会、结社、诉讼等自由，但又规定它们可被皇帝随时剥夺，臣民的义务则是纳税、当兵、遵守国家法律等，实际上是只有义务，没有权利。

可见，《钦定宪法大纲》的最大特点是皇帝专权、人民无权，其结构本身就足以说明它的实质仍然是要维护封建君主专制制度。所以一经公布，就遭到谴责。1911 年 5 月，清政府所谓的"责任内阁"成立。其 13 名成员中汉族官员占 4 名，蒙古族官员 1 名，其余均为满族贵族，因而被称为"皇族内阁"。它不仅起不到限制皇帝的作用，反倒成为强化皇权的工具。至此，清政府借"预备立宪"欺骗国人，达到贵族集权、镇压民主革命的目的完全暴露，立宪派的幻想随之破灭，民主革命浪潮更加高涨。

晚清"预备立宪"这项政治活动有着保守性和欺骗性，这场宪政改革涉及的内容极其庞杂，触动了社会的方方面面，"预备立宪"的措施加剧了中央与地方之间、满汉之间、阶级之间的矛盾，引起了社会的极大混乱，加速了它的覆灭。"预备立宪"的直接后果：加速了清朝的灭亡，催生了新的政治制度。

清末的"预备立宪"虽然最终没有成功，但是它的实施在一定程度上推动了中国的政治现代化进程。

首先，它是中国两千年封建专制向宪制的一次和平过渡。中国历史上爆发了无数次的农民起义，建立了一个又一个封建王朝，从来都是一个专制代替另一个专制，一个帝王代替另一个帝王，从来就没有现代意义上的宪制。虽然清末的"预备立宪"准备在中国实行的是"君主宪制"，但也是一种宪制制度，是传统封建制度向宪制的跨越。

其次，它在中国第一次宣布实行"宪制"。宪制与专制不同，宪制主要有君主宪制和共和宪制，在封建专制社会里，皇帝的言与行就是国家的法律，皇帝的权力是至高的，也是没有限制的。而在一个宪制制度下，皇帝的权力首先受到国家宪法的限制。虽然清末的"预备立宪"实行的是君主宪法，皇帝仍然具有极大的权力，但是皇帝的权力已经受到限制，皇权的至高无上已经受到冲击，这在当时的中国是具有进步意义的。

二、中华民国的宪法

（一）《中华民国临时约法》的内容

辛亥革命后，中华民国临时政府于南京成立。"临时参议院"通过了《临时约法》。《临时约法》具有"宪法"性质，是中国第一部资产阶级性质的宪法。1912 年 3 月 11 日取代《中华民国临时政府组织大纲》开始施行，于 1914 年 5 月 1 日因袁世凯授意制定的《中华民国约法》的公布而被取代，1916 年 6 月 29 日为大总统黎元洪所恢复。

△《中华民国临时约法》是中国历史上第一部
资产阶级性质的宪法性文件

　　《临时约法》分总纲、人民、参议院、总统、国务员、法院、附则七章，共五十六条。它主要"约"了以下三个方面的内容：

　　一是《临时约法》规定了资产阶级民主共和国的国家制度。规定"中华民国由中华人民组织之"，"主权属于国民全体"，"领土为二十二行省、内外蒙古、西藏、青海"，"以参议院、临时大总统、国务员、法院行使其统治权"。

　　二是《临时约法》体现了民主主义精神。规定"中华民国人民一律平等，无种族、阶级、宗教之区别"。人民享有人身、财产、居住、迁徙、言论、著作、刊行、集会、结社、通信、信教等项自由，及选举、被选举、考试、请愿、诉讼等权利。同时规定，人民有纳税、服兵役等义务。

　　三是在政府的组织形式上规定，全国的立法权属于参议院，参议院有权议决一切法律、预算、决算、税法、币制及度量衡准则、募集公债，选举产生临时大总统、副总统，弹劾大总统和国务员，对临时大总统行使的重要权力，具有同意权和最后决定权。

　　临时大总统代表临时政府总揽政务，公布法律，统率全国海陆军，制定官制官规，任免文武官员等，但行使职权时，须有国务员副署。受参议院弹劾时，由最高法院组成特别法庭审判；法官有独立审判的权利，它否定了集大权于一身的封建君主专制制度。此外，还规定了"人民有保有财产及营业之自由"，体现了发展资本主义经济的目的。

《临时约法》的颁布具有重要意义和价值。虽然未能提出反帝的革命任务，也没有提出一个完整的从经济基础到上层建筑的反封建纲领。但《临时约法》确立了资产阶级民主共和的国家制度，以根本法的形式宣判了封建君主专制制度的终结，确认了中华民国的合法性，规定了国家的资产阶级共和国的性质，肯定了辛亥革命的积极成果，更广泛地宣传了资产阶级共和国的思想。其思想启蒙的意义在于促进了人民的觉醒，鼓舞人民起来为维护自己的权利而斗争。《临时约法》是辛亥革命的重要成果，具有历史性的进步意义。

（二）国民党统治时期的宪法

国民党统治时期的宪法、宪治，主要是通过 1931 年 6 月 1 日公布的《中华民国训政时期约法》（以下简称"约法"）和 1947 年颁布的《中华民国宪法》实施展开的。

1928 年，中国国民党初步统一中国后，于 10 月 3 日由中国国民党中央常务委员会通过了《训政纲领》。1931 年 5 月 12 日召开的国民大会通过了"约法"。在这部"约法"中，三民主义作为国家基本思想和行政权、立法权、司法权、考试权、监察权五权分立的国家组织方法被确定。这部"约法"于同年 6 月 1 日开始施行。"约法"为国民党训政时期的临时宪法，原定在 1936 年结束训政时废止，但因日本侵华，国家受难，故制宪国民大会一拖再拖，宪政迟迟未始。1936 年 5 月 5 日国民政府公布了《中华民国宪法草案》（又称"五五宪草"），这是《中华民国宪法》的雏形，它本应在预定同年召开的制宪国民大会上通过，但大会因日本入侵东北及隔年爆发的全面抗日而未能如期召开。

1945 年抗日战争胜利后，国民政府依据《国民政府建国大纲》（以下简称《建国大纲》）着手推进宪政的实施。《建国大纲》是孙中山于 1924 年 4 月 12 日手书，全文仅 25 条。这是中华民国成立后，孙中山针对国家建设所提出的规划方案。《建国大纲》将建设国家的程序分为三个阶段：军政时期、训政时期与宪政时期。

《建国大纲》的目标有三大项：第一是在民生，强调政府与人民协力解决衣食住行问题，使民生幸福；第二是在民权，主张政府应当训练人民行使四权，使民权普遍；第三是在民族，强调对内应扶助弱小民族，对外则要抵抗强权，使民族平等。

　　1945 年 10 月 10 日，中国国民党与中国共产党在重庆协商并签立"双十协定"，确定以军队国家化、政治民主化、党派平等、地方自治之途径达到和平民主建国，尽速召开政治协商会议，商讨制宪事宜。1946 年 1 月 10 日至 31 日，国民党 8 人、共产党 7 人、民主同盟 9 人、青年党 5 人、无党派人士 9 人，共 38 位代表在重庆召开政治协商会议，通过政府改组案、和平建国纲领案、军事问题案、国民大会案、协定"五五宪草"的修改原则 12 项，并决定组织宪草审议委员会。政协决议案之宪法草案部分依据中国共产党的建议和要求，较大幅度地修改了"五五宪草"。依照政协决议，立法院直接由民选产生，监察院职权扩大，且地方制度称为联邦体制，各省可以制定省宪。因政协宪草远离孙中山五权宪法理论，因而触犯了国民党党章，引起国民党内部较大反对，随后的国民党六届二中全会则提议恢复"五五宪草"，并因此事酿成了国共之间的严重政治摩擦。

　　政协会议闭幕后，依决议成立宪草审议委员会，经中国共产党代表周恩来和国民党代表王世杰推荐，民社党的张君劢主持起草了这份《中华民国宪法草案》，保留了三民主义的基本思想并贯彻政协宪草决议案内容，落实民有民治民享之民主共和国，以及内阁制之民主宪政等精神。1946 年 12 月 25 日经"制宪国民大会"议决通过，于 1947 年 1 月 1 日由南京国民政府颁布《中华民国宪法》，同年 12 月 25 日施行。内容除前言外，全文共 175 条条文，分十四章。基本特点是：以自由平等为标榜，坚持维护国民党的一党专制；以"平均地权""节制资本"为名，保障封建土地剥削制度和官僚资本的经济垄断；以"民有民治民享"的"民主共和国"之名，行国民党一党专制和蒋介石个人独裁之实。

三、新中国的宪法

（一）《共同纲领》凝聚民心

　　1949 年秋，中国人民经过了 100 多年的英勇奋斗，终于在中国共产党的领导下，取得了新民主主义革命的胜利。革命胜利后要建立一个什么样的国家，如何把革命胜利的成果用法律形式固定下来，并且规定新中国成立后的大政方针，作为全国人民共同遵循的准则，以便团结全国各族人民把革命和建设事业继续推向前进，这就迫切需要制定一部具有根本法性质的文件。但在当时，大陆还未全部解放，各项社会改革尚未开展，社会秩序还不够安定，遭受长期战争破坏的国民经济尚未恢复，人民群众的组织程度和觉悟程度尚未达到应有的水平，因此，还不能立即召开全国人民代表大会来制定一部完善的正式宪法。在这种情况下，中国共产党邀请各民主党派、人民团体、人民解放军、各地区、各民族以及国外华侨等各方面的代表 635 人，组成中国人民政治协商会议，代表全国各族人民的意志，在普选的全国人民代表大会召开以前，代行全国人民代表大会的职权。1949 年 9 月 29 日中国人民政治协商会议第一届全体会议通过了《中国人民政治协商会议共同纲领》（以下简称《共同纲领》）〔1〕。

《共同纲领》除序言外，分为总纲、政权机关、军事制度、经济政策、文化教育政策、民族政策、外交政策共七章 60 条。它肯定了人民革命的胜利成果，宣告了封建主义和官僚资本主义在中国的统治的结束和人民民主共和国的建立，规定了新中国的国体和政体。它确认"中国人民民主专政是中国工人阶级、农民阶级、小资产阶级、民族资产阶级及其他爱国民主分子的人民民主统一战线的政权，而以工农联盟为基础，以工人阶级为领导"。它规定人民代表大会制度为我国的政权组织形式；宣布取消帝国主义在华的一切特权；没收官僚资本，进行土地改革；并且规定了新中国的各项基本政策和公民的基本权利和义务；确定中华人民共和国人民依法有选举权和被选举权，享有思想、言论、集会、结社、通讯、人身、居住、迁徙、宗教信仰及示威游行的自由权，享有婚姻自由权，妇女在政治的、经济的、文化教育的、社会的生活各方面，均有与男子平等的权利。

由于《共同纲领》所规定的是国家制度和社会制度的基本原则及各项基本政策，并且它是由代行全国人民代表大会职权的中国人民政治

---

〔1〕 关于《共同纲领》引文，参考中共中央文献研究室编：《中华人民共和国开国文选》，中央文献出版社 1999 年版。

协商会议制定的，因此，尽管它还不是一部正式的宪法，但不管从内容上还是从法律效力上看都具有国家宪法的特征，起了临时宪法的作用。

《共同纲领》是新中国成立初期团结全国人民共同前进的政治基础和战斗纲领，它对于确立中国共产党的领导地位，建立新中国，巩固人民政权，加强革命法制，维护人民民主权利，恢复和发展国民经济等方面，都起到了重要的作用。尤其它是人民参与、反映人民意志的决定国家和人民命运的根本法律，并从国家大法上确立了人民当家作主的各项权利，在凝聚人心、鼓舞翻身得解放的人民大众热爱自己的祖国并积极加入到建设新中国的奋斗中，发挥了前所未有的作用。同时《共同纲领》的许多基本原则在 1954 年《宪法》中得到了进一步确认发展，在我国宪法史上具有重要的历史意义。

（二）社会主义的宪法及其修订

中华人民共和国成立后，曾于 1954 年 9 月 20 日、1975 年 1 月 17日、1978 年 3 月 5 日和 1982 年 12 月 4 日通过四部《宪法》，现行宪法为 1982 年《宪法》，并历经 1988 年、1993 年、1999 年、2004 年、2018年五次修订。

1. 1954 年《宪法》

1954 年《宪法》从《共同纲领》演化而来，以国家根本大法的形式，总结了中国新民主主义革命的历史经验，特别是新中国成立以来革命与建设的经验，充分反映了中国历史的状况和过渡时期的特点。它的制定与实施，为发展社会主义民主和社会主义法制奠定了初步基础，它也是新中国历史上第一部社会主义类型的宪法。1982 年通过的现行宪法，是 1954 年《宪法》的延续和发展。

1954 年 1 月 9 日，毛泽东亲自组织了一个宪法起草小组到杭州起草宪法草稿。宪法起草小组收集各种宪法文本，借鉴了孙中山时期颁布的宪法、1918 年的苏俄宪法、1924 年的苏联宪法、1936 年的苏联宪法，参考了罗马尼亚、匈牙利、波兰等国家的宪法，另外还参考了美国、法国等西方国家的宪法文本。1954 年《宪法草案》公布的两个多月的时间里，全国各界共有 1.5 亿人参加了宪法草案的讨论，提出 118万多条修改、补充意见。最后于 1954 年 9 月 20 日经第一届全国人民代

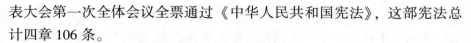

表大会第一次全体会议全票通过《中华人民共和国宪法》，这部宪法总计四章 106 条。

1954 年《宪法》的主要内容和特点：

一是新中国第一部社会主义类型的宪法，是中国法制史上的一个里程碑。

二是体现了人民民主原则、社会主义原则。规定了国家的根本性质和根本政治制度，强调中华人民共和国是工人阶级领导的、以工农联盟为基础的人民民主国家；确认了我国社会主义过渡时期的经济制度和国营经济的领导地位；确认了过渡到社会主义的方法和步骤；确认了公民在法律面前一律平等，赋予公民广泛的权利和自由。

三是代表了广大人民的意志。在第三章公民的基本权利和义务（第八十五至一百零三条）中，规定了公民在法律上一律平等。公民有选举权和被选举权，有言论、出版、集会、结社、游行、示威的自由，国家供给必需的物质上的便利，以保证公民享受这些自由；公民有宗教信仰的自由；公民的人身自由不受侵犯，公民的住宅不受侵犯，通信秘密受法律保护；公民有居住和迁徙的自由；公民有劳动权、休息权；在年老、疾病或者丧失劳动能力的时候，有获得物质帮助的权利。国家举办社会保险、社会救济和群众卫生事业，并且逐步扩大这些设施，以保证劳动者享受这种权利；公民有受教育的权利和进行科学研究、文学艺术创作和其他文化活动的自由和权利；妇女享有同男子平等的权利；公民对于任何违法失职的国家机关工作人员，有向各级国家机关提出书面控告或者口头控告的权利。由于国家机关工作人员侵犯公民权利而受到损失的人，有取得赔偿的权利。第一百零一条规定中华人民共和国的公共财产神圣不可侵犯，爱护和保卫公共财产是每一个公民的义务；除这一义务外还规定公民负有保卫祖国，依法服兵役和纳税的义务。1954 年《宪法》比较完整地规定了公民的基本权利和义务，极大地调动了全国人民建设社会主义的积极性。

2. 1975 年《宪法》

1975 年《宪法》是新中国第二部宪法，也是一部有严重缺点、错误的宪法。它于 1975 年 1 月 17 日由第四届全国人民代表大会第一次会议通过，被称为"七五宪法"。1975 年《宪法》除序言外，有总纲、国家机构、公民的基本权利和义务，以及国旗、国徽、首都共四章30条。它的结构过于简单，不可能概括国家生活各方面的内容，因而也影响到它的完备性。

1975年《宪法》保留了1954年《宪法》的一些基本原则，如坚持生产资料的社会主义公有制，坚持无产阶级专政等。1975年《宪法》是我国特定历史条件下的产物。它反映了"文化大革命"中"左"的路线对社会主义法治的严重干扰，把"文化大革命"中许多错误理论和做法加以法律化、制度化。1975年《宪法》不仅条文过少，内容简单，而且规范疏漏，文字上也有许多不确切、不协调之处。它在历史上只存在了3年多，因而在实践中也并没有受到重视和得到认真贯彻。

3. 1978年《宪法》

1978年3月5日，第五届全国人民代表大会第一次会议通过了经重新修改制定的《中华人民共和国宪法》。这是中华人民共和国的第三部宪法。

第三部宪法的内容除序言外，分总纲，国家机构，公民的基本权利和义务，国旗、国徽、首都，共四章60条。

第一，这部《宪法》在结构上与前两部《宪法》相同。主要内容继承了1954年《宪法》的一些基本原则，增加了实现四个现代化的任务，强调要发扬社会主义民主、大力发展科学和教育事业。

第二，序言部分回顾了中国革命的历史进程，规定了"在本世纪内把我国建设成为农业、工业、国防和科学技术现代化的伟大的社会主义强国"。第一章总纲部分，规定了国家制度和社会制度的基本原则，特别规定了发扬社会主义民主、保障人民参加国家管理和管理各项经济、文化事业的原则和具体措施。第二章国家机构，规定得比1975年《宪法》完备和具体，恢复了检察机关，取消了其职权交由公安机关行使的规定；恢复了审判公开和辩护制度。第三章公民的基本权利和义务，作了大量补充，由1975年《宪法》的4条增加到16条。

第三，由于当时历史条件的限制，这部《宪法》未能彻底清除改正"文化大革命"期间"左"的思想影响，还存在一些不正确的政治理论观念和不适应客观实际情况的条文规定。例如，序言中仍然保留了"坚持无产阶级专政下的继续革命"的错误提法，对"文化大革命"仍

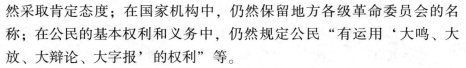

然采取肯定态度；在国家机构中，仍然保留地方各级革命委员会的名称；在公民的基本权利和义务中，仍然规定公民"有运用'大鸣、大放、大辩论、大字报'的权利"等。

4.1982 年《宪法》

1982 年《宪法》是我国现行宪法，也是新中国成立以来中国共产党领导制定的第四部宪法。1978 年《宪法》颁布以后，尤其是党的十一届三中全会以后，我国在政治经济各方面都发生了重大的变化，1978 年《宪法》已经不能适应新时期的要求。1982 年 12 月 4 日，第五届全国人民代表大会第五次会议通过了新的《宪法》，即 1982 年《宪法》。它在结构上承袭了前三部《宪法》的形式，明确规定了中华人民共和国的政治制度、经济制度、公民的基本权利和义务、国家机构的设置和职责范围、今后国家的根本任务等。但把"公民的基本权利和义务"由原来的第三章提前到第二章，这一变化充分反映了国家对保障公民基本权利和要求公民履行基本义务的进一步重视。

1982 年《宪法》总结了中国社会主义发展的经验，并吸收了国际经验，为我国的现代化建设提供了良好的法治环境，较好地体现了人民意志、国家意志、党的意志的统一，是一部有中国特色、适应中国社会主义现代化建设需要的根本大法。

四、我国现行宪法的修改

修宪，是修改宪法的简称，是指有权机关按照法定程序对宪法文本的某些条款、词语或结构予以变动、补充或删除的活动。在对修宪权的行使予以实体方面限制的同时，之所以还要继续对其施加程序性控制，这是因为与一般的程序性规范一样，正当的修宪程序不仅具有保障限制修宪权的实体性规范能够实现的工具性价值，还有其自身内在独立的价值，既有利于防止人民主权空洞化和异化，促进人民主权的实现，也有利于防止宪法修改的泛化现象，树立宪法的权威性。

我国现行《宪法》对修宪程序作了比较全面的规定。《宪法》第六十四条第一款规定："宪法的修改，由全国人民代表大会常务委员会或者五分之一以上的全国人民代表大会代表提议，并由全国人民代表大会以全体代表的三分之二以上的多数通过。"

宪法只有不断适应新形势，吸纳新经验，确认新成果，制定新规范，才能拥有持久生命力。1982年《宪法》实施后，我国分别于1988年、1993年、1999年、2004年和2018年进行了五次修改。修改宪法的原则是：一是坚持党的领导，坚持中国特色社会主义法治道路，坚持正确的政治方向；二是严格依法按程序进行；三是充分发扬民主，广泛凝聚共识，确保反映人民意志，得到人民拥护；四是坚持对宪法做部分修改、不做大改的原则，做到既顺应党和人民事业发展要求，又遵循宪法法律的发展规律，确保宪法的延续性、稳定性和权威性。

1988年、1993年、1999年、2004年、2018年五次宪法修改内容如下：

（1）1988年4月12日，第七届全国人民代表大会第一次会议通过的宪法修正内容是：第一，国家允许私营经济在法律规定的范围内存在和发展。第二，对土地不得出租的规定作了修改，规定土地的使用权可以依照法律的规定转让。

（2）1993年3月29日，第八届全国人民代表大会第一次会议通过第二次宪法修正案，主要内容是：第一，将"我国正处于社会主义初级阶段""建设有中国特色社会主义的理论"和"坚持改革开放"及"中国共产党领导的多党合作和政治协商制度"等提法写进宪法序言。第二，用"社会主义市场经济"取代"计划经济"；用"国有经济""国有企业"取代"国营经济""国营企业"。第三，放弃"农村人民公社"的提法，确立"家庭联产承包为主的责任制"的法律地位。第四，将县级人大每届任期由三年改为五年。

（3）1999年3月15日，第九届全国人民代表大会第二次会议通过的宪法修正案，这项宪法修正案共6条（第十二条至第十七条），主要内容是：第一，确立了邓小平理论的指导思想地位。第二，增加规定"中华人民共和国实行依法治国，建设社会主义法治国家"。第三，增加规定社会主义初级阶段的基本经济制度和分配制度。第四，规定"农村集体经济组织实行家庭承包经营为基础、统分结合的双层经营体制"。第五，增加规定"在法律规定范围内的个体经济、私营经济等非公有制经济，是社会主义市场经济的重要组成部分"。第六，将镇压

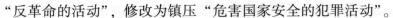

"反革命的活动"，修改为镇压"危害国家安全的犯罪活动"。

（4）2004 年 3 月 14 日，第十届全国人民代表大会第二次会议通过中华人民共和国全国人民代表大会公告，这项宪法修正案共 14 条，主要内容是：第一，确立"三个代表"重要思想在国家政治和社会生活中的指导地位。第二，增加"推动物质文明、政治文明和精神文明协调发展"的内容。第三，在统一战线的表述中增加"社会主义事业的建设者"。第四，进一步明确国家对发展非公有制经济的方针。第五，完善私有财产保护制度。第六，完善土地征用制度。第七，增加建立健全社会保障制度的规定。第八，增加尊重和保障人权的规定。第九，在全国人民代表大会组成的规定中增加"特别行政区"。第十，完善紧急状态制度。第十一，在国家主席职权的规定中增加"进行国事活动"。第十二，将乡镇人民代表大会的任期由三年改为五年。第十三，增加关于国歌的规定。

（5）2018 年宪法修正案出台。2018 年 3 月 11 日，第十三届全国人民代表大会第一次会议通过宪法修正案共 21 条，包括十二个方面：第一，确立科学发展观、习近平新时代中国特色社会主义思想在国家政治和社会生活中的指导地位。第二，调整充实中国特色社会主义事业总体布局和第二个百年奋斗目标的内容。第三，完善依法治国和宪法实施举措。第四，充实完善我国革命和建设发展历程的内容。第五，充实完善爱国统一战线和民族关系的内容。第六，充实和平外交政策方面的内容。第七，充实坚持和加强中国共产党全面领导的内容。第八，增加倡导社会主义核心价值观的内容。第九，修改国家主席任职方面的有关规定。第十，增加设区的市制定地方性法规的规定。第十一，增加有关监察委员会的各项规定。第十二，修改全国人大专门委员会的有关规定。

宪法修正案是一个整体，它全面体现了自上一次修宪以来，党和人民在中国特色社会主义建设和改革实践中取得的重大理论创新、实践创新、制度创新的成果，体现了中国共产党依宪执政、依宪治国的理念，其核心要义和精神实质主要体现在以下方面。

一是确立习近平新时代中国特色社会主义思想在国家政治和社会生活中的指导地位。习近平新时代中国特色社会主义思想是马克思主义中国化的最新成果，是党和人民实践经验和集体智慧的结晶，是中国特色社会主义理论体系的重要组成部分，是全党全国人民为实现中华民族伟大复兴而奋斗的行动指南，是党的十八大以来党和国家事业取得历史性成就、发生历史性变革的根本理论指引。把习近平新时代中国特色社会主义思想载入宪法，使其同马克思列宁主义、毛泽东思想、邓小平理论、"三个代表"重要思想、科学发展观一起，确立其在国家政治和社会生活中的指导地位，反映了全国各族人民的共同意愿，体现了党的主张和人民意志的统一，明确了全党全国人民为实现中华民族伟大复兴而奋斗的共同思想基础。

二是调整充实中国特色社会主义事业总体布局和第二个百年奋斗目标的内容，确保宪法确立的国家根本任务、发展道路、奋斗目标得到全面贯彻。推动物质文明、政治文明、精神文明、社会文明、生态文明协调发展，体现了党和国家对社会主义建设规律认识的深化和发展，是对中国特色社会主义事业总体布局的丰富和完善。把我国建设成为富强民主文明和谐美丽的社会主义现代化强国，实现中华民族伟大复兴，是党的十九大确立的奋斗目标。把这个宏伟目标载入《宪法》序言，有利于引领全党全国人民把握规律、科学布局，在新时代不断开创党和国家事业发展新局面，齐心协力为实现中华民族伟大复兴的中国梦而不懈奋斗。

三是完善依法治国和宪法实施举措。将《宪法》序言"健全社会主义法制"修改为"健全社会主义法治"，在宪法层面体现了依法治国理念的新内涵。法治以民主为前提，以严格依法办事为核心，以确保权力正当运行为重点，重在确保社会形成由规则治理的管理方式、活动方式和法治秩序。

在第二十七条增加规定："国家工作人员就职时应当依照法律规定公开进行宪法宣誓。"党的十八届四中全会决定提出建立宪法宣誓制度，2015年7月，第十二届全国人大常委会通过关于实行宪法宣誓制度的决定，2018年宪法修正案以立法方式确立了我国宪法宣誓制度。宪法宣誓制度实行以来，各地区、各部门、各方面认真贯彻落实法律规定，依法开展宪法宣誓活动已经成为尊重宪法、尊重人民主体地位的重要实践。

2018年宪法修正案还将《宪法》第七十条关于专门委员会的规定

中的"法律委员会"修改为"宪法和法律委员会",推动宪法实施和监督工作进入新阶段。

四是增加中国共产党领导是中国特色社会主义最本质的特征的规定。我国《宪法》序言已确定了中国共产党的领导地位,以国家大法的形式证明中国共产党的领导是历史的选择、人民的选择。2018 年宪法修正案把党的领导写进总纲规定国家根本制度的条款,把党的领导和社会主义制度内在统一起来,把党的执政规律和中国特色社会主义建设规律内在统一起来。中国共产党领导是中国特色社会主义最本质的特征。依法治国是广大人民群众在党的领导下,依照宪法和法律的规定,通过各种途径和形式管理国家事务,管理经济和文化事业,管理社会事务,保证国家各项工作都依法进行,逐步实现社会主义民主的制度化、法律化,使这种制度不因领导人的改变而改变,不因领导人的看法和注意力的改变而改变。我们讲依宪治国、依宪执政,不是要否定和放弃党的领导,而是强调党领导人民制定宪法和法律,党自身必须在宪法和法律范围内活动。我国宪法以根本法的形式反映了党带领人民进行革命、建设、改革取得的成果,反映了在历史和人民选择中形成的党的领导地位。

五是修改第七十九条关于国家主席任职期限方面的规定。这是在全面总结党和国家长期历史经验的基础上,从全局和战略高度完善党和国家领导体制的重大举措,体现了中国特色社会主义的政治优势和制度优势。党章对党的中央委员会总书记、党的中央军事委员会主席,宪法对中华人民共和国中央军事委员会主席,都没有作出"连续任职不得超过两届"的规定。在修改宪法征求意见的过程中,各地区各方面普遍认为,宪法对国家主席的相关规定也采取上述做法,是非常必要的、重要的。

六是增加有关监察委员会的各项规定。本次《宪法》修改 21 条修正案,有 11 条和国家监察体制改革相关。深化国家监察体制改革是一项事关全局的重大政治体制、监督体制改革,是强化党和国家自我监督的重大决策部署。2018 年宪法修正案在《宪法》第三章"国家机构"的第六节后增加一节,专门就监察委员会作出规定,以宪法的形式明确国家监察委员会和地方各级监察委员会的性质、地位、名称、人员组成、任期任届、监督方式、领导体制、工作机制等，为监察委员会行使职权提供了宪法依据。这些规定，体现了中国特色社会主义政治发展道路和法治发展道路的一致性，为监察委员会履职尽责提供了依据和遵循，是国家治理体系的重大完善，也是国家治理能力现代化的重大进步。

总体来看，2018 年宪法修改内容是中国特色社会主义道路、理论、制度、文化的发展成果。通过宪法修改，我国《宪法》在中国特色社会主义伟大实践中紧跟时代步伐，不断与时俱进。我们要通过不懈努力，弘扬社会主义法治精神，培育社会主义法治文化，各级领导干部和国家机关工作人员更应树立忠于宪法、遵守宪法、维护宪法的自觉意识，教育引导广大群众自觉守法、遇事找法、解决问题靠法，在全社会形成尊法、学法、守法、用法的良好氛围。

思考题

1. 中国最早是什么时候开始试图制定宪法？
2. 新中国的宪法有什么特点？

第三节 宪法是公民权利的根本保障

一、宪法明确规定公民权利义务

宪法是公民权利的保障书。纵观新中国宪法发展的历史，无一不将公民的基本权利和义务作为宪法立法的主要和重要内容。2004 年，我国宪法修正案还将"国家尊重和保障人权"作为一项基本原则写进宪法，体现了我国对人权保障的重视。我国《宪法》第三十三条规定："凡具有中华人民共和国国籍的人都是中华人民共和国公民。中华人民共和国公民在法律面前一律平等。国家尊重和保障人权。任何公民享有宪法和法律规定的权利，同时必须履行宪法和法律规定的义务。"只有基本权利和基本义务相互结合，才能更好地为每个公民的权利提供宪法保障。

（一）公民的基本权利

法律权利是指国家通过法律规定，对法律关系主体可以自主决定为或不为某种行为的许可和保障手段。法律权利，是一个和法律义务相对应的概念，是指法律关系主体依法享有的某种权能或利益，它表现为权

利享有者可以自己作出一定的行为，也可以要求他人作出或不作出一定的行为。

公民的基本权利，是宪法赋予公民最基础、最重要、最本质的权利和自由，是国家宪法对公民所承诺和维护的权利，是一种社会所认可的赋予公民个体可做或可不做的自由。中国宪法赋予公民的人身、政治、经济和文化各方面的权利和自由。这是中国人民在中国共产党领导下，经过长期革命斗争取得的胜利成果。人民民

主专政的政权和社会主义制度保证中国公民享有广泛的和真实的基本权利。

1949 年 9 月 29 日通过的具有临时宪法性质的《共同纲领》，就规定了中国人民享有的权利和自由。1954 年《宪法》，以及后来的几部《宪法》，均设专章规定了中国公民的基本权利和义务。主要有以下几方面的内容。

第一，平等权。我国《宪法》第三十三条第二款规定："中华人民共和国公民在法律面前一律平等。"这是我国公民的一项基本权利，也是社会主义法治的一个基本原则。其基本精神是：凡我国公民都平等地享有宪法和法律规定的各项权利，也都平等地履行宪法和法律规定的各项义务；任何公民的合法行为，都平等地受到法律保护，违法犯罪行为也都平等地受到法律的制裁；任何公民都不得有超越宪法和法律的特权。简而言之，法律面前人人平等。

第二，人身权利。包括：①人身自由。任何公民，非经人民检察院批准或者决定或者人民法院决定，并由公安机关执行，不受逮捕。禁止非法拘禁和以其他方法非法剥夺或者限制公民的人身自由。禁止非法搜查公民的身体。公民的住宅不受侵犯。禁止非法搜查或者非法侵入公民的住宅。②人格尊严。公民的人格尊严不受侵犯。禁止用任何方法对公民进行侮辱、诽谤和诬告陷害。③通信自由和通信秘密。公民通信自由和通信秘密受法律的保护。除因国家安全或者追查刑事犯罪的需要，由公安机关或者检察机关依照法律规定的程序对通信进行检查外，任何组织或者个人不得以任何理由侵犯公民的通信自由和通信秘密。

第三，政治权利。包括：①选举权和被选举权。年满 18 周岁的公民，不分民族、种族、性别、职业、家庭出身、宗教信仰、教育程度、财产状况、居住期限，都有选举权和被选举权；但是依照法律被剥夺政治权利的人除外。②公民有言论、出版、集会、结社、游行、示威的自由。③民主管理权利。民主管理权利是指公民根据宪法和法律规定，管理国家事务、经济和文化事业以及社会事务的权利。我国《宪法》第二条第三款规定："人民依照法律规定，通过各种途径和形式，管理国家事务，管理经济和文化事业，管理社会事务。"④批评和建议、申诉、控告或者检举以及取得赔偿的权利。公民对于任何国家机关和国家工作人员，有提出批评和建议的权利；对于任何国家机关和国家工作人员的违法失职行为，有向有关国家机关提出申诉、控告或者检举的权利，但是不得捏造或者歪曲事实进行诬告陷害。对于公民的申诉、控告或者检举，有关国家机关必须查清事实，负责处理。任何人不得压制和打击报复。由于国家机关和国家工作人员侵犯公民权利而受到损失的人，有依照法律规定取得赔偿的权利。

第四，宗教信仰自由。公民有宗教信仰的自由。任何国家机关、社会团体和个人不得强制公民信仰宗教或者不信仰宗教，不得歧视信仰宗教的公民和不信仰宗教的公民。国家保护正常的宗教活动。任何人不得利用宗教进行破坏社会秩序、损害公民身体健康、妨碍国家教育制度的活动。宗教团体和宗教事务不受外国势力的支配。

第五，财产权利。财产权是指公民、法人或其他组织通过劳动或其他合法方式取得财产和占有、使用、受益、处分财产的权利。我国《宪法》第十三条第一至二款规定："公民的合法的私有财产不受侵犯。国家依照法律规定保护公民的私有财产权和继承权。"对于公民的财产权，物权法等相关法律规定了具体的保护措施与救济途径，包括私有财产权利和继承权利。

第六，社会经济权利。①劳动的权利。公民有劳动的权利。国家通过各种途径，创造劳动就业条件，加强劳动保护，改善劳动条件，并在发展生产的基础上，提高劳动报酬和福利待遇。国家提倡社会主义劳动竞赛，奖励劳动模范和先进工作者。国家提倡公民从事义务劳动。国家对就业前的公民进行必要的劳动就业训练。②劳动者休息权。国家发展劳动者休息和休养的设施，规定职工的工作时间和休假制度，以保证劳动者享受这种权利。③生活保障、物质帮助权。国家依照法律规定实行企业事业组织的职工和国家机关工作人员的退休制度。退休人员的生活受到国家和社会的保障。公民在年老、疾病或者丧失劳动能力的情况下，有从国家和社会获得物质帮助的权利。国家发展公民享受这些权利所需要的社会保险、社会救济和医疗卫生事业。国家和社会保障残废军人的生活，抚恤烈士家属，优待军人家属，国家和社会帮助安排盲、聋、哑和其他有残疾的公民的劳动、生活和教育。

第七，受教育的权利。①受教育的权利和义务。国家发展社会主义的教育事业，提高全国人民的科学文化水平。国家举办各种学校、普及初等义务教育，发展中等教育、职业教育和高等教育，并且发展学前教育。国家发展各种教育设施，扫除文盲，对工人、农民、国家工作人员和其他劳动者进行政治、文化、科学、技术、业务的教育，鼓励自学成才。国家培养青年、少年、儿童在品德、智力、体质等方面全面发展。②进行科学研究、文学艺术创作和其他文化活动的自由。国家对于从事教育、科学、技术、文学、艺术和其他文化事业的公民的有益于人民的创造性工作，给以鼓励和帮助。

第八，其他权利。①中国国内各民族一律平等。国家保障各少数民族的合法的权利和利益，维护和发展各民族的平等、团结、互助关系。禁止对任何民族的歧视和压迫，禁止破坏各民族团结和制造民族分裂的行为。②妇女在政治、经济、文化、社会和家庭生活等各方面享有同男子平等的权利。③国家保护妇女的权利和利益，实行男女同工同酬，培养和选拔妇女干部。④婚姻、家庭、母亲和儿童受国家的保护。⑤国家保护华侨的正当的权利和利益，保护归侨和侨眷的合法的权利和利益。

（二）公民的基本义务

法律义务，是指义务主体应当作出或不作出一定行为的约束。表现为要求负有义务的人必须作出一定行为或被禁止作出一定行为，以维护国家利益或保证权利人（有权人）的权利得以实现。

公民的基本义务是国家对公民最重要、最基本的法律要求，是公民必须履行的最低限度的、也是最主要的责任。我国公民的基本义务主要有九个方面：第一，遵守宪法和法律，保守国家秘密，爱护公共财产，遵守劳动纪律，遵守公共秩序，尊重社会公德的义务。第二，维护国家统一和全国各民族团结的义务。第三，维护祖国的安全、荣誉和利益的义务。第四，依照法律服兵役和参加民兵组织的义务。第五，依照法律纳税的义务。第六，参加劳动的义务。第七，受教育的义务。第八，实行计划生育的义务。第九，父母有抚养教育未成年子女的义务，成年子女有赡养扶助父母的义务。

二、公民基本权利和基本义务的关系

享有法律权利的社会主体称为权利人，承担法律义务的社会主体称为义务人。在中国，公民的权利和义务是平等的、一致的、相统一的，并且相互依存。既没有单方面、绝对的权利，也没有单方面、绝对的义务。在社会生活中，每个人既是享受各种法律权利的主体又是承担各种法律义务的主体。我国《宪法》规定，公民享有广泛的权利，同时承担相应的义务；公民的权利和义务是平等的，任何人不得享有法外特权；公民的权利和义务是统一的，不允许任何人只享受法律权利，不履行法律义务；任何公民都是享有法律权利和履行法律义务的统一体，并把自

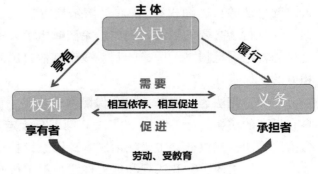

己依法履行义务，作为他人依法享受权利的实现条件。宪法规定的基本权利与基本义务之间的关系也是如此。

三、我国宪法对公民基本权利保障的具体体现

宪法是公民权利的确认书和保证书。

第一，宪法为公权力的行使划定了界限。公权力是人民赋予的，必须用来为人民谋利益。在限制公权力方面，宪法发挥着重要作用，规定了国家机关的组织和运行规则，并为公权力设置了多种有效的监督机制。此外，宪法还通过列举公民基本权利的方式对公权力进行限制，公民权利的边界就是公权力止步的地方。

第二，宪法规定了公权力机关对人权的积极保障义务。尊重和保障人权，既是公权力机关的首要目标，也是其拥有和行使公权力的合法性基础。因此，宪法不但禁止公权力机关侵犯公民的权利，而且规定其应当履行对公民权利的积极保障义务。有权必有责，宪法授予公权力机关的权力既不能被滥用，也不能以不作为的方式怠于行使。宪法不但要让公民权利免遭侵害，还要为公民行使权利提供必要的条件。例如，我国《宪法》第四十二条第一至二款规定："中华人民共和国公民有劳动的

权利和义务。国家通过各种途径，创造劳动就业条件，加强劳动保护，改善劳动条件，并在发展生产的基础上，提高劳动报酬和福利待遇。"

第三，宪法划定了公民基本权利行使的边界。公民的基本权利也不能任意行使。我国《宪法》第五十一条规定："中华人民共和国公民在行使自由和权利的时候，不得损害国家的、社会的、集体的利益和其他公民的合法的自由和权利。"通过该条规定，《宪法》为公民基本权利的行使进行了必要的限制。例如，宪法赋予了公民的言论自由权，但是公民的言论一旦损害了国家的利益或者其他公民的人格尊严，就要承担相应的法律责任。

第四，宪法为公民基本权利保障提供支持。宪法是国家的根本法，具有最高的法律效力。我国《宪法》第五条规定："中华人民共和国实行依法治国，建设社会主义法治国家。国家维护社会主义法制的统一和尊严。一切法律、行政法规和地方性法规都不得同宪法相抵触。一切国家机关和武装力量、各政党和各社会团体、各企业事业组织都必须遵守宪法和法律。一切违反宪法和法律的行为，必须予以追究。任何组织或者个人都不得有超越宪法和法律的特权。"因此，宪法对公民基本权利的确认和保障，直接关系到其他法律对公民具体权利的确认和保障。要尊重和维护宪法权威，确保宪法在法治体系中的至上地位。

宪法是国家的根本大法，规定了公民的基本权利和义务，具有最高法律效力，一切法律、法规都不得同宪法相抵触。因此宪法是公民权利的确认书、保证书。全国各族人民、一切国家机关和武装力量、各政党和各社会团体、各企业事业组织，都必须以宪法为根本的活动准则，并且负有维护宪法尊严、保证宪法实施的职责。

在我国，公民的权利和义务在根本上是一致的，这种权利与义务的一致性是由中国人民民主专政的国家性质和社会主义经济制度决定的，同一切剥削阶级国家公民权利和义务是脱节的、分离的。中国公民权利和义务的一致性，正是人民当家作主的表现。

思考题

1. 我国公民有哪些基本权利？
2. 我国公民必须承担哪些基本义务？

第四节　法律是人们活动的底线

一、宪法和法律

法律有广义和狭义两层含义，广义是指包括宪法、法律、行政法规、地方性法规等在内的一切规范性法律文件，狭义是指全国人大及其常委会制定的基本法律以及基本法律以外的法律。一般提到的"法律"是指宪法以外的法律。

宪法和法律既有联系又有区别。

宪法和法律的联系是，宪法俗称母法，法律俗称子法，宪法是制定法律的依据，即子法由母法派生，且不能背叛母法。

宪法和法律的区别是：

（1）法律地位和法律效力不同。宪法具有最高的法律地位和法律效力。宪法是制定法律的依据，法律内容不能与宪法相抵触、相违背。违背和抵触宪法的法律则需要废除或修改。

（2）在内容上不同。宪法规定了一个国家有关社会制度和国家制度的最根本、最重大的问题。普通法律的内容只涉及国家生活或社会生活某一特定方面的问题，而宪法作为国家根本法，是确定社会制度和国家制度的基本原则。就其内容而言，既不可能包罗万象地对所有问题都加以罗列，也不可能对每一事项都作出具体而详尽的规定。宪法确实不是法律汇编和法律大全，而仅仅是根本法。

（3）在制定和修改的程序上，宪法较普通法律更为严格。我国《宪法》第六十四条规定："宪法的修改，由全国人民代表大会常务委员会或者五分之一以上的全国人民代表大会代表提议，并由全国人民代表大会以全体代表的三分之二以上的多数通过。法律和其他议案由全国人民代表大会以全体代表的过半数通过。"

二、遵守法律就是在守护我们自己

守法，是指一切国家机关及其工作人员、政党、社会团体、企事业单位和全体公民，自觉遵守法律的规定，将法律的要求转化为自己的行为，从而使法律得以实现的活动。

守法是法治的社会基础，是组成并维系人类社会的基本保障。社会成员自觉守法是全体人民统一意志、统一行动的重要方式，我国社会主义法律是全体人民共同意志的体现，反过来又指引和协调着全体人民在社会生活中的行为。只有全体人民自觉守法，社会主义法律所体现的共同意志才能转化为全体人民的统一行动。我们每一个守法主体，只有遵守法律，才能保护好我们自己，保护好我们自身的合法权益。

（一）法律的作用

第一，法律具有指引作用，引导人们选择合法的行为、约束非法的行为，主要是通过授权性规范、禁止性规范和义务性规范实现的。

第二，法律具有评价行为的作用。自然人、法人和其他社会组织实施的行为，可以根据法律作出合法与非法、正当与不当的评价。法律的评价作用能够向社会昭示法律崇尚什么、贬斥什么、鼓励什么、禁止什么，从而影响法律主体的行为。

第三，法律具有预测作用。法律通过对某种行为作出肯定或否定的判断，使人们能够预见自己行为的性质和后果，从而自觉地实施合法的行为，预防和减少违法犯罪行为。

第四，法律对人的行为具有教育作用。法律的教育作用主要有三种实现方式：一是通过法制宣传教育，引导人们尊法、学法、守法、用法，树立对法律的信仰；二是通过制裁各种违法犯罪行为，使违法犯罪者和一般社会成员受到警示；三是通过表彰法治建设先进人物，弘扬法治精神，以营造法治环境。

第五，法律的强制作用。法律是以国家强制力为后盾实施的。法律的强制作用主要表现为公民等法律主体必须实施某种行为或者不实施某种行为，以及公民等法律主体实施违法行为后应当受到的惩罚。法律的强制作用有利于促进公民等法律主体依法行使权利，依法履行义务，树立法律权威，促进社会公平正义，维护良好社会秩序。

人民群众自觉守法是减少和解决人民内部矛盾的有效途径。守法也是制约权力滥用、防止权力异化的有效手段。

法律体现了对人的尊严的维护。法律是公正和无私的，法律的出发点就是对公民、法人和其他组织的权利实现全面有效的保护，作为一名合格公民，在日常生活中应遵守法律。

（二）道德是社会治理的基石，法律是社会治理的准绳

党的十九大报告在习近平新时代中国特色社会主义思想和基本方略中，进一步明确"坚持全面依法治国""坚持依法治国和以德治国相结

合"。依法治国和以德治国作为建设有中国特色社会主义强国，实现中华民族伟大复兴必须坚持的基本治国方略，在社会治理中二者相辅相成。

第一，道德与法律有密切的联系。

道德与法律是相互联系的。它们都属于上层建筑，都是为一定的经济基础服务的。它们是两种重要的社会调控手段，两者相辅相成、相互促益。其关系具体表现在：

道德是法律的评价标准和推动力量，是法律的有益补充。没有道德基础的法律，是一种"恶法"，是无法获得人们的尊重和自觉遵守的。执法者职业道德的提高，守法者的法律意识、道德观念的加强，都对法的实施起着积极的作用。

法律是传播道德的有效手段。法律的实施，本身就是一个惩恶扬善的过程，不但有助于人们法律意识的形成，还有助于人们道德的培养，法律的实施对社会道德的形成和普及起了重大作用。

道德和法律在某些情况下会相互转化。一些道德，随社会的发展，

逐渐凸现出来，被认为对社会是非常重要的并有经常被违反的危险，立法者就有可能将之纳入法律的范畴。反之，某些过去曾被视为不道德的因而需用法律加以禁止的行为，则有可能退出法律领域而转为由道德调整。

第二，道德与法律是有区别的。

一是调整的对象不同。法调整的是人们的外部行为，即意志的外在表现，因为法的首要任务是要建立一种外在秩序。道德则不同，它同时要求人们的外部行为和内在动机都符合道德准则。道德给人们提出并要求解决的不仅是举止行动，还包括动机和世界观问题，而且更注重后者。

二是表现形式不同。法是以"国家意志"形式出现的，表现在政权机关所制定的宪法、法律、法规、决议、条例、指示等规范性文件中。道德则是以"社会意志"形式出现的，作为"社会意志"，它有多种多样的表现形式，如医务道德、政治道德、商业道德、社会舆论、社会公约等。

三是调节人们行为的方式不同。法是通过为人们确定在社会生活中的权利和义务，通过建立法律关系来调节人们之间的关系。即通过国家强制力，如军队、警察、监狱等对违法行为进行制裁和对合法行为进行保护，来保证法律规范的实施。而道德则主要是通过信念、社会舆论、传统习俗来约束人的内心，从而影响其行为。即道德的行为规范的遵守，主要通过人们自觉遵守来实现，不具有外部强制力。如"欠钱不还"，如果欠钱的人（债务人）有钱不还，权利人运用道德的手段，只能通过说服、请求、谴责，利用社会舆论等方式，期望债务人内心发生变化，自愿主动还钱才能实现自己的债权。如果债务人不讲道德、不守信誉，耍赖、坚决不还钱，债权人只运用道德的手段就无法实现自己的债权。相反，如果债权人法律意识强，主动运用法律手段，如通过法律诉讼、判决、法律强制执行，由人民法院根据生效判决，查封、扣押债务人的财产，限制其个人消费甚至人身自由等，迫使债务人还钱。

社会主义法律的遵守离不开社会主义道德，社会主义道德也需要法律的强制力才能得到更好的坚守和传承。法律是道德的底线，遵守社会主义道德就是遵守社会主义法律。全面依法治国，需要法和道德共同发挥作用。建设社会主义法治国家，要坚持依法治国和以德治国相结合，一手抓法治，一手抓德治，以道德滋养法治精神，实现法律和道德相辅相成，法治和德治相得益彰。

宪法是国家的根本大法，法律是人们一切社会活动的底线，是道德与社会共同利益的要求和公民形成完整人格必备的条件，尊崇宪法、遵守法律、遵守社会道德规范是公民的义务，也是个人幸福的保障。离开宪法和法律，违背社会道德，最终必然会给个人幸福带来不良影响，甚至丧失公民权利，丧失自由，最终必然得不偿失、遗憾终生。

思考题

1. 宪法和法律是什么关系？
2. 法律最重要的功能和作用是什么？
3. 为什么说守法是做人的底线？

推荐书目

1. 《中国宪法》，胡锦光、韩大元，法律出版社 2018 年版。
2. 《论坚持全面依法治国》，习近平，中央文献出版社 2020 年版。

推荐电影

《法律与秩序》（1990 年），帕特里克·斯坦普执导。

第四篇

中华民族大家庭

　　我国各民族共同开拓了祖国的辽阔疆域，共同缔造了统一的多民族国家，共同书写了辉煌的中国历史，共同创造了灿烂的中华文化，共同培育了伟大的民族精神。五千多年来，各民族历经分合融汇，形成血脉相融的中华民族共同体。历史充分表明，中华民族是一个命运共同体，一荣俱荣，一损俱损；民族团结是我国各族人民的生命线，各民族共同团结进步、共同繁荣发展是中华民族的生命所在、力量所在、希望所在。

【阅读提示】

　　1. 了解中华民族的形成历史与各民族融合。

　　2. 树立正确的民族观与历史观，强化民族政策认同感。

中华民族作为多民族的大家庭，是在漫长的历史中逐步形成的。在漫长的中华民族发展史当中，民族团结、民族融合和共同发展是历史的基调和主流。在民族团结、融合、发展的过程中，各民族相互学习、相互尊重、互相交流、共同前进。数千年的民族融合发展，形成了伟大的中华民族。在近代，各民族都在为祖国的独立、解放和统一作出不懈的努力，共同托举出了一个崭新的中国。

第一节　中华民族灿烂辉煌的历史

中华人民共和国是全国各族人民共同缔造的统一的多民族国家，拥有 56 个民族，每一个民族都是中华民族不可缺少的一部分，都为祖国的统一和中华民族的发展作出了贡献。中华民族是世界上人口最多的民族，也是历史最悠久的民族之一。费孝通先生说过："中华民族作为一个自觉的民族实体是近百年来中国和西方列强对抗中出现的，但作为一个自在的民族实体，则是几千年的历史过程所形成的。"[1]

一、融合发展中形成的中华民族

从远古时代开始，我们的祖先就已经在这块辽阔的土地上劳动、繁衍生息。在一代又一代的接力中，我国各民族共同缔造了统一的多民族国家，创造了丰富多元的民族文化，一起推动了我们伟大祖国的前进与发展。历史与实践证明：祖国的统一是各民族的最高利益，维护祖国安全、荣誉和利益是各族人民的共同使命。

---

〔1〕　孙秋云："费孝通'中华民族多元一体格局'理论之我见"，载《中南民族大学学报（人文社会科学版）》2006 年第 2 期。

（一）统一多民族国家的形成

据考古发现，早在二百多万年以前，我国各民族的祖先就繁衍生息在中国这块辽阔的土地上。到原始社会的末期，黄河流域的炎帝、黄帝部落与周围的其他氏族部落逐渐统一，形成了一个大的部落联盟，为汉族的先民——华夏族的形成奠定了基础。到公元前21世纪，夏禹之子启建立了夏朝，华夏族开始形成。当时，华夏族居住在中原的黄河流域，同周围的各族都有联系和交往，后者有一部分加入到华夏族之中。

商周时期，中原地区的商族、周族与周围各族的联系和交往进一步密切，促进了各民族之间的相互影响和相互融合。在此期间，以夏族、商族、周族为主，吸收了羌、戎、狄、苗等族，各民族进一步融合与发展。

春秋战国时期，中原各国的社会生产力得到发展，奴隶制逐渐向封建制过渡，各民族经济上的联系加强，政治上的统一已成为历史发展的主要潮流。战国时期百家争鸣，虽然学派不同，但大都主张政

△ 秦始皇，中国第一位皇帝，建立了第一个中央集权的封建国家

治上统一。孟子的"定于一"，荀子的"四海之内若一家"，韩非子的专制集权思想等，都是国家统一要求的表现。西周时期，诸侯国林立。经历数百年的兼并战争，到春秋战国时期，诸侯国数量锐减，战国末期，就只有秦、楚、齐、燕、韩、赵、魏等7个诸侯国及匈奴、滇等少数民族政权。西北方的秦国，在秦穆公时由于合并了12个小国，国力进一步壮大。南方的楚国，也是在黄河、长江流域的远古先民的长期交往、征战与融合中，在荆楚地区形成的势力较大的区域政权。这时中原地区的政治格局正朝着大一统方向加快演进。

秦朝时期，我国开始形成统一的多民族国家。公元前221年，秦国

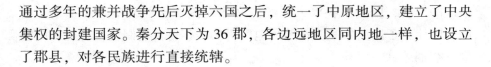

通过多年的兼并战争先后灭掉六国之后，统一了中原地区，建立了中央集权的封建国家。秦分天下为36郡，各边远地区同内地一样，也设立了郡县，对各民族进行直接统辖。

（二）统一的多民族国家的发展

从秦始皇统一中国到明清时期的2000多年，我国统一的多民族国家在诸多朝代更替中不断巩固和发展。秦的统一，结束了春秋战国以来诸侯割据混战的局面，开始了新的统一格局，将中国历史推进到一个崭新的阶段。秦王朝推行了许多消除分裂的措施，增强了各地区的经济、文化联系，为我国的长期统一奠定了基础。

汉朝时期，民族融合进一步加强，这一时期是中国统一的多民族国家形成和发展的重要时期。中原的汉王朝对民族地区实行因俗而治的方法，形成了各民族密切交往、相互依存的共同发展局面。汉代继秦朝之后，在民族地区设置都护、校尉和郡县进行统治和管理。

唐朝时期，统一多民族国家迎来了更为繁荣昌盛的发展局面。唐朝统治者推行较为开放的民族政策，尊重各民族的文化传统，允许各民族保持自身的语言、服饰和习俗，建立专门的机构管理少数民族事务。唐朝的民族政策对各民族的繁荣和发展起到了重要的推动作用，促进了各民族之间的交流与融合。

元朝是继汉、唐以后中国历史上的又一个大统一时代。成吉思汗先后灭高昌回鹘、西辽、西夏、金朝与大理。忽必烈即位后，于1271年改国号为"大元"，不久，元灭南宋，又实现了全国大统一。元代创设行省制度，初步奠定了今天中国的省级行政区划的基础。当时，今内蒙古、东北、新疆、广西、广东、云南、贵州等民族地区，都在行省的管辖之下。元设澎湖巡检司，管辖台湾、澎湖；同时在今云、贵、川等民族地区推行土司制度，分封各族首领，官职世袭。这一制度相比唐代以来民族地区的羁縻府、州制度更进一步密切了中央王朝同各民族地区的领属关系，进一步巩固了我国多民族国家的统一。

到了明代，在民族地区逐步采取委派流官和土司共同治理，以及"重流轻土"和"改土归流"的政策，来削弱乃至废除土司制度，实行流官统治，在改流地区加速了封建领主经济的瓦解，加强了中央对边疆地区的统辖，促进了各族人民经济文化交流。这种改变经历了很长时间，即使到了民国年间，在部分地区仍然残存着土司制度，直至新中国成立初期才彻底废除。

清朝建立后，经过多年努力，进一步实现了全国规模的统一。清康熙年间，面对沙俄的侵略活动，清政府秉持自卫抗敌的爱国立场，遏制了沙皇殖民主义者对我国东北地区的侵略活动。同时，平定三藩之乱，加强了对黑龙江流域少数民族地区的管理；在新疆、西藏地区，先后平定了准噶尔贵族叛乱，以及藏族少数统治阶层勾结准噶尔部的叛乱，并设立驻藏大臣衙门，会同地方办理西藏行政事务，从而维护和巩固了西藏、新疆地区的统一。此外，先后在台湾地区设府、县，建立省治。

在我国历史发展的一些时期，也曾出现过暂时的分裂、割据和几个政权同时并存的局面。但统一始终是历史发展的总趋势和主流。从历史上看，祖国的统一是建立在各民族经济文化的相互依存、相互促进的基础之上的。而每一次新的统一，都促进了各民族政治、经济、文化的发展，促进了各民族的互相联系。

二、中华民族百花园

我国 56 个民族各有其特点，各有其辉煌的历史和丰富的文化。

（一）民族构成与分布

中国是一个统一的多民族国家，拥有 56 个民族，其中汉族人口最多，占总人口的 90% 以上，其他 55 个民族统称为少数民族。少数民族中，人口较多的有壮族、满族、回族、苗族、维吾尔族、彝族、土家族、藏族、蒙古族等。各民族在长期的历史发展过程中，形成了大杂居、小聚居的分布格局。

汉族主要分布在中东部地区，尤其是

政治讲堂

各民族要相互了解、相互尊重、相互包容、相互欣赏、相互学习、相互帮助，像石榴籽那样紧紧抱在一起。

——习近平

黄河、长江流域以及东南沿海地区。这些地区自然条件优越，经济发展水平较高，是中华文明的重要发源地。少数民族则主要分布在中国的边疆地区，如西南、西北和东北等地。例如，壮族主要分布在广西壮族自治区，满族主要分布在东北三省（辽宁、吉林、黑龙江），回族在宁夏回族自治区及甘肃、青海等地较为集中，维吾尔族主要分布在新疆维吾尔自治区，藏族主要分布在西藏自治区及青海、四川、甘肃、云南的部分地区，蒙古族则主要分布在内蒙古自治区。

这种民族分布格局的形成，既有历史原因，也有地理因素。历史上，中原地区的汉族不断向周边地区扩展，而边疆地区的少数民族则在长期的历史进程中形成了相对稳定的聚居区。地理上，边疆地区多为高原、山地、草原和沙漠，自然环境较为复杂，少数民族在这些地区形成了独特的文化和生活方式。

我国始终坚持民族平等、团结、互助的原则，实施民族区域自治制度，保障各民族的合法权益，促进各民族共同繁荣发展。各民族在语言、文化、宗教、风俗习惯等方面保持了多样性，同时也在经济、社会、文化等领域实现了广泛的交流与融合，共同构建了中华民族多元一体的格局。

（二）民族文化

中华文化博大精深，丰富多彩。在中华文化发展的历史长河中，各民族都作出了重要贡献。

经济文化方面。秦汉以来在中原地区种植的许多农作物以及瓜果蔬菜，都是由少数民族地区传入的，如葡萄、芝麻、蚕豆、黄瓜（胡瓜）、胡萝卜、胡椒、菠菜（波斯菜）、大蒜、石榴等。宋代以后在中原种植的高粱，也是来自西南少数民族地区，后来才推广到全国各地；棉花在内地的种植和推广归功于云南的哀牢人和西北的高昌人；契丹破回鹘得到西瓜瓜种，又将西瓜种植法传给了汉族；擅长畜牧的少数民族培育的马、羊、驴、骡等牲畜输入中原后，大大推动了农业生产的发展，方便了人民的生产生活。

服饰文化方面。古代汉族的服装为上衣下裳，行动不便。战国时赵武灵王下令实行胡服骑射改革，改为上衣下裤、行动方便的胡服，在以后的几千年中逐渐演化成中国服饰的组成部分。元代松江人黄道婆学习了黎族的纺织技术并加以改良，使海南黎族的棉织技术得以向内地传播；苗族、瑶族、布依族等少数民族的蜡染工艺是现代印染工艺传入我国之前，华南地区所特有的手工印染技艺。满族的马褂、旗袍，在近代以来流行于全国各地。

日常起居及饮食方面。汉代以前的中原汉族人并不使用桌椅，常常席地而坐，在正式会客的场合，实际上要跪坐，很不方便。汉末，西域坐具胡床（即马扎子）传入，坐在马扎子上两腿可以下垂，称为胡坐。此后汉族人才逐渐改变席地而坐的习惯，凭桌坐椅作为一种生活方式被普遍接受并确定下来。古代汉族以稻、粱、黍等为主食，没有麦面食物，后来磨面及制作面食的方法由西域传入中原，出现了面饼、煮饼等面食，这是对中国膳食的重大贡献。

文学和史学方面。用蒙古文创作的《蒙古秘史》《蒙古黄金史》《蒙古源流》是蒙古族三大历史文学名著。藏族思想家创作的《西藏王臣记》《贤者喜宴》《青史》，北方民族建立的辽、金等政权相关历史，为后世研究提供了丰富素材，元朝官修《辽史》《金史》是研究这段历史的重要资料，北方民族中的《满文老档》《满洲源流考》等都是我国少数民族重要的历史文献，为后世全面研究我国政治、经济和文化在历史上的发展状况提供了重要的资料。藏族的《格萨尔》、蒙古族的《江格尔》和柯尔克孜族的《玛纳斯》被誉为中国三大英雄史诗，在世界享有很高声誉；维吾尔族的《福乐智慧》是我国古代的文化巨著；彝族的民间长诗《阿诗玛》、傣族的叙事诗《召树屯》、纳西族的《创世纪》、白族的《望夫云》等在各族人民中广为流传。

音乐舞蹈和戏曲方面。云南一些少数民族在春秋战国时期就开始制造使用铜鼓，现存铜鼓的花纹极为精致，造型非常优美，铸造水平令人赞叹。笛、琵琶、筚篥、胡琴、羯鼓、腰鼓等原是少数民族的乐器，后来汇入中原音乐潮流。少数民族热情奔放，舞蹈艺术具有群众性，如藏族的"锅庄舞"、蒙古族的"盅碗舞"、哈萨克族的"鹰舞"、壮族的"铜鼓舞"、傣族的"孔雀舞"、土家族的"摆手舞"等，特色鲜明。藏戏、壮戏、布依族的花灯剧、侗戏、苗剧、毛南戏等少数民族的传统戏剧；满族的八角鼓、朝鲜族的延边鼓书、蒙古族的好来宝、哈萨克族的冬不拉弹唱等少数民族曲艺，都丰富和发展了我国的戏剧艺术。

医学和科学方面。清代蒙古族数学家明安图所著《割圆密率捷法》运用解析法研究圆周率，开创了我国数学史上微积分学研究的先声。满族学者博启对"勾股和弦"数学定理的研究颇有成就。元朝政府主持编纂的《大元大一统志》较详细地记载了当时中国的地理状况。在医药学方面，历史悠久的藏医学、蒙医学等，都是我国传统医学的重要组成部分。少数民族的医学经典，诸如藏族的《四部医典》《医学大全》，蒙古族的《蒙医学大全》《蒙藏合璧医学》，满族的《百一三方解》《厚德堂集验方萃编》，维吾尔族的《饮膳正要》和白族的《奇验方书》等，对我国医学事业的发展具有重要意义。

各民族传统文化对我国生态环境的保护也起了重要作用。少数民族传统文化中有万物一体、崇敬自然、尊重生命的价值观念，形成了与自然环境高度和谐相处的生产方式，在一定程度上保护了我国西部和边疆地区的自然环境。我国生物分布广泛，云南、贵州等许多少数民族聚居地区是重要的生物多样分布区。藏族聚居的青藏高原东南边缘的森林和广袤的高原高寒草甸草原是藏族人民世世代代生存之地，藏族人民还保护了高寒地区珍贵的生物物种。蒙古族、达斡尔族、鄂伦春族、鄂温克族等保护了大兴安岭山地森林的环境，维护了内蒙古草原生物的多样化。

三、各民族共同缔造了新中国

近代以来，我国各族人民前赴后继，英勇不屈，共同参与了波澜壮阔的反帝反封建斗争。从 1840 年的鸦片战争到孙中山先生领导的辛亥革命，各族地区都开展了许多英勇的反帝反分裂斗争，使帝国主义瓜分中国的阴谋彻底破产，并于 1912 年推翻了清王朝，结束了中国几千年的封建君主专制统治。各族人民争取民族解放、国家独立的斗争，汇聚到中国共产党的领导之下，团聚于统一的民族大家庭之中。

1919 年的五四运动，揭开了中国新民主主义革命的序幕。在这场运动中，我国广西、云南、新疆、甘肃、吉林等少数民族聚居地区，都掀起了一次次爱国运动的浪潮。很多少数民族的优秀儿女投入到了这场运动中。回族的马骏、郭隆真参加并领导了天津市的爱国运动和京津地区学生的联合行动，刘清扬参加了上海各界联合会的联合行动。郭隆真等还同周恩来、邓颖超等同志一起组织了研究马克思主义的革命团体——觉悟社。后来马骏、郭隆真都加入了中国共产党，成为早期党员，并为革命贡献出了宝贵的生命。邓恩铭（水族）参加和领导了山东济南的"五四"爱国运动，并于 1920 年与其他同志一起在济南组建了马克思主义学说研究会。次年，他参加了中国共产党第一次全国代表大会。

1921 年，中国共产党诞生，中国革命的面貌为之一新。在新民主主义革命这场伟大斗争中，各少数民族谱写了新的历史篇章。加入中国共产党的少数民族优秀儿女，在宣传革命、组织群众等方面发挥了先锋作用。

国内革命战争时期，各族人民积极参加创建革命根据地，中国共产党不仅在城市和农村领导了大规模艰苦卓绝的斗争，而且在许多边远的少数民族地区开展了革命工作，建立革命根据地。蒙古族的多松年、李裕智、乌兰夫、吉雅泰等人于 1924 年加入共产党，并在蒙古地区建立了第一个党支部，领导蒙古族人民开展革命活动。壮族的韦拔群于 1921 年在广西建立了"改造东兰同志会"，打击土豪劣绅和贪官污吏；并于 1925 年筹办农民运动讲习所，建立农民协会，领导开展了广西的革命斗争。毛泽东曾赞扬他"读了半本马列主义，红了半个中国"。海南岛的黎族人民与汉族人民一起，于 1926 年成立中国共产党琼崖地方委员会，1927 年正式建立了革命武装，经过武装斗争，一度解放了陵水县城，随后建立了海南岛第一个县级工农民主政府，开辟了革命根据地。四川理县的羌族人民曾于 1924 年至 1926 年联合藏、汉等族人民举行反抗封建军阀的武装起义，一度攻下理县县城。土家族、京族、畲族人民也都在大革命时期建立过农民协会、工会等革命组织，开展了革命斗争。20 世纪 20 年代初期，朝鲜族人民建立"延吉运输联合会""龙井建设者同盟"等工人团体，以及"农民会""青年会"等农村群众组织。在抗日战争时期，朝鲜族人民不畏艰险，组织反日游击队，坚决抗击日本侵略者。后来这些游击队发展壮大，成为东北抗日联军最重要的组成部分。

土地革命战争时期，党领导的一系列革命斗争有不少是在少数民族聚居区或汉族和少数民族杂居区进行的。邓小平、张云逸、叶季壮等就曾到壮族、汉族、瑶族、苗族、侗族等民族聚居的广西开展革命工作，于1929年发动了有壮族、汉族、瑶族等民族人民参加的著名的"百色起义"，成立了中国工农红军第七军，建立了右江工农民主政府；1930年，成立了中国工农红军第八军，建立左江革命军事委员会。左右江革命根据地包括了广西西部和西南部壮族地区的二十几个县、三百多万人口，大量壮族人民投入了革命斗争。在新疆，党领导维吾尔族、哈萨克族、汉族等民族人民组织了"新疆民众反帝联合会"，出版了刊物《反帝战线》，进行了反帝斗争。在云南的班洪一带，佤族、傣族、汉族等民族人民组织了武装队伍，有力地打击了武装侵占这一带矿区的英帝国主义的侵略活动。畲族人民在闽东地区与汉族人民一道，组织贫农团，进行了反对国民党政府的抗捐税斗争，积极参加赤卫队、游击队，举行武装暴动，普遍建立了工农民主政权。

中国工农红军二万五千里长征途经许多少数民族地区，在这些地区播下了革命的火种，掀起了革命的风暴。红军在四川彝族地区帮助彝族人民建立了冕宁县工农民主政府；刘伯承司令员按照彝族的习俗，与彝族头人小叶丹结拜为兄弟，得到彝族人民的大力支援，顺利地通过了彝族地区。在此期间，有些彝族青年参加了红军。藏族人民在红军的帮助下，建立了阿坝地区的瓦钵梁子、绰斯甲等藏族苏维埃政权，在甘孜县成立了中华苏维埃博巴政府。藏族的格达活佛等积极支援红军，参加成立博巴政府。茂汶县地区的羌族人民也建立了工农革命政权。这些革命政权组织革命武装，带领人民打土豪、分田地、支援红军。回族人民在甘肃正宁县龙咀子建立了回民自治政权和党的组织，在党的领导下，进行了土地改革运动。1936年又在豫旺、海原一带建立了豫海县回民自治政府，领导人民打土豪、分田地。黎族人民在琼中、保亭、陵水、崖县等地建立了革命根据地，开展土地革命。红军经过的少数民族地区，许多少数民族人民不仅为红军带路、传送情报、买粮运粮，而且踊跃参军，为中国人民的解放事业作出了重大的贡献。

抗日战争时期，我国各族人民都奋起反抗，参加抗击日本帝国主义侵略的战争。满族的杰出军事指挥员关向应担任了八路军一二〇师政委，他与贺龙同志一起开辟了晋绥抗日根据地。后率部挺进冀中，巩固冀中平原的抗日根据地，为抗日事业作出了贡献。当时，满族人民积极参加东北抗日联军，如满族抗日将领杨靖远担任津南抗日武装部队副司令员，最后将生命献给了中华民族解放的伟大事业。东北抗日联军的11个军中，都有朝鲜族战士；鄂伦春族、鄂温克族、赫哲族、达斡尔族等族的许多优秀儿女也积极参加了抗日联军；远在云南的白族战士周保中到东北参加了抗日联军，并担任领导工作；蒙古族人民与汉族人民共同开创了伊克昭盟和大青山抗日游击根据地；华北和西北的回族人民组织了大小数十支抗日武装；陕甘宁回民抗日骑兵团和冀中马本斋领导的回民支队，是著名的抗日队伍，为抗日作出了积极的贡献；傣族、景颇族等民族人民在云南西部怒江一带英勇抗击了日本侵略军；佤族、黎族、水族等民族人民亦曾组织武装，抗击日本侵略者对我国云南、贵州、海南岛等地的入侵，获得了丰硕的战果。

解放战争时期，各族人民英勇奋斗，共同推翻国民党的统治，建立了统一的多民族国家。

抗日战争胜利后，由于国民党反动派发起内战，全国各族人民立即投入到中国共产党领导的解放战争中。1947年7月，经过一年的战斗，人民解放战争形势发生了根本的变化。中国人民解放军已在各个战区向国民党军队发起了全面反攻，各少数民族地区掀起了迎接解放的游击斗争。武装游击斗争锻炼了各族人民，提高了他们的革命觉悟。一些少数民族聚居的解放区，在中国共产党的领导下建立了民族区域自治政府。内蒙古自治区人民政府是在中国共产党领导下建立的第一个省级民族区域自治政府，是内蒙古革命、民族解放斗争新的里程碑，为进一步完善党的民族区域自治政策提供了宝贵的实践经验。

经过各族人民的共同斗争，取得了解放战争的胜利，成立了中华人民共和国，实现了中国历史上前所未有的国家大统一和民族大团结，开辟了各民族在社会主义基础上平等、团结、互助、和谐发展的新纪元。

思考题

1. 中华民族的先民，大约在多少万年前就开始生活在这片土地上了？

2. 中国什么时候形成了统一的多民族国家？

3. 中国现在有多少个少数民族？

第二节　民族政策与民族区域自治制度

民族区域自治是中国共产党将马克思主义民族理论与中国民族问题的实际相结合的一项创举，是我国的一项基本政治制度，是中国共产党对马克思主义民族理论的重大贡献。

一、民族区域自治制度

（一）民族区域自治制度的历史由来

中国是一个统一的多民族国家，各民族人民在长期的历史发展中，共同创造了统一的民族国家和灿烂的历史文化。由于历史的原因，各民族形成了交错聚居和杂居的分布状态。虽然历史上民族间曾存在不平等，出现过隔阂，但各民族在经济、文化上的交流交融从未中断，政治上的统一日益加强。为了消除民族压迫，实现民族平等、团结，建立统一的国家，中国共产党遵循马克思主义关于民族问题的理论，根据中国的实际情况，在新民主主义革命过程中提出了民族区域自治的主张。

1947年建立了第一个省级自治区——内蒙古自治区。1949年9月，在中国人民政治协商会议第一届全体会议上，经过各民族代表的充分讨论，认为实行民族区域自治是各民族在国内实行平等、团结、联合的最适当形式，在《中国人民政治协商会议共同纲领》和后来制定的《中华人民共和国宪法》中，把民族区域自治制度作为国家的基本国策和重要政治制度确定下来。1955—1965年，新疆维吾尔自治区、广西壮族自治区、宁夏回族自治区和西藏自治区先后成立。1984年5月31日，第六届全国人民代表大会第二次会议通过《中华人民共和国民族区域自治法》，进一步健全和完善了中国的民族区域自治制度。截至1991年底，全国已建立了民族自治地方156个，其中包括5个自治区、30个自治州、121个自治县（旗），还建立了1571个（1990年底统计数）民族乡。民族自治地方的少数民族人口已占全国少数民族总人口的90%

以上。

（二）我国实行民族区域自治制度的必要性

中国为实行民族区域自治制度创造了历史条件。从古至今，把我国各民族维系于一个统一的大家庭中而又世代相传的纽带，主要有三个：一是国家的长期统一；二是各民族相依共存的经济文化联系；三是近代以来各民族在抵御外来侵略和长期革命斗争中结成的休戚与共的关系。这种强大的内聚力和国家的长期统一，奠定了建立统一社会主义各民族大家庭和实行民族区域自治制度的历史基础。

我国民族分布的特点决定了必须实行民族区域自治制度。我国各民族在长期的历史发展中，曾经频繁迁徙流动，在全国形成了大杂居、小聚居和交错杂居的局面。一个民族完全居住在一个地区的情况极少。例如，新疆维吾尔自治区虽然是少数民族比较集中居住的地区，却有维吾尔族、哈萨克族、锡伯族、柯尔克孜族、塔吉克族、乌孜别克族、塔塔尔族、蒙古族、回族等十多个民族交错杂居。

中国各族人民在反抗内外压迫的斗争中，形成了血肉不可分离的整体，为实行民族区域自治奠定了良好的基础。1840年鸦片战争后，中国不断遭到帝国主义列强的侵略，逐渐沦为半殖民地半封建社会。中华民族和帝国主义的矛盾、人民大众和封建主义的矛盾成为中国社会的主要矛盾。在中国共产党的领导下，整个新民主主义革命时期，各民族人民休戚与共，共同抵御外侮，历经艰苦卓绝的斗争，取得了新民主主义革命的伟大胜利，新中国傲然屹立在世界东方！

我国少数民族所处的地理位置和国际斗争形势，决定了必须在统一的国家内实行民族区域自治。随着"冷战"结束和两极格局的终结，世界向多极化发展，一些西方国家加紧对我国实行"西化""分化"战略。边疆民族地区一直是境外敌对势力对我国实行"西化""分化"的重要目标。对此，我们必须保持清醒的头脑。民族区域自治制度具有很强的现实针对性，通过制度和法律规定保障自治民族的政治权益，并不妨碍政府及司法机关依法惩治个别少数民族人员的违法犯罪行为。

我国历代民族政策为实行民族区域自治提供了丰富的历史经验和依据。中国历代的民族政策始终是以保持国家政治上的统一为基本前提，对民族地区采取不同于汉族地区的管理政策，"修其教不易其俗，齐其政不易其宜"，根据不同地区的具体情况"因俗而治"。这些政策措施对维护国家统一起了积极作用，也为新中国实行民族区域自治制度提供了历史经验。

实行民族区域自治是实现各民族共同繁荣的根本保证。建设中国特色社会主义伟大事业，实现中华民族的振兴和各民族的共同繁荣，是中华各民族的共同目标。要实现这一目标，不仅需要各族人民的共同努力，而且还需要全国各地区各民族的互助合作。

（三）民族区域自治制度的基本内容

在统一的中华人民共和国境内，以少数民族的聚居区为基础，建立民族自治地方，设置自治机关，根据宪法和法律的规定，行使自治权。民族区域自治主要有以下内容。

第一，民族区域自治必须在中华人民共和国范围内在中央政府的统一领导下。民族自治机关的自治权是中央授予而非民族自治地方所固有的，自治权中不含有脱离国家而独立的权利。因此，民族区域自治必须以国家统一、领土完整为前提。

第二，民族区域自治必须以少数民族聚居区为基础，是民族自治与区域自治的结合。

第三，民族自治机关行使自治权。民族区域自治的目的是让聚居的少数民族能根据本民族政治、经济、文化等方面的特点，实行特殊政策，保证本民族的自主性，促进本民族发展。因此，自治权是少数民族聚居区实行民族区域自治的核心和标志。

建立民族自治地方应遵循以下具体原则和要求：各民族自治地方是中华人民共和国不可分的部分。民族自治地方的建立和自治权的实施，必须在国家的统一领导下进行。以少数民族聚居区为基础，根据当地民族关系、经济发展等条件，并参酌历史情况，建立以一个或者几个少数民族聚居区为基础的自治区域。民族自治地方的建立、名称的确定、区域界线的划分，都要和有关民族的代表充分协商拟定，按照法定程序报请批准。区域界线要保持相对稳定。按照有关条件和程序，民族自治地方的区域界线一经确定，不得轻易变动。需要变动时，由上级国家机关的有关部门和民族自治地方的自治机关充分协商拟定，报国务院批准。

民族区域自治制度的实质是，在国家的统一领导下，各少数民族聚居地方实行区域自治，设立自治机关，行使宪法和法律授予的自治权。各少数民族人民当家作主集中表现在两个方面：一方面，在少数民族聚居的地方，地方各级人民代表大会都应有一定比例的少数民族代表，自治区主席、自治州州长、自治县县长由实行区域自治的民族的公民担任；另一方面，通过各级民族自治地方的自治机关，依法行使自治权。

二、党和国家的民族政策

民族政策是指国家和政党为调节民族关系、处理民族问题而采取的相关措施和规定等的总和，是对境内各民族所采取的政策。民族政策原则一般是指在民族工作的全局中必须遵循的大政方针。

（一）民族平等、民族团结和共同繁荣

在中国，民族平等是指各民族无论人口多少，经济社会发展程度高低，风俗习惯和宗教信仰异同，都是中华民族大家庭的平等一员，具有同等的地位，在国家社会生活的一切方面，依法享有相同的权利，履行相同的义务，反对一切形式的民族压迫和民族歧视。民族团结是指各民族在社会生活和交往中平等相待、友好相处、互相尊重、互相帮助。民族平等是民族团结、民族共同繁荣的前提和基础，没有民族平等，就不会实现民族团结；民族团结则是民族平等的必然结果，各民族共同繁荣，是解决民族问题的根本出发点和归宿，是促进各民族真正平等的保障。

民族平等和民族团结作为中国政府解决民族问题的政策，在中国的宪法和有关法律中具有明确规定。我国《宪法》第四条第一款规定："中华人民共和国各民族一律平等。国家保障各少数民族的合法的权利和利益，维护和发展各民族的平等团结互助和谐关系。禁止对任何民族的歧视和压迫，禁止破坏民族团结和制造民族分裂的行为。"

（二）民族区域自治

民族区域自治，是中国政府解决民族问题采取的一项基本政策，也

是中国的一项重要政治制度。民族区域自治是在国家的统一领导下，各少数民族聚居的地方实行民族区域自治，设立自治机关，行使自治权，使少数民族人民当家作主，自己管理本自治地方的内部事务。

民族区域自治是与中国的国家利益和各民族人民的根本利益相一致的。实行民族区域自治，保障了少数民族在政治上的平等地位和平等权利，极大地满足了各少数民族积极参与国家政治生活的愿望。根据民族区域自治的原则，一个民族可以在本民族聚居的地区内单独建立一个自治地方，也可以根据它分布的情况在全国其他地方建立不同行政单位的多个民族自治地方。实行民族区域自治，既保障了少数民族当家作主的自治权利，又维护了国家的统一；实行民族区域自治，有利于把国家的方针、政策和少数民族地区的具体实际结合起来，有利于把国家的发展和少数民族的发展结合起来，发挥各方面的优势。

三、促进少数民族地区的繁荣

我国的民族区域自治，是人民民主专政制度与民族平等原则的有机结合。实行这样的制度，是由多民族构成和民族分布特点以及不平衡发展的本质决定的，是我国民族政策的原则性与灵活性的统一，具有鲜明的中国特色。新中国成立 70 多年来的实践证明，民族区域自治是我国处理民族问题的有效形式，具有巨大的优越性，必须坚持和完善。

我国民族区域自治制度的两大宗旨：一是促进少数民族人民自治权的实现，真正实现人民当家作主；二是促进民族自治地区的发展，真正实现各民族的共同繁荣。民族区域自治制度的最大优越性，就是它能保证和促进少数民族经济发展、社会进步。邓小平指出："实行民族区域自治，不把经济搞好，那个自治就是空的。少数民族是想在区域自治里得到些好处，一系列的经济问题不解决，就会出乱子。"[1]新中国成立 70 多年来的实践证明，民族区域自治制度在实践中实实在在推动了少数民族地区的经济、社会和文化各项社会事务的发展。

我国《宪法》和《民族区域自治法》等对民族区域自治地区的发展作出了制度性的规定，为民族区域自治地区的经济、社会和文化发展

---

〔1〕《邓小平文选》第一卷，人民出版社 1994 年版，第 167 页。

提供了法律保障和制度依据。我国《宪法》第一百一十七规定："民族自治地方的自治机关有管理地方财政的自治权"，第一百一十八条规定，"民族自治地方的自治机关在国家计划的指导下，自主地安排和管理地方性的经济建设事业"，第一百一十九条规定，"民族自治地方的自治机关自主地管理本地方的教育、科学、文化、卫生、体育事业，保护和整理民族的文化遗产，发展和繁荣民族文化"。《民族区域自治法》第六条第二款规定："民族自治地方的自治机关根据本地方的情况，在不违背宪法和法律的原则下，有权采取特殊政策和灵活措施，加速民族自治地方经济、文化建设事业的发展。"民族区域自治地区在宪法和民族区域自治法的指导下，根据本地区的实际情况，利用自身特色和资源，发展区域经济，合理调整生产关系和经济结构，自主管理本地区财政，自主安排地方基础性建设项目，自主管理隶属于地方的企、事业，制定民族区域自治地区的经济社会发展规划、目标和具体措施，推动社会主义现代化建设事业的发展。民族区域自治制度为民族区域自治地区的经济、社会和文化发展提供了理论指导。

民族区域自治制度的根本出发点和归宿就是加快少数民族和民族地区的经济社会发展，逐步缩小发展差距，实现区域协调发展，最终实现全国各族人民的共同富裕。民族区域自治制度以民族自治地方经济社会发展为中心，不断促进和保障各民族共同繁荣。民族区域自治地方按照科学发展的基本要求，充分考虑各民族地区自然资源、人文环境、地理分布等因素，探索出了生态、经济与社会协调发展的道路，不仅取得了重大的经济成就，而且保护了生态环境，促进了社会的和谐发展。

在以民族区域自治制度为主体的各项政策支持与资源投入下，我国民族区域自治地区的经济、社会和文化建设取得了重大发展。改革开放以来，民族地区发展取得了举世公认的显著成就，各少数民族从中得到了巨大实惠。近年来，民族地区 GDP 和财政收入增速均高于全国平均水平，不让任何一个兄弟民族在发展进程中掉队的施政理念得到了充分体现。民族区域自治制度在法律上赋予民族自治地方各级政府在发展民族教育、民族语言、科学技术和保护民族文化资源等领域的自主权，保证少数民族群众在本民族文化发展中的主体地位。目前，民族地区的全国重点文物保护单位已达 360 多处，布达拉宫等被联合国教科文组织公布为世界文化遗产。国务院公布的两批 1028 项国家级非物质文化遗产名录中，少数民族项目有 413 项。少数民族经济、社会和文化事务的发展，真正体现了我国民族区域自治制度的根本内涵与特征，体现了共同富裕的社会主义本质要求。

四、促进各民族共同繁荣的具体措施

中华人民共和国成立后，国家尽一切努力，促进各民族的共同发展和共同繁荣。国家根据民族地区的实际情况，制定和采取了一系列特殊的政策和措施，帮助、扶持民族地区发展经济，并动员和组织汉族发达地区支援民族地区。我国《民族区域自治法》中，有 13 条规定了上级国家机关具有帮助民族自治地方发展的义务。国家在制定国民经济和社会发展计划时，有计划地在少数民族地区安排一些重点工程，调整少数民族地区的经济结构，发展多种产业，提高综合经济实力。特别是随着中国改革开放的不断深入发展，国家加大了对少数民族地区的投资力度，加快了少数民族地区对外开放的步伐，使少数民族地区的经济发展呈现新的活力。

为加快少数民族和民族地区的发展，国家还采取了以下措施：

实施西部大开发战略。西部地区是我国少数民族的主要聚居区，有 40 多个民族，人口占全国少数民族人口的 71%；截至目前，全国 155 个民族自治地方中，有 5 个自治区，27 个自治州，84 个自治县（旗）在西部，占西部地区总面积的 86.4%；云南、贵州、青海三个多民族省份也在西部。湖南的湘西土家族苗族自治州、湖北的恩施土家族苗族自治州及吉林的延边朝鲜族自治州虽不在西部，但也享受西部大开发优惠政策的待遇。因此，西部大开发主要就是民族地区大开发，对于加快民族地区发展意义重大。

开展"兴边富民行动"。这一行动是国家民委落实中央提出的西部大开发战略，加快边境少数民族和民族地区发展的举措。实施的范围包括分布在我国 21 万公里陆地边界线上的 135 个县（旗、市）。主要内容有三个方面：一是加大基础设施建设；二是大力培育县域经济增长机制和增强自我发展能力；三是努力提高人民生活水平。

重点扶持人口较少民族的发展。人口较少民族是指人口在 10 万人以下的民族，全国有 22 个人口较少民族，总人口不足 60 万人。由于历史、地理等方面的原因，这 22 个民族发展程度比较低，国家多年已投入大量资金帮助这些人口较少民族的发展。

培养少数民族干部。大力培养少数民族干部，是实行民族区域自治、解决民族问题的关键。中国共产党和中国政府历来十分重视少数民族干部的培养，把少数民族干部队伍的状况看作是衡量一个民族发展水平的重要标志。根据不同历史时期的实际情况，党和政府采取了一系列行之有效的措施：一是根据民族工作以及社会发展的需要，通过各级各类院校培训学习，全面提高少数民族干部素质。二是注重实践锻炼，各地、各部门有计划地开展干部交流、岗位轮换，选派少数民族干部到中央、国家机关和经济相对发达地区挂职锻炼，培养了大批少数民族干部，促进了少数民族地区经济社会的快速发展。三是在坚持德才兼备原则的前提下，同等条件优先选拔和任用少数民族干部，使少数民族干部在各级党委、政府、人大和政协等领导班子中占有适当比例。

发展少数民族科教文卫等事业。（1）在发展少数民族教育事业方面，国家坚持从少数民族的特点和民族地区的实际出发，积极支持和帮助少数民族发展教育事业。例如，赋予和尊重少数民族自治地方自主发展民族教育的权利，重视民族语文教学和双语教学，加强少数民族师资队伍建设，在经费上给予特殊照顾，积极开展内地省市对少数民族地区教育的对口支援等。（2）在发展少数民族科技事业方面，国家采取了多项特殊措施，例如，重点培养、培训少数民族科技人员，在普通高等院校有计划地招收少数民族学生或举办民族班；帮助少数民族和民族地区引进人才和先进技术设备，改造传统产业和传统产品，扶植提高传统科技，提高经济效益等。在促进少数民族文化繁荣方面，国家扶持和帮助少数民族发展文化事业，组建民族文化艺术团体，培养少数民族文艺人才，繁荣民族文艺创作。

使用和发展少数民族语言文字。中国各民族都有使用和发展自己民族语言文字的自由和权利。我国《宪法》第四条第四款规定："各民族都有使用和发展自己的语言文字的自由……"《民族区域自治法》第二十一条规定："民族自治地方的自治机关在执行职务的时候，依照本民族自治地方自治条例的规定，使用当地通用的一种或者几种语言文字……"第十条规定："民族自治地方的自治机关保障本地方各民族都有使用和发展自己的语言文字的自由……"第三十七条第三款规定："招收少数民族学生为主的学校（班级）和其他教育机构，有条件的应当采用少数民族文字的课本，并用少数民族语言讲课……"第四款规定："各级人民政府要在财政方面扶持少数民族文字的教材和出版物的编译和出版工作"。

尊重少数民族风俗习惯。中国各少数民族都有自己的风俗习惯，体现在服饰、饮食、居住、婚姻、礼仪、丧葬等多方面。国家尊重少数民族的风俗习惯，少数民族享有保持或改革本民族风俗习惯的权利。在社会生活的各方面，政府对少数民族保持或改革本民族风俗习惯的权利加以保护。

尊重和保护少数民族宗教信仰自由。中国少数民族群众大多有宗教信仰，有的民族群众性的信仰某种宗教，例如，藏族群众信仰藏传佛教。有一些民族信仰同一种宗教，例如我国有 10 个民族信仰伊斯兰教。我国《宪法》第三十六条第一款规定："中华人民共和国公民有宗教信仰自由。"在中国，宗教信仰自由，即每个公民有信仰宗教的自由，也有不信仰宗教的自由；有信仰这种宗教的自由，也有信仰那种宗教的自由；在一种宗教里面，有信仰这个教派的自由，也有信仰那个教派的自由；有过去不信教现在信教的自由，也有过去信教现在不信教的自由。信教群众的宗教活动得到充分尊重。

中华人民共和国成立以来的实践证明，中国的民族政策是成功的，走出了一条符合自己国情的解决民族问题和实现各民族共同发展、共同繁荣的正确道路。随着国家改革开放和现代化建设事业的发展，中国各民族必将得到更快、更好的发展，中国各民族平等、团结、互助的关系必将得到进一步巩固和发展。

思考题

我国民族政策的主要原则是什么？

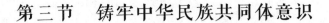

第三节　铸牢中华民族共同体意识

党的十八大以来，习近平总书记多次强调要"铸牢中华民族共同体意识"。党的十九大把"铸牢中华民族共同体意识"写入党章，成为全党全国各族人民实现中国梦新征程上的共同意志和根本遵循。中华民族共同体意识是中国历史发展的必然产物，集中体现了中华民族共同心理特征，是维系中华民族团结统一的强大精神纽带和推动中华民族发展进步的强大精神动力，对于维护国家统一和长治久安、促进民族团结与社会和谐、实现中华民族伟大复兴中国梦意义深远。

一、中华民族、中华民族共同体和中华民族共同体意识

（一）中华民族

中华民族是中国 56 个民族的统称，泛指在中国境内各族人民以及生活在世界各地的所有华人在长期历史演进过程中形成的具有中华民族共同体意识的民族实体。中华民族现已成为一个蕴含国家、民族、地域、文化、历史、心理等多种要素的整个中国的代称。

在这一民族实体里，各族同胞已结成相互依存、统一而不能分割的整体，所有成员都已具有高层次的中华民族共同体意识。各族同胞尽管具有不同的民族称谓，但首先是中华民族的一员，共享着最重要的中华民族身份认同。

中华民族这一概念最早是梁启超在 1902 年提出的，但作为一个自在的民族实体，几千年来早已存在。在中华大地上繁衍生息的各民族不断交融汇聚，特别是自秦汉形成统一多民族国家以来，大一统的理念深入人心，各民族在分布上交错杂居、经济上相互依存、文化上兼收并蓄、情感上相互亲近，最终形成了多元一体的中华民族。中华民族的基本概念主要包括以下几个方面。

（1）中华民族是一个历史概念，是指在长期的历史发展过程中形

成的一个共同的民族群体，包括汉族和其他少数民族。（2）中华民族是一个多元一体的概念，强调各个民族之间的和谐、团结和互信，反对民族分裂和对立。（3）中华民族是一个多民族国家的概念，强调各民族共同维护国家的统一和稳定，反对任何形式的民族分裂和破坏。（4）中华民族是一个文化概念，强调各民族文化的多样性和互补性，反对文化霸权和文化冲突。（5）中华民族是一个多元化的概念，强调各民族之间的平等和相互尊重，反对种族歧视和种族压迫。

综上所述，中华民族是一个多元一体、多民族、多文化、多语言的概念，强调各民族之间的和谐、团结、互信和相互尊重，是中国国家和民族的重要特征之一。

（二）中华民族共同体

中华民族共同体是指以中国为主要区域，形成的具有中华民族历史文化联系、稳定经济活动特征和心理素质的民族实体。其内涵为中华各民族人民在长期历史发展中形成的政治上团结统一，文化上兼容并蓄，经济上相互依存，情感上相互亲近，你中有我、我中有你的民族共同体，是建立在共同历史条件、共同价值追求、共同物质基础、共同身份认同、共有精神家园基础上的命运共同体。

中华民族共同体的理论渊源可以追溯到中国的传统文化和历史传统。中华传统文化强调"天下大同""和为贵"，认为不同民族、不同地域的人们应该相互尊重、和谐共处。中国的历史传统也强调民族团结和民族融合的重要性，认为不同民族之间应该互相包容、互相学习、共同发展。同时，中国近代以来的革命斗争和现代化建设也形成了中华民族共同体意识，使中国人民更加认同自己的国家和民族，形成了强大的凝聚力和向心力。在实际内容中，中华民族共同体不仅包括各民族的物质文化、制度文化和精神文化，还包括各民族的政治、经济、社会、文化等方面的共同发展。中华民族共同体的上述特质，对于维护国家统一、促进民族团结、推动经济发展、保障人民福祉等方面意义重大。

（三）中华民族共同体意识

"中华民族共同体意识"是由"中华民族共同体"和"意识"两

个核心概念组合而成。"中华民族共同体"是一种客观存在,而"意识"属于思想观念层面,是对"中华民族共同体"客观存在的主观认知。中华民族共同体意识是中华民族共同体这一历史客观存在在人们头脑中的反映,是在中华民族共同体建设过程中形成的中华民族共同心理意识,即对中华民族的最高认同及由此产生的对中华民族的使命感、归属感、荣誉感。是国家认同、民族交融的情感纽带,是祖国统一、民族团结的思想基石,是中华民族绵延不衰、永续发展的力量源泉。中华民族共同体意识是在中华民族共同体建设的过程中形成的中华民族共同心理意识,即对中华民族的认同度和对中华民族所产生的民族责任感。

理解中华民族共同体就要坚持正确的中华民族历史观,即我国各民族共同开拓了祖国的辽阔疆域,共同缔造了统一的多民族国家,共同书写了辉煌的中国历史,共同创造了灿烂的中华文化,共同培育了伟大的民族精神。以上"四个共同"是中华民族共同体意识的核心内容。只有坚持正确的中华民族历史观,才能正确认识理解伟大祖国和中华民族的演进历史。

(四) 铸牢中华民族共同体意识的核心任务

坚定对伟大祖国的认同、对中华民族的认同、对中华文化的认同、对中国共产党的认同和对中国特色社会主义的认同,是铸牢中华民族共同体意识的核心任务。

对伟大祖国的认同强调维护祖国统一是各族人民的根本利益所在,各族人民应将维护祖国统一和加强民族团结作为自己的神圣职责。

对中华民族的认同就是要深刻理解中华民族是一个命运共同体,一荣俱荣、一损俱损。中华民族与各民族之间的关系,是一个大家庭和家庭成员的关系,各民族的关系是一个大家庭里不同成员的关系。各民族作为中华民族的一员,都要增强共同体意识,始终把中华民族的共同利益摆在首位。

对中华文化的认同是强调文化认同是最深层次的认同。文化是民族团结之根、民族和睦之魂。文化兴则国运兴,文化强则民族强。中华文化是各民族文化的集大成者,积淀着中华民族最深层的精神追求,代表着中华民族独特的精神标识,为中华民族生生不息、发展壮大提供了丰厚滋养。中华文化是各民族优秀文化的集中体现，应以开放的态度对待各民族文化，尊重差异、包容多样、相互欣赏。

对中国共产党的认同是指认识到中国共产党领导是中国特色社会主义最本质的特征，是中国特色社会主义制度的最大优势，是最高政治领导力量，坚持中国共产党的坚强领导，是中华民族的命运所系，在中国共产党领导下走中国特色社会主义道路，实现中华民族伟大复兴，已成为各族人民的广泛共识。必须旗帜鲜明地反对一切违背和危害党的领导的行为。

对中国特色社会主义的认同是指认识到中国走上社会主义道路是我国历史发展的必然，也是我国各族人民的共同选择。各族人民必须牢牢把握中国特色社会主义道路这一正确政治方向。

这"五个认同"相互关联、相互依存，共同构成了铸牢中华民族共同体意识的理论和实践基础。

二、中华民族共同体意识是国家统一之基、民族团结之本、精神力量之魂

2019 年 10 月，中共中央办公厅、国务院办公厅印发的《关于全面深入持久开展民族团结进步创建工作铸牢中华民族共同体意识的意见》指出，"中华民族共同体意识是国家统一之基、民族团结之本、精神力量之魂"。党的二十大报告提出："以铸牢中华民族共同体意识为主线，坚定不移走中国特色解决民族问题的正确道路。"深入领会党的二十大精神，是各族人民牢固树立休戚与共、荣辱与共、生死与共、命运与共的中华民族共同体意识的必然要求。

中华民族历经几次民族大融合，你中有我、我中有你，共同生活在中华大地上。习近平总书记 2019 年在全国民族团结进步表彰大会上指出："一部中国史，就是一部各民族交融汇聚成多元一体中华民族的历史，就是各民族共同缔造、发展、巩固统一的伟大祖国的历史。"自秦汉以来，中华民族始终把"大一统"看作是"天地之常经，古今之通义"，即使处于最屏弱的时期也没有分崩离析，靠的就是中华民族有着国土不可分、国家不可乱、民族不可散、文明不可断的共同信念。我国之所以能够数千年来保持国家统一，与"大一统"密切相关。继承和

弘扬优秀的历史传统，需要不断增强中华民族共同体意识，引导各族群众牢固树立正确的民族观和国家观，深刻认识国家统一是各民族最高利益，进一步筑牢国家统一和政治稳定的基础。

中华民族共同体意识是社会稳定、民族和谐、共同繁荣发展的基本条件。在革命、建设、改革的各个历史时期，中国共产党都把民族团结作为民族政策的基本目标。铸牢中华民族共同体意识，必须高举中华民族大团结旗帜，把推动各民族为全面建设社会主义现代化国家共同奋斗作为新征程党的民族工作的要务，充分考虑不同民族、不同地区的实际状况，坚持和完善民族区域自治制度，健全民族政策和法律法规体系，推动民族事务治理体系和治理能力现代化。

> **政治讲堂**
>
> 像爱护自己的眼睛一样爱护民族团结，像珍视自己的生命一样珍视民族团结，像石榴籽那样紧紧抱在一起。
>
> ——习近平

中华民族共同体意识是凝聚社会意识、促进民族团结的"精神力量之魂"。社会存在决定社会意识，社会意识是社会存在的反映。中华民族共同体意识是与时代相适应的先进的社会意识，必然会反作用于社会存在，对民族团结、社会稳定和国家长治久安产生巨大的促进作用。习近平总书记在中央民族工作会议上指出，"加强中华民族大团结，长远和根本的是增强文化认同，建设各民族共有精神家园，积极培养中华民族共同体意识"。从历史上看，中华民族共同体意识越强，精神力量也就越大，民族也就越团结，共同奋斗的力量也就越强大。纵观中华民族从历史走向未来、从传统走向现代、从多元凝聚为一体的发展脉络，文化认同始终是民族团结的根脉。铸牢中华民族共同体意识，必须坚持文化认同是最深层次的认同，构筑中华民族共有精神家园。要加快构建中华文化特征、中华民族精神、中国国家形象的表达体系，树立和突出各民族共享的中华文化符号和中华民族形象，增强各族群众对中华文化的认同。加强现代文明教育，深入实施文明创建、公民道德建设、时代新人培育等工程，引导各族群众在思想观念、精神情趣、生活方式上向现代化迈进。全面加强民族地区国家通用语言文字教育，同时科学保护各民族语言文字，以语言相通促进心灵相通、命运相通。

三、铸牢中华民族共同体意识是实现中华民族伟大复兴的中国梦的要求

铸牢中华民族共同体意识，就是要引导各族人民牢固树立休戚与共、荣辱与共、生死与共、命运与共的共同体理念，推动各民族坚定对伟大祖国、中华民族、中华文化、中国共产党、中国特色社会主义的高度认同，不断推进中华民族共同体建设。铸牢中华民族共同体意识是维护各民族根本利益的必然要求，是巩固和发展平等团结互助和谐社会主义民族关系的必然要求，是实现中华民族伟大复兴的必然要求。

实现中华民族伟大复兴是近代以来中华民族最伟大的梦想。如今，我们比历史上任何时期都更接近、更有信心和能力实现中华民族伟大复兴的目标。中华民族伟大复兴之路并非坦途，而是坎坷不平，险阻重重。只有凝聚共识和力量，不断增强和铸牢中华民族共同体意识，各民族同心合力，众志成城，形成强大思想保证和精神动力，才能冲破重重险阻，战胜种种灾难，才能愈挫愈勇，不断在磨难中成长、从磨难中奋起。只有铸牢中华民族共同体意识，加强各民族交往交流交融，才能激励各民族团结奋斗，不断拼搏进取，凝聚起同心共筑中国梦的磅礴力量。

当今世界正经历百年未有之大变局，我国正处于实现中华民族伟大复兴的关键时期，面对复杂的国内外形势，只有铸牢中华民族共同体意识，才能增进各民族对中华民族的自觉认同，夯实我国民族关系发展的思想基础，推动中华民族成为认同度更高、凝聚力更强的命运共同体，构筑起维护国家统一和民族团结的坚固思想长城，才能有效抵御各种极端、分裂思想的渗透颠覆，才能实现好、维护好、发展好各民族根本利益，才能为国家和民族的兴旺发达提供重要的思想保证，也才能团结一致、凝聚力量，确保中国发展的巨轮胜利前进。因此，铸牢中华民族共同体意识，既是巩固和发展平等团结互助和谐的社会主义民族关系的必然要求，也是实现中华民族伟大复兴的必然要求，只有不断增强和铸牢中华民族共同体意识，才能保障国家统一和长治久安，维护民族团结和社会稳定，最终实现中华民族伟大复兴的中国梦。

铸牢中华民族共同体意识，重点应把握好几个方面的关系：正确把握共同性和差异性的关系，增进共同性、尊重和包容差异性是民族工作的重要原则；正确把握中华民族共同体意识和各民族意识的关系，引导各民族始终把中华民族利益放在首位，本民族意识要服从和服务于中华民族共同体意识，同时要在实现好中华民族共同体整体利益进程中实现好各民族具体利益；正确把握中华文化和各民族文化的关系，各民族优秀传统文化都是中华文化的组成部分，中华文化是主干，各民族文化是枝叶，根深干壮才能枝繁叶茂；正确把握物质和精神的关系，要赋予所有改革发展以彰显中华民族共同体意识的意义，以维护统一、反对分裂的意义，以改善民生、凝聚人心的意义，让中华民族共同体牢不可破，使中华民族共同体意识深入人心。

思考题

1. 什么是中华民族共同体？
2. 为什么要搞好民族团结？

推荐书目

1.《中华民族共同体概论》，本书编写组，高等教育出版社、民族出版社 2024 年版。

2.《中国民族史》，王钟翰，中国社会科学出版社 1994 年版。

推荐电影

1.《海林都》（2019 年），彭军执导。
2.《气球》（2019 年），万玛才旦执导。

第五篇

我们站立的地方就是中国

中国共产党领导中国人民创造了世所罕见的经济快速发展奇迹和社会长期稳定奇迹。中国奇迹的背后凝结着中国共产党团结带领人民不懈奋斗的丰富经验,体现的是中国特色社会主义制度和国家治理体系的显著优势。中国人历来具有家国情怀,在中国人的精神谱系里,国家与家庭、社会与个人都是密不可分的整体,"小家"同"大国"同声相应、同气相求、同命相依。家国情怀宛若川流不息的江河,流淌着民族的精神道统,滋润着每个人的精神家园。

【阅读提示】

1. 了解新中国成立以来社会长期稳定、经济高速发展的经验。

2. 理解中国特色社会主义理论与制度的优势,增强国家认同感。

中国是一个统一的多民族国家。在上下五千年的古老中国，"合久必分，分久必合"，演绎了无数分分合合的历史故事。无论分开多久，无论统一有多困难，统一始终是中国历史总基调。中华各民族生活在同一片蓝天下，共同绘就民族团结、国家统一、人民幸福的美好画卷。作为中华民族的一员，我们生活的地方，就是我们的家园，我们站立的地方，就是我们的祖国。

第一节　统一是中国的主旋律

中国古代历史是漫长的发展过程，其中有统一也有分裂，但国家的统一和各民族间经济文化的紧密联系和相互交流始终是中国历史的主流。中国人自古崇信"大一统"，"大一统"是中华文化的核心理念，是中国人心目中一个标志性的精神符号。几千年的历史证明，统一是中国历史发展的主旋律，是中华民族不懈的理想追求。

一、分分合合话中国

在历史的长河中，中国历代的分合演进及其统一趋势的发展独具特色，启示意义昭然。

（一）古代中国的分久必合

"当禹之时，天下万国，至于汤而三千余国。"[1]夏、商两代，小邦林立。周初分封，"凡一千八百国，布列于五千里内"[2]。但所有这

---

〔1〕　张双棣等译注：《吕氏春秋译注》，北京大学出版社 2000 年版。

〔2〕　《晋书·地理志上》，中华书局 1974 年版，第 410 页。

些小邦或封国都先后统属或臣服于夏、商、周三个中央王朝，初步勾勒出中国最早的大一统格局。

公元前 221 年，秦始皇统一六国，实现了中国历史上第一次大一统。然而，秦朝统治短暂，公元前 209 年，陈胜、吴广起义，拉开了天下大乱的序幕。秦朝灭亡后，又经楚汉相争，最终刘邦建立汉朝，史称西汉，完成了中国的第二次统一。

西汉享国二百多年后走向覆灭，王莽篡汉改制引发民变，国家再度陷入分裂，各地反抗王莽的武装势力纷纷涌现。在众多反莽人物中，刘秀脱颖而出。他在消灭王莽政权后，建立东汉。刘秀称帝后，历经征战，削平了关东、关中、陇右、蜀中等地的割据势力，完成了中国的第三次统一。

东汉末年，社会矛盾激化，黄巾起义爆发，天下大乱。地方割据势力经过近 20 年混战兼并，在赤壁之战后，形成了曹操、孙权和刘备三足鼎立的局面。220 年，曹操之子曹丕称帝，国号魏，定都洛阳。次年，刘备在蜀地称帝，国号汉，史称蜀汉，定都成都。229 年，孙权在江东称帝，国号吴，定都建业（今南京）。263 年，魏军攻蜀，蜀汉灭亡。曹魏后期，司马氏逐渐掌握政权，司马炎逼迫魏元帝退位，建立晋朝。280 年，晋军大举伐吴，孙皓投降，东吴灭亡，天下再次统一。

公元 304 年，匈奴人刘渊自称汉王，中国历史进入第四次大分裂时期，即东晋十六国与南北朝的对峙阶段。经过西晋灭亡、东晋偏安以及十六国的纷争，直至公元 589 年隋军平定陈国，才再次实现全国统一。

公元 611 年，隋末农民起义爆发，又一次短暂的分裂局面出现。公元 628 年，唐朝完成了全国的统一，这是中国历史上的第六次大一统。唐朝历经二百多年的统治后，因唐末藩镇割据，国家陷入第六次分裂。唐朝灭亡后，历经五代十国的动荡，后周被宋取代。

公元 979 年，宋朝结束分裂，实现了第七次统一。宋朝统一一百多年后，金兵攻陷汴京，中国进入第七次分裂时期，南宋与金对峙。之后蒙古崛起，灭金，再经宋元对峙，元朝灭宋，完成第八次统一。

元朝统治仅持续几十年，公元 1348 年，各地群雄并起，纷争割据。明朝驱逐元帝，削平群雄，公元 1382 年，由明太祖实现第九次统一。公元 1616 年，清太祖努尔哈赤建立后金，明清战争爆发。李自成攻克

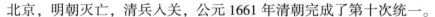

北京，明朝灭亡，清兵入关，公元 1661 年清朝完成了第十次统一。

回顾自秦至清的两千年中国古代史，有统一与分裂的交替，但分裂时间总计不过六七百年，是历史发展中的短暂逆流，而统一始终是历史主流。中华民族历史悠久，具有强大的民族向心力与凝聚力，中国人民向来拥护统一、反对分裂，各民族都为统一多民族国家的形成与发展贡献了力量。

（二）近代中国几乎被瓜分

17 世纪初，西方资本主义已经产生，到 19 世纪中叶，西方各国相继完成产业革命，殖民主义势力也随之向外扩张。而清朝统治者固步自封、盲目自大、闭关自守，到鸦片战争前夜，已尽显衰败之态，与新兴的西方资本主义国家差距拉大，东西方的历史走向出现巨大的反差。

自 1840 年中英鸦片战争爆发，至 1949 年南京国民党政权覆亡，历经清王朝晚期、中华民国临时政府时期、北洋军阀时期和国民政府时期，这是中国半殖民地半封建社会逐渐形成到瓦解的历史，是一部落后挨打的屈辱史，也是一部救国图强的奋斗史，这一时期，虽然有众多仁人志士为救亡图存和实现中华民族伟大复兴，英勇奋斗、艰苦探索，但却无力挽救近代中国落后的命运。鸦片战争是中国发展历史上重大的转折点，它使中国陷入沉重灾难，诸多不平等条约的签订使中国越发地落后。19 世纪后半期，中国的经济、科技、文化、教育和军事开始向近代化起步，但仍表现出明显的不足与差距，经济落后，社会动荡，战争不断，人民生活困难，近九十年的历史就是在这样的困境中发展的。

二、统一的新中国

近代以来，灾难深重的中国人民饱受西方列强和本国封建势力的剥削和压迫。他们无数次的反抗和斗争，均以失败告终。1921 年，中国共产党成立，给灾难深重的中国人民带来了光明和希望。中国人民过去的斗争之所以屡遭挫折和失败，关键原因就是没有一个先进而坚强的政党作为凝聚力量的领导核心。自从有了中国共产党，中国革命的面貌焕然一新，中国共产党领导中国人民为了实现国家统一，民族独立，进行了不屈不挠的斗争，经过国民大革命、土地革命、抗日战争和解放战争，终于取得了新民主主义革命的胜利。

（一）中华人民共和国的成立在主体意义上实现了国家的统一

1949年中华人民共和国的成立，标志着帝国主义列强、封建地主阶级和买办资产阶级压迫、奴役中国人民的历史终结，中华民族摆脱百年来的屈辱，开始以崭新的姿态自立于世界的民族之林，中国人民第一次成为新社会、新国家的主人。一个真正属于人民的共和国成立了，各民族紧密团结，社会政治局面趋向稳定，人们开始过上了安居乐业的生活。主权独立统一的新中国为实现由新民主主义向社会主义的过渡，社会主义制度的建立，实现中华民族伟大复兴创造了前提条件。

新中国成立之前，中国处于半殖民地半封建社会，国土遭受侵占，主权遭受践踏，经济遭受掠夺。抗日战争取得胜利，中国虽对世界反法西斯战争作出了重大贡献，战后成为联合国五个常任理事国之一，但是，美帝国主义还在通过各种不平等条约控制着中国，直接干涉着中国内政，中国仍然是一个没有实力支撑的领土不完整、主权不独立的弱国。新中国成立后，消除了由帝国主义作为靠山的军阀割据、混战不休的国家分裂的现象，实现了祖国大陆的基本统一。新中国政府的外交政策是"不承认国民党时代的任何外国外交机关和外交人员的合法地位，不承认国民党时代的一切卖国条约的继续存在，取消一切帝国主义在中国开办的宣传机关，立即统制对外贸易，改革海关制度，收回驻军权和内河航行权"。这一外交政策，清楚地体现了一个负责任的独立的主权国家的本质特点。只要同意上述外交政策，按照平等、互利及互相尊重领土主权等原则，新中国可以与之建立正常的外交关系。对于与资本主义各国建立外交关系，要求"各国无条件承认中国，废除旧约，重订新约"。彻底清除帝国主义在中国的控制权，包括政治上、经济上、文化上的控制权和各种特权。彻底改变了旧中国领土被割占，主权被践踏的状况。这是整个中国近代史上所有志士仁人所梦寐以求的，是一百多年来旧中国政府所没有做到的。

中华人民共和国的成立，标志着中国的新民主主义革命取得了根本的胜利，标志着中国半殖民地半封建社会的结束和新民主主义社会在全国范围内的建立。这是马克思主义同中国实际相结合的伟大胜利。近代以来，中国面临的第一项历史任务，即求得民族独立和人民解放的任务基本完成，这就为实现第二项历史任务，即实现国家的繁荣富强和人民的共同富裕，创造了前提，开辟了道路。

（二）反对分裂，维护民族团结和祖国统一

我国自古以来就是一个多民族的统一国家，各个民族都有悠久的历史和丰富的文化，并各有自己的文化传统、宗教信仰和风俗习惯。尽管有的民族之间在历史上曾经存在矛盾，发生过冲突和战争，但各民族之间的经济文化交流和友好交往，一直是历史的主流。中华民族融合成为团结的整体，并经历几千年的变故与动荡而永不分离。

新中国成立以来，在中国历史上第一次实现了民族平等和各民族大团结，各族人民真正成为国家的主人。在社会主义大家庭里，在保卫祖国和建设祖国的过程中，各民族之间交往与合作的密切程度，是以往任何时候都无法比拟的。正是这种民族的大团结、大统一、大交流，有力地促进了各民族经济和文化的迅速发展，大大提高了我国的综合国力。

历史一再证明，反对分裂，维护民族团结和祖国统一，是我国人民爱国主义优良传统的重要组成部分。但是，我们应当清醒地认识到，在当今世界上许多地方民族冲突加剧，民族战乱不断的情况下，我们每个人都要从中华民族的大义出发，从全国各族人民的根本利益出发，从维护我国多民族统一的传统出发，自觉维护民族团结，反对民族分裂，维护祖国统一。

（三）实行"一国两制"，实现祖国完全统一

完成祖国统一大业，是中华民族的根本利益所在，是全中国人民包括台湾同胞、港澳同胞和海内外侨胞的共同愿望。

20世纪70年代末党的十一届三中全会后，以邓小平为核心的党的领导集体把祖国统一、集中力量进行社会主义现代化建设和反对霸权主义、维护世界和平作为党和国家的三大历史任务。"和平统一、一国两制"是邓小平从中国的实际出发，解决台湾问题、香港问题和澳门问题，实现祖国和平统一的伟大构想。

"和平统一、一国两制"构想的基本内容主要有：（1）坚持一个中国，这是"和平统一、一国两制"的核心，是发展两岸关系和平统一的基础；（2）两制并存，在祖国统一的前提下，国家的主体部分实行社会主义制度，同时在我国台湾地区、香港地区、澳门地区保持原有的社会制度和生活方式长期不变；（3）高度自治，祖国完全统一后，我国台湾地区、香港地区、澳门地区作为特别行政区，享有不同于其他省、市、自治区的高度自治权，我国台湾地区、香港地区、澳门地区同胞各种合法权益将得到切实尊重和保护；（4）尽最大努力争取和平统一，但不承诺放弃使用武力；解决台湾问题，实现祖国完全统一，寄希望于台湾人民。

"一国两制"伟大构想已经成功地运用于解决我国香港问题、澳门问题。香港地区和澳门地区分别于 1997 年、1999 年回归祖国。香港地区、澳门地区回归后的事实充分证明，"一国两制"方针是正确的，是具有强大的生命力的，这为两岸和平统一树立了光辉的典范。

党的十八大以来，以习近平同志为核心的党中央继续坚持"和平统一、一国两制"方针，推动两岸关系和平发展，推进祖国和平统一的进程。习近平总书记在党的十九大报告中强调："体现一个中国原则的'九二共识'明确界定了两岸关系的根本性质，是确保两岸关系和平发展的关键。承认'九二共识'的历史事实，认同两岸同属一个中国，两岸双方就能开展对话，协商解决两岸同胞关心的问题，台湾任何政党和团体同大陆交往也不会存在障碍。""我们秉持'两岸一家亲'理念，尊重台湾现有的社会制度和台湾同胞生活方式，愿意率先同台湾同胞分享大陆发展的机遇。我们将扩大两岸经济文化交流合作，实现互利互惠，逐步为台湾同胞在大陆学习、创业、就业、生活提供与大陆同胞同等的待遇，增进台湾同胞福祉。我们将推动两岸同胞共同弘扬中华文化，促进心灵契合。"习近平总书记还强调："我们坚决维护国家主权和领土完整，绝不容忍国家分裂的历史悲剧重演。一切分裂祖国的活动都必将遭到全体中国人坚决反对。我们有坚定的意志、充分的信心、足够的能力挫败任何形式的'台独'分裂图谋。我们绝不允许任何人、任何组织、任何政党、在任何时候、以任何形式、把任何一块中国领土从中国分裂出去！"2019 年 1 月 2 日，在《告台湾同胞书》发表 40 周年纪念大会上，习近平总书记发表重要讲话。这篇重要讲话全面回顾了新中国成立70年来，尤其是改革开放40余年来，两岸关系发展的历史进程，科学回答了民族复兴新征程中如何推进祖国和平统一的时代命题，郑重宣示了新时代推进祖国和平统一的五项重大主张，成为《告台湾同胞书》后又一份具有划时代意义的对台纲领性文件，也成为中国特色社会主义进入新时代、中国发展处于历史新方位下中国共产党和中国人民推进祖国统一的根本遵循和行动指南。以下是习近平总书记在讲话中的五点主张：

第一，携手推动民族复兴，实现和平统一目标。习近平总书记指出，"一水之隔、咫尺天涯，两岸迄今尚未完全统一是历史遗留给中华民族的创伤"。因此，"两岸中国人应该共同努力谋求国家统一，抚平历史创伤"，特别是，"台湾前途在于国家统一，台湾同胞福祉系于民族复兴"。我们相信，"台湾问题因民族弱乱而产生，必将随着民族复兴而终结"。

第二，探索"两制"台湾方案，丰富和平统一实践。"和平统一、一国两制"是实现国家统一的最佳方式，体现了海纳百川、有容乃大的中华智慧，既充分考虑台湾现实情况，又有利于统一后台湾的长治久安。习近平总书记强调："制度不同，不是统一的障碍，更不是分裂的借口。""两岸同胞是一家人，两岸的事是两岸同胞的家里事，当然也应该由家里人商量着办。"总之，"以对话取代对抗、以合作取代争斗、以双赢取代零和，两岸关系才能行稳致远"。

第三，坚持一个中国原则，维护和平统一前景。统一是历史大势，是正道。"台独"是历史逆流，是绝路。习近平总书记强调，坚持一个中国原则，两岸关系就能改善和发展，台湾同胞就能受益。背离一个中国原则，就会导致两岸关系紧张动荡，损害台湾同胞切身利益。因此，"中国人不打中国人"，但我们不承诺放弃使用武力，这针对的是外部势力干涉和极少数"台独"分裂分子及其分裂活动，绝非针对台湾同胞。

第四，深化两岸融合发展，夯实和平统一基础。"亲望亲好，中国人要帮中国人。"习近平总书记指出："我们对台湾同胞一视同仁，将继续率先同台湾同胞分享大陆发展机遇，为台湾同胞台湾企业提供同等待遇，让大家有更多获得感。和平统一之后，台湾将永保太平，民众将安居乐业。有强大祖国做依靠，台湾同胞的民生福祉会更好，发展空间会更大，在国际上腰杆会更硬、底气会更足，更加安全、更有尊严。"

第五，实现同胞心灵契合，增进和平统一认同。人之相交，贵在知心。习近平总书记指出，两岸同胞同根同源、同文同种，中华文化是两岸同胞心灵的根脉和归属。"不管遭遇多少干扰阻碍，两岸同胞交流合作不能停、不能断、不能少。"亲人之间，没有解不开的心结。久久为功，必定能达到两岸同胞心灵的契合。

"统一是历史大势，是正道。'台独'是历史逆流，是绝路。"习近平总书记的五点主张深刻昭示了两岸关系发展的历史大趋势，清晰擘画了实现祖国统一的宏伟蓝图。它将引领着包括台湾同胞、港澳同胞及海外侨胞在内的广大中华儿女为实现祖国完全统一、中华民族伟大复兴而努力奋斗。

2022 年 10 月 16 日，习近平总书记在党的二十大报告中指出，台湾是中国的台湾。解决台湾问题是中国人自己的事，要由中国人来决定。我们坚持以最大诚意、尽最大努力争取和平统一的前景，但决不承诺放弃使用武力，保留采取一切必要措施的选项，这针对的是外部势力干涉和极少数"台独"分裂分子及其分裂活动，绝非针对广大台湾同胞。国家统一、民族复兴的历史车轮滚滚向前，祖国完全统一一定要实现，也一定能够实现！[1]

思考题

1. 中国历史上经历了哪些大的分分合合？

2. 近代中国何以几乎被列强瓜分？

3. 我国香港和澳门地区回归祖国有哪些启示？

---

[1] 在中国共产党第二十次全国代表大会上的报告。

第二节　中国奇迹从何而来

回顾历史，1978 年岁末，中国共产党召开十一届三中全会，开启了一场波澜壮阔的伟大改革，使中华大地风起云涌、春华秋实。四十多年改革开放的累累硕果，令人震撼：中国经济总量跃升至世界第二位，中国成功地迈向世界历史舞台的中央。

一、人民的奋斗

历史的发展是由无数创业史累积而成的。历史的涤荡、时代的变迁不断告诉我们，人民是历史的创造者。改革的力量归根到底是由每个人的力量累积而成的，它推动着中国这艘巨轮乘风破浪，扬帆远航。中国的改革历程，就是一部人民开天辟地的创业史，也是人民从未停歇的奋斗史。

广大人民群众是改革主体。"人们自己创造自己的历史，但是他们并不是随心所欲地创造，并不是在他们自己选定的条件下创造，而是在直接碰到的、既定的、从过去继承下来的条件下创造。"[1]历史活动是每个人的事业，每个个体是物质生产活动、政治实践活动、文化传播活动的主体，每个人的历史活动体现着社会发展规律，影响着社会发展状况和进程。认识物质生产实践中最活跃、最积极的因素，是社会生产力的体现者。在物质生产活动中，人们不断积累经验，改进工具、提高技术水平，从而推动生产力的发展，最终推动社会进步。

在历史时空中，一个政党、一个国家、一个民族的梦想与改革的强音常常汇聚在一起。参与中国改革的人来自社会各个阶层，工人、农民、知识分子、军人……是他们的劳动和智慧为中国带来了翻天覆地的变化！回首改革的历程，我们可以发现从包产到户的全面推广，到"大众创业、万众创新"的蓬勃兴起，正是广大人民群众的积极参与、勇敢探索，推动着中国改革步步向前。

---

〔1〕《马克思恩格斯选集》第一卷，人民出版社 2012 年版，第 669 页。

人民的愿望是改革之源，群众的支持是改革之基。人的需要是人的生命活动的内在规定性，是自觉地、积极主动的渴求。需要的产生、发展及其满足，必然推动人类社会的进步和发展。人的需要是当代中国进行改革的深层次始因，人的需要的不断变化推动着改革的不断深化。

人民是历史的创造者、改革的推动者。中国人民在革命中舍生忘死、不屈不挠、前仆后继，他们在改革中披荆斩棘、矢志不渝、义无反顾。中国改革开放的总设计师邓小平说："不要把改革归功于我一个人，我只不过是把人民群众中的一些创造加以提炼和概括罢了。"时序更替，梦想前行。世界上没有哪一个政治团体像中国共产党这样为人民谋幸福、为民族谋复兴、为人类谋进步、为世界谋和平。人类没有哪一个主义能够开辟出让一个拥有 14 亿人口的大国实现从站起来、富起来到强起来的飞跃之路。改革开放四十多年来，我们靠每个中国人的不懈奋斗闯出一条新路、好路，实现了从"赶上时代"到"引领时代"的伟大跨越。

二、制度优势创造了中国奇迹

经过新中国 70 余年、改革开放 40 余年的发展，中国作为世界上最大的发展中国家，摆脱贫困落后面貌，成为世界第二大经济体，创造了人类社会发展的奇迹。而这一切归根结底是因为中国走出了一条适合自身国情的发展道路，建立并不断完善中国特色社会主义制度。可以说，中国制度是中国创造发展奇迹的根本保障。

（一）中国特色社会主义制度激发了中国人民的创造活力

中国特色社会主义制度是在改革开放的进程中不断完善的。我们打破传统计划经济体制，建立充满生机活力的社会主义市场经济体制，确立公有制为主体、多种所有制经济共同发展的基本经济制度。我们坚持党的领导、人民当家作主、依法治国有机统一，人民代表大会制度、政治协商制度、民族区域自治制度、基层群众自治制度等政治制度不断发展完善。我们坚持马克思主义的指导地位，开创文化繁荣发展新局面，以文化自信支撑道路自信、理论自信、制度自信，文化强国建设整体推进。我们高度重视社会建设，脱贫攻坚和改善民生取得显著成效，全民共建共享的社会治理格局正在形成。我们坚持"绿水青山就是金山银山"，生态文明建设深入人心，产权清晰、多元参与、激励约束并重、系统完整的生态文明制度体系正在形成。在改革开放进程中确立和不断完善的中国特色社会主义制度，激发了中国人民的创造活力，给中国带来深刻变化。

（二）中国特色社会主义制度彰显了社会主义的优越性

首先，中国共产党是中国的执政党，各民主党派是参政党，与中国共产党长期共存、互相监督、肝胆相照、荣辱与共，共同致力于发展中国特色社会主义事业。中国实行人民代表大会制度，不断推进社会主义民主政治制度化、规范化、程序化。这种制度安排充分体现人民民主，能够集中力量办大事，有效维护社会稳定，为党和国家兴旺发达、长治久安提供了根本保障。其次，把社会主义与市场经济有机结合起来，使各种经济因素相互补充、协同发力，营造了健康有序的竞争和发展环境。再次，将增进人民福祉、实现共同富裕，把促进人的全面发展，作为发展的出发点和落脚点，不断提高发展质量，创新发展模式，实现发展与民生改善的良性循环。最后，加紧建设对保障社会公平正义具有重大作用的制度，保障人民平等参与、平等发展的权利，不断推动改革发展成果更多更公平地惠及全体人民。这些都从理论和实践上丰富了社会主义的内涵，形成了独具特色和优势的发展模式。

（三）中国特色社会主义制度为发展中国家走向现代化提供了中国智慧

发展中国家如何实现现代化，是一个世界性难题。中国作为世界上最大的发展中国家，经过长期不懈探索，走出了一条不同于西方国家的新型现代化道路。中国道路既坚持科学社会主义基本原理，又赋予其鲜明的时代特征和中国特色，打破了世界对西方发展模式的盲目崇拜和路径依赖，为广大发展中国家摆脱贫困落后作出了积极示范。一方面，中国不断扩大对外开放，吸引了大量资金、技术、人才以及各方面的有益经验。另一方面，中国坚持独立自主、自力更生，既把握发展规律、审慎行事，又大胆创新发展理念、转变发展方式；既不断提高经济效率，又重视维护社会公平，正确处理改革、发展、稳定的关系；既坚持人民主体地位、尊重群众首创精神，又强调加强顶层设计、推进国家治理现代化。中国道路的成功彰显了人类文明发展的多样性，为人类对更好社会制度的探索提供了中国方案。

三、凝聚全体人民意志的伟大战略

从中国现代发展进程来看，以毛泽东同志为代表的党的第一代中央领导集体，制定并实施了新民主主义革命的伟大战略，引领中国实现了民族独立和人民解放。以邓小平同志为代表的党的第二代中央领导集体，制定并实施了改革开放的伟大转变，引领中国走上了富强发展之路。在继承党中央几代领导集体探索的宝贵经验、科学总结治国理政规律的基础上，党的十八大以来，以习近平同志为核心的党中央，结合新的实践，逐步提出并形成了"四个全面"战略布局。"四个全面"是凝聚全国人民意志和力量、形成不可抗拒的改革合力、攻坚克难的强大思想武器。

"四个全面"战略布局是实现中国由大向强历史性跃升的战略引领。当今中国，正处在国家由大向强"关键一跃"的历史节点，"四个全面"以宽广的世界历史大视野统筹国内国际两个大局，把民族复兴的战略目标与"三大战略举措"整合为一个有机统一的整体，实现了战略目标与实现路径的有效对接，具有引领国家发展的巨大力量。协调推进"四个全面"战略布局，我们就能筑牢中国巨轮的"压舱石"，无论国际敌对势力怎么兴风作浪，我们都能破浪前进。

"四个全面"是凝聚全国人民意志和力量、形成不可抗拒的改革合力、攻坚克难的强大思想武器。中国由大向强跃升，遇到的阻力不仅来自国外，也来自国内。克服这些阻力需要前所未有的动力。恩格斯曾言，历史是无数个个人和社会集团相冲突的合力的结果。"四个全面"运用系统思维聚合改革发展动力，通过全面从严治党锻造领导核心、提供坚强保证，通过全面深化改革破除利益樊篱、解决突出的矛盾问题，通过全面依法治国建立规则秩序、提供坚强保障，使改革、法治、治党三大举措形成互相促进、相得益彰的巨大合力，从而为全面建成小康社会、实现民族复兴的战略目标形成强有力的支撑。我们坚信，协调推进"四个全面"战略布局，一定能加快中华民族伟大复兴的历史进程，再创中华民族繁荣发展的新辉煌。

四、中国特色社会主义文化的巨大价值不可估量

中国特色社会主义文化自信是最根本的自信。改革开放过程中，中国共产党和中国人民逐渐确立了对中国特色社会主义道路、中国特色社会主义制度、中国特色社会主义理论和中国特色社会主义文化的"四个自信"。其中最重要、最根本的自信是文化自信。

（一）文化的力量

文化是民族精神的血脉、基因与家园，是民族屹立于世界之林的精神根基，也是强化民族认同、维系民族团结、树立民族自尊的灵魂。文化上自信的民族和国家，意志坚强、精神独立、思想自由，全民族和国家在自信的文化土壤中汲取生存的智慧和繁衍的能量，生生不息。无论对民族生存而言，还是对促进民族发展进步而言，文化自信对凝聚民族力量的价值具有不可估量和无可替代的作用。

中华民族的民族自强有赖于中华文化的维系。一个国家和民族如果没有共同的思想文化基础，就会魂无定所、行无依归，成为一盘散沙，难以形成勠力同心、协同奋进的强大力量。

习近平总书记于2014年5月4日在北京大学师生座谈会上的讲话中强调："一个民族、一个国家，必须知道自己是谁，是从哪里来的，要到哪里去，想明白了、想对了，就要坚定不移朝着目标前进。""只有坚持从历史走向未来，从延续民族文化血脉中开拓前进，我们才能做好今天的事业。"[1]站在推进中国特色社会主义的历史新起点上，我们强调文化自信就是要从文明渊源和文化传统上，解决"我是谁""我从哪里来，要到哪里去"的问题，即在厘清中华民族自我主体性身份，

---

〔1〕 习近平总书记2014年9月24日在纪念孔子诞辰2565周年国际学术研讨会暨国际儒学联合会第五届会员大会开幕会上的讲话。

确立自我自主性地位的基础上，明确自我前行的方向和道路，增强民族复兴的勇气和动力。

（二）中华民族需要文化自信

文化自信需要新的内涵。在 5000 多年的历史中，中华民族的命运与中华文化的生生不息密切相关。近代中国遭遇了强大外敌的入侵，全民族到了最危险的时刻。中华文明面临着中华文化主体性丧失的巨大危机，中华民族一度在"向何处去"中彷徨和徘徊。十月革命一声炮响，给我们送来了马克思主义。随后马克思主义中国化进程在中华大地生根、发芽、开花、结果。

在中国共产党的领导下，经过中国人民的不懈奋斗，中华民族拨正航向，中华文明得以接续前行。中华文明在与中国革命和建设实践的结合过程中，生长出新的文化果实——中国特色社会主义文化。中国特色社会主义文化，是反映先进生产力发展规律及其成果的文化，是源于人民大众实践又为人民大众服务的文化，是继承人类优秀精神成果的文化，具有科学性、时代性和民族性。当前，我国在不断推进"一带一路"建设，正在致力于让更多国家共享中国发展的机遇和成果，其中就包括中国特色社会主义文化成果。我们可以通过"一带一路"建设中的文化交往、交流，在进一步丰富人类文明色彩的同时，让全世界感受到中国特色社会主义文化的独特魅力。站在中华民族伟大复兴的历史新起点上，今天的中华文化不但得以发展、壮大，而且有十足的高度自信屹立于世界文化之林。

文化自信是中华民族精神自我的确证和认同，是中华民族主体精神力量的自我彰显与强化。习近平总书记在 2014 年 3 月 7 日参加十二届全国人大二次会议贵州代表团审议时的讲话中指出，"体现一个国家综合实力最核心的、最高层的，还是文化软实力，这事关一个民族精气神的凝聚"，"人类历史上，没有一个民族、没有一个国家可以通过依赖外部力量、跟在他人后面亦步亦趋实现强大和振兴"。在认同、传承与创新的过程中，文化为民族形成与发展编织了一条坚不可摧的精神纽带，构筑了民族集体认同的精神家园，强化了民族赖以生存的精神自信根基。中华民族要实现伟大的民族复兴，在文化上，需要传承中华文明

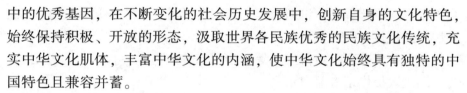

中的优秀基因，在不断变化的社会历史发展中，创新自身的文化特色，始终保持积极、开放的形态，汲取世界各民族优秀的民族文化传统，充实中华文化肌体，丰富中华文化的内涵，使中华文化始终具有独特的中国特色且兼容并蓄。

历史映照着现实与未来相通，实现中华民族伟大复兴的梦想，必须植根自身历史，对中华优秀传统文化进行创造性转化、创新性发展。历史已经证明中华文化具有足够的自信支撑中华文明始终昌盛不衰。历史必将证明，凝结着深厚优秀传统文化的底蕴、具有独一无二的民族与文明特质、兼容并蓄、与时俱进的中华文化，能够为中华民族伟大复兴提供持久的强劲的不竭的自信动力。

（三）开辟马克思主义中国化时代化新境界

党的二十大报告在"开辟马克思主义中国化时代化新境界"中，深刻论述了"两个结合"的基本内涵，"中国共产党人深刻认识到，只有把马克思主义基本原理同中国具体实际相结合、同中华优秀传统文化相结合，坚持运用辩证唯物主义和历史唯物主义，才能正确回答时代和实践提出的重大问题，才能始终保持马克思主义的蓬勃生机和旺盛活力"。

坚持和发展马克思主义，必须同中国具体实际相结合。我们坚持以马克思主义为指导，是要运用其科学的世界观和方法论解决中国的问题。我们必须坚持解放思想、实事求是、与时俱进、求真务实，一切从实际出发，着眼解决新时代改革开放和社会主义现代化建设的实际问题，不断回答中国之问、世界之问、人民之问、时代之问，作出符合中国实际和时代要求的正确回答，得出符合客观规律的科学认识，形成与时俱进的理论成果，更好指导中国实践。

中华优秀传统文化是中华民族的根和魂，是中国特色社会主义植根的文化沃土。只有植根本国、本民族历史文化沃土，马克思主义真理之树才能根深叶茂。实现中华民族伟大复兴，必须结合新的时代条件传承和弘扬中华优秀传统文化。在人类文明历史长河中，中国人民创造了源远流长、博大精深的优秀传统文化，是中华文明的智慧结晶，其中蕴含的天下为公、民为邦本、为政以德、革故鼎新、任人唯贤、天人合一、自强不息、厚德载物、讲信修睦、亲仁善邻等，为中华民族生生不息、发展壮大提供了强大精神支撑。中华优秀传统文化的丰富哲学思想、人文精神、价值理念、道德规范等，为认识和改造世界提供了有益启迪，为治国理政提供了有益启示。

"第一个结合"，即"把马克思主义基本原理同中国具体实际相结合"，科学回答了马克思主义中国化的必要性、可能性问题，指明了马克思主义中国化的内涵、目的和具体途径。"第二个结合"，即把马克思主义基本原理同中华优秀传统文化相结合，在"第一个结合"基础上，科学回答了马克思主义中国化的文化基础问题，丰富、拓展了马克思主义中国化的基本内涵和实践途径。这个重大命题与"第一个结合"前后相续，一脉相承，是我们党对马克思主义中国化持续深入思考和探索的标志性理论成果。"两个结合"丰富和拓展了马克思主义中国化的基本内涵和实践途径，指明了新时代推进马克思主义中国化时代化的科学方向，大大深化了我们党对坚持和发展马克思主义的规律性认识。

思考题

1. 新中国成立后创造了哪些历史奇迹？
2. 改革开放 40 多年来中国式现代化的主要成就表现在哪些方面？
3. 中国人为什么可以有"四个自信"？

第三节　中国人的家国情怀

"家国情怀"，是一种源自内心的质朴情感，是对家庭、对国家的深沉热爱。家是最小的国，国是千万家。在中国历史上，出现过无数保家卫国，舍小家保大家的感人故事。中国人素有爱国爱家、天下一家的家国情怀。

一、中华民族从来不缺民族英雄

民族英雄是指为维护国家领土、领海、领空主权完整，保障国家安全，维护人民利益及民族尊严，在历次反侵略战争中，献出宝贵生命和作出杰出贡献的仁人志士。

"天地英雄气，千秋尚凛然。"中华民族是一个崇敬英雄且英雄辈出的民族。在几千年的历史长河中，可歌可泣的英雄故事一直在民间传颂，英雄的精神始终在中华儿女的血液中流淌。2015 年 9 月 2 日习近平总书记在颁发"中国人民抗日战争胜利 70 周年"纪念章仪式上指出："近代以来，一切为中华民族独立和解放而牺牲的人们，一切为中华民族摆脱外来殖民统治和侵略而英勇斗争的人们，一切为中华民族掌握自己命运、开创国家发展新路的人们，都是民族英雄，都是国家荣光。中国人民将永远铭记他们建立的不朽功勋！"每个朝代都有自己的民族英雄，如汉代的卫青、霍去病，宋朝的岳飞、韩世忠，明朝的戚继光等。近代以来，在反抗外来侵略、抵御外侮、推翻帝制、救国救民的历史上，更是涌现出数不胜数的民族英雄。从林则徐到三元里人民，从孙中山到黄兴、宋教仁，从井冈山 48 000 名烈士到长征路上十数万英魂，从千百万抗日英烈到朝鲜战场上数十万铮铮铁骨，中华民族英雄前仆后继层出不穷，成为中国精神的优秀代表。一代又一代的中华英烈激励着一代又一代的华夏儿女，为人民的幸福和民族的振兴砥砺前行。

英雄是引领国家精神和民族精神的灯塔，也是国家精神和民族精神的最佳载体；一个国家、一个民族任何时候都不能缺少英雄。习近平总书记指出："一个有希望的民族不能没有英雄，一个有前途的国家不能没有先锋。"我国正处在全面建设社会主义现代化国家的冲刺阶段，正处在中华民族伟大复兴的关键点上，机遇前所未有，挑战也前所未有。虽然和平建设时期没有刀光剑影、战火纷飞，但是我们所面临的困难一点也不亚于硝烟弥漫、生死相搏的战争年代。我们要看到，新的历史条件下，国际国内形势发生了很大变化，我们党面临的执政环境和执政条件发生了很大变化，面临的考验和危险是长期的、复杂的、严峻的。在这个关键时期，我们的国家、我们的民族更需要英雄引领、英雄担当、英雄奉献。未来，中华民族还会涌现出更多的民族英雄和爱国志士，他们还会用自己的行动给历史留下烙印。

英雄是一个民族的精神载体，也是一个国家的精神象征。习近平总书记指出："包括抗战英雄在内的一切民族英雄，都是中华民族的脊梁，他们的事迹和精神都是激励我们前行的强大力量。"[1]在英雄身上，不仅浓缩着人们共同的美好记忆，也体现着时代的价值追求和精神渴望。仰望英雄、崇敬英雄，代表着共同的价值认同，表达着追求卓

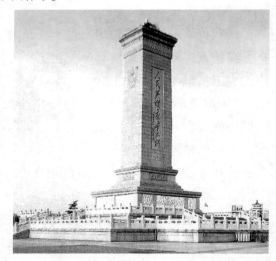

△ 人民英雄纪念碑

越的向上力量。抗日烈士、爱国主义作家郁达夫说过："一个没有英雄的民族是不幸的，一个有英雄却不知敬重爱惜的民族是不可救药的。"今天，我们不仅要不忘初心回望来路，敬仰昨天的英雄，还要不忘初心高瞻远瞩，崇敬今天的英雄，孕育明天的英雄。

---

〔1〕 习近平总书记 2015 年 9 月 2 日在颁发"中国人民抗日战争胜利 70 周年"纪念章仪式上的讲话。

二、必须树立正确的英雄观

英雄儿女各千秋，一寸丹心惟报国。不同的时代具有不同主题，不同的主题造就不同的英雄。但这些英雄都有一个共同特点，就是以坚定的信仰和自身无私无畏的言行引领大众、影响社会并产生超越自我的重要作用。任何国家、任何民族在任何时代都需要自己的英雄。在今天的和平年代、在市场经济大潮中，我们同样需要英雄。我们必须树立正确的英雄观。不能以权力大小、财产多少论英雄，也不能以"粉丝"多少、影响大小论英雄。教育家陶行知先生说："滴自己的汗，吃自己的饭，自己的事自己干，靠人、靠天、靠祖上，不算是英雄好汉。"我们不需要娱乐至死的"英雄"，不需要金钱万能的"英雄"，不需要"外国月亮圆"的"英雄"，不需要野心勃勃往上爬的"英雄"，不需要不尊科学敬鬼神的"英雄"。我们需要德高望重、明见万里的学界英雄，我们需要超越小我、引领国家发展、带领人民共同富裕的商界英雄，我们需要忠于职守、尽心尽力的工友英雄，我们需要宁愿收成少也要产出无害农产品的农友英雄，我们需要焦裕禄式的公仆英雄，我们需要铁骨铮铮保家卫国的军人英雄，我们还需要很多很多的英雄……凡是为中国繁荣发展、中华民族伟大复兴作出杰出贡献的人都是我们的英雄。

人类社会中最强大的力量、最不可战胜的力量是信仰的力量。政治力量的本质是信仰的力量。信仰是力量之源、精神之本，而文化是信仰生长的土壤。文化崛起是一个国家和民族崛起的原动力。先有文化崛起，特别是思想理论的崛起，然后才能有真正的国家富强、民族复兴、人民幸福。先有思想巨人、理论巨人和文化巨人，然后才能有军事巨人、政治巨人和产业巨人。文化自信不是凭空而来的，它必须有文化巨人，特别是思想巨人的巨大成果作为支撑。我们要真正做到百花齐放、百家争鸣，在爱党、爱国、爱人民、讲道德的大前提下少设"禁忌"、少设"雷区"；我们要让思想家、理论家、文化大家、科学家的束缚越来越少，精神激励越来越多；我们要营造崇敬思想家、理论家、文化大家、科学家的社会氛围，让他们首先成为国家和民族的英雄。

三、家是最小国，国是千万家

中华民族历来重视家庭，正所谓"天下之本在国，国之本在家"。家不仅仅是我们个人的家，家还是最小的国，国是千千万万个家。有家才有国，有国才有家，小家连着大家、连着国家。

（一）家是最小国

家庭是社会的基本细胞，是人生的第一所学校。中华民族传统家庭美德铭刻在中国人的心灵中，融入中国人的血脉中，是支撑中华民族生生不息、薪火相传的重要精神力量，是家庭文明建设的宝贵精神财富。一个人能否顺利成长，要看家庭氛围建设得好不好，要看家教方式管理得细不细，要看家风代代传承得顺不顺。在我国任何一个历史时期，家国情怀始终是最为重要的历史命题，并由此衍生出不计其数的爱国主义经典篇章，被一代又一代中华儿女反复吟唱，成为中国人自强不息、奋斗不止的强大精神支柱。

家和万事兴，千家万户都好，国家才能好，民族才能好。2016 年12 月在会见第一届全国文明家庭代表时，习近平总书记指出："无论时代如何变化，无论经济社会如何发展，对一个社会来说，家庭的生活依托都不可替代，家庭的社会功能都不可替代，家庭的文明作用都不可替代。"这种对自己国家和人民所表现出来的"家国一体"的深情大爱，不仅是对国家富强、人民幸福的理想追求，更体现了对中华民族高度的认同感、责任感和使命感，是一种深层次的文化心理密码。正是这种最深层次的心灵认可，在历史进程中才能最真切地感悟到发展的巨变，从沧桑巨变中才能凝聚起伟大的复兴力量。

（二）家庭的前途命运同国家和民族的前途命运紧密相连

家庭的事不仅仅是个人的私家事，也是国家的事、社会的事。家与国就是这样你中有我、我中有你，不可分割。从"烽火连三月，家书抵万金"的感慨到"王师北定中原日，家祭无忘告乃翁"的叮嘱，从"位卑未敢忘忧国"的忠诚到"天下兴亡，匹夫有责"的慷慨，中国人

"家国一体"的民族情感，始终在家与国休戚与共、个人与民族息息相关的历史衍生中一脉相承。这就是中国人千百年来传承至今的特有的家国情怀、家国逻辑。孟子曰："人有恒言，皆曰，'天下国家'。天下之本在国，国之本在家，家之本在身。"〔1〕天下、国、家的根本在于每一个家庭，而每一个家庭的根本在于我们每一个人自身。每一个人都应当以敬畏的态度努力做一个好人，做好自己，然后才能够建设和谐美满的家庭，而家庭和谐美满了，国家才能够做到秩序井然，天下才能够太平。

家庭和睦则社会安定，家庭幸福则社会祥和，家庭文明则社会文明。国家富强、民族复兴、人民幸福，最终要体现在千千万万个家庭都幸福美满上，体现在亿万人民生活不断改善上。在全面深化改革新的历史时期，面对国内改革发展稳定的繁重任务以及国际形势的风云变幻，蹄疾步稳深化改革、持续有力推动发展、扎实有效改善民生，正是当下"家国天下"的时代表达。"家是最小国，国是千万家"，实现人民更幸福、国家更繁荣、民族更昌盛的宏伟目标，更加需要个人觉醒、奋斗和反思，更加注重家庭、注重家教、注重家风，使千千万万个家庭成为国家发展、民族进步、社会和谐的重要基点，把亿万人民的聪明才智汇聚成奋勇向前的无穷力量。

家庭固然重要，但有国才有家。我们做任何事情不能仅仅盯着自己的小家，还要关注国家这个大家。古往今来，有许多的榜样和楷模，值得后人去学习、去景仰。在中国历史上，那些古圣先贤，秉持"家齐而后国治，正己始可修身"的信念，心怀"苟利国家生死以，岂因祸福避趋之"的情怀，自觉地把个人、家庭的命运与国家和民族的命运紧密地联系在一起，谱写了一曲曲感天动地、感人肺腑的不朽诗篇。在革命战争年代，在硝烟弥漫、满目疮痍的中华大地上，也曾经涌现出了无数可歌可泣的故事——最后的一块布送去做军装，最后一袋米送去做军粮，最后一块门板送去做担架，最后一个儿子送去上战场……这是保家卫国，天下兴亡，匹夫有责的爱国情怀的呈现。

---

〔1〕　（宋）朱熹撰：《四书章句集注》，中华书局 2011 年版，第 260 页。

（三）家庭梦融入中国梦之中

中华民族伟大复兴的中国梦不是遥不可及、高高在上的，梦就在每个人身边，就在每一个人的心中。只有实现了中华民族伟大复兴，每一个人的家庭梦才能梦想成真。

中华民族灾难深重的近代历史提醒每个中国人，离开了国家主权和民族独立，家族、家庭和个人的幸福就不可能得到保障，国家主权受到践踏，人民就没有任何幸福可言。而国家富强、民族独立和人民幸福，必须要依靠整个中华民族全体人民的共同努力和一代又一代中国人的接力奋斗。只有把个人的梦想和追求，把自己家庭的梦想和追求，融入中华民族伟大复兴的中国梦当中，只有在这样的共同奋斗中，国家的富强和人民的幸福生活才能实现，每个个人的权利和幸福才会得到保障。

思考题

1. 你知道中国历史上有哪些民族英雄？
2. 你有没有比较崇拜的"感动中国"人物？
3. 请谈谈国家和家庭的关系。

推荐书目

1. 《习近平谈治国理政》，习近平，外文出版社 2014 年版。
2. 《新中国七十年》，张士义，东方出版社 2019 年版。

推荐电影

1. 《厉害了，我的国》（2018 年），卫铁执导。
2. 《我和我的祖国》（2019 年），陈凯歌执导。

第六篇　我们共同的精神家园

传统塑造国情，当代接续历史。中华传统文化的博厚、悠久和高明熔铸于当代中国，中华传统文化的生命力充实着中国特色社会主义制度的生命力，中华传统文化的道义性和可信度增强着中国特色社会主义制度的国际话语权。中华民族的伟大复兴也必定是中华文化的伟大复兴，而中华文化复兴也必将进一步助力民族的复兴，并向世界贡献中国智慧。

【阅读提示】

1. 了解中国精神和传统文化的内涵，增强对社会主义核心价值观的认知。

2. 提高对中国传统价值观和世界观的认同感与主动性。

中华文明源远流长，作为世界上唯一历经数千年而没有中断的文明，有着自身独特的优点与魅力。中华优秀传统文化是滋养当代中国人的精神食粮，也是我们共同的精神家园。

第一节　中华文化源远流长

一、五千年的文化传承

中华传统文化源远流长，博大精深，是世界上历史最久远、文明最连贯的文化形态，具有深厚的历史底蕴和独特的文化魅力。这一文化体系在中国历史上经历了漫长的发展过程，在不同的时期，都有其不同的内容和特点。

(一)　中华文化的起源

中华文化源远流长，可以追溯到五千年前。在黄河流域，古代劳动人民逐渐创造了原始的农耕文化，形成了独特的物质文化。同时，在黄河流域和长江流域的广大地区，也孕育出了独具特色的部族文化。这些部族文化在夏商周时期相互融合形成了华夏文化的雏形。

(二)　中华文化的形成和发展

华夏文化以黄河流域和长江流域为核心区域，是中华文化的主体。在春秋战国时期，以华夏文化为基础的中华文化得到了充分地发展和融合。这一时期的文化思想，是以儒家思想、道家思想和墨家思想为主，形成了中国哲学的基础。同时，华夏文化也涵盖了文学、艺术、科技等多个方面。

（三）中华文化的繁荣和多元

秦汉时期，中国实现了大一统，中华文化得到更为广泛的发展。这一时期的文化繁荣表现在建筑、绘画、雕塑等多个方面，如秦始皇陵、汉长安城遗址等。这一时期也是中国哲学、文学、艺术等领域的繁荣时期。

（四）中华文化的鼎盛时期——唐宋文化

唐宋时期是中华文化的鼎盛时期。唐朝时期，中华文化的开放性、包容性得到充分展现，表现在诗歌、散文、书法、绘画等多个领域。宋朝时期，中华文化达到了新的高度。理学、文学、史学、艺术领域硕果累累，享誉千古，明人宋濂谓："自秦以下，文莫盛于宋。"同时，宋代的科技也得到飞速发展，如活字印刷术、火药等重要发明的应用，为人类文明作出了杰出贡献。

（五）中华文化的传承和创新——明清文化

明清时期是中华文化的传承和创新时期。这个时期的文化包括小说、戏曲、园林等多个方面。明清小说是中国古典小说的巅峰之作，如《三国演义》《水浒传》《西游记》《红楼梦》四大名著的问世。同时，明清时期的园林艺术也达到新的高度，如苏州园林的建成等。明清时期也是中国科技发展的一个重要时期，如《本草纲目》《天工开物》等科技著作的问世，代表着中国科技发展到较高的程度。这一时期，心学的发展也推动了思想的解放和文化的创新。

（六）近现代中华文化的转型

近代以来，中华文化经历了现代化转型。西方文化的传入，对中国传统文化产生了冲击和影响。在这个过程中，中国文化的现代化转型表现在对传统文化的重新审视和新文化运动的兴起。新文化运动倡导民主、科学、自由等理念，对传统文化进行了批判。同时，这一时期也是中国现代文学、技术、科技等各个领域的重要发展阶段。

（七）当代中国文化的发展

在全球化浪潮中，当代中国文化蓬勃发展。随着中国经济的崛起和文化自信的增强，中国文化在国际上产生了越来越大的影响力。当代中国文化必须把马克思主义基本原理同中国具体实际、同中华优秀传统文化相结合，不断发展面向现代化、面向世界、面向未来的，民族的科学的大众的社会主义文化，以适应时代的需求和未来的挑战

二、中华文化的鲜明特点

中华文化产生于中华大地，独特的自然条件和历史条件使中华文化具有鲜明的特点。纵观几千年中华文化的形成和演进历史，颂扬真善美、贬抑假丑恶是中华文化的核心和本质。

中华文化具有以下鲜明特点：

（一）源远流长

英国历史学家汤因比认为，在近 6000 年的人类历史上，出现过 26 个文明形态，但是只有中华文化是延续至今而且从未中断过的文化。这一奇迹足以把中华文化同其他文化区别开来，如此悠久的历史，本身就包含了中华文化的许多特质。所以，中华文化的第一个显著特点就是——历史悠久，源远流长。

黄河流域是全世界最早进入人类文明的地域之一。旧石器时期的人类在与大自然的搏斗中，逐渐积

累了大量的生存本领，但是还不能称之为完全意义上的文明。历史发展到新石器时代，中华古老文明的曙光才开始展现在中华大地上。据考古学统计，目前我国发现的新石器时代遗址遍布全国各地，已超过七千多

处，其中以仰韶文化的半坡遗址、姜寨遗址最为典型。属仰韶文化的陕西半坡遗址发现了很多贮存粮食的地窖，地窖中有成堆的小米，此外还有复合工具、弓箭及各种有刻画符号的陶器。这些刻画符号，乃是有原始文字意义的重要表征，是我国早期文字的雏形。

（二）多元一体

全面审视中华文化发生、发展及演变的历史过程，我们发现，中华文化像一条大河，可以寻觅到它的源头，但难以细数那汇聚成源头的涓涓细流；同样，在源头以下，还有无数支流为它注入新的活水，逐渐混为一体，最后汇聚成浩浩荡荡的一条大河，不舍昼夜地奔流，正是在汇聚了多种文化之后，中华文化才有了如此盛大的气象、博大的胸怀。

（三）天人合一

天人合一，就是天与人，天道与人道，天性与人性相类相通。在反复的耕作实践中，人们发现，土地似乎是有生命的，人对土地的善待会得到相应的回报。人们从这种自然感应中，获取了某种信念：那就是土地也和人一样。对土地的人格化，很自然也推广到天。四季更替，昼夜变化，风调雨顺才能丰收。人受制于自然，只能顺应自然，天人关系实际上就是神人关系。《尚书·洪范》中说："惟天阴骘下民。天乃赐禹洪范九畴，彝伦攸叙。"意思是，天是保护下民的，因而赐禹九类大法，人伦规范才安排得当。普通百姓朴素的理念开始上升到统治者的思想层面，可以说是古代天人合一思想的萌芽。

春秋时期，郑国大夫子产提出："夫礼，天之经也，地之义也，民之行也。天地之经，而民实则之。"[1]他认为"礼"是自然界的必然法则，人民必须按照天经地义的"礼"行事。这反映出人与天相通，人事与天事相通的思想。战国时期，孟子把天道与人性联系起来，他说："尽其心者，知其性也，知其性则知天矣。"[2]这里孟子首先肯定了人性与天性是一致的，要知天性，从了解人性即可得到。庄子更认为，人与天都是由气构成，人是自然的一部分，因而天与人是统一的，"天地

---

[1] 转引自关长龙："中国传统礼学资源溯论"，载《高等学校文科学术文摘》2014 年第 3 期。
[2] （宋）朱熹撰：《四书章句集注》，中华书局 2011 年版，第 327 页。

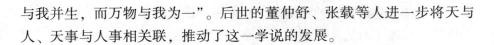

与我并生，而万物与我为一"。后世的董仲舒、张载等人进一步将天与人、天事与人事相关联，推动了这一学说的发展。

（四）以人为本

作为伦理类型的文化，中华文化的主体是人，它的关系是人，它的目的也是人。以人为本，就是指以人为考虑一切问题的根本，就是肯定在天地人之间，以人为中心；在人与神之间，以人为中心。

传统的天人合一思想，强调天人之间的统一性。一方面，用人间之事去印证天之规律，把人的行为归依于天的意志的实现，以获得一个虚拟的理论依据。另一方面，往往把主体的伦常和情感灌注于"天道"，并将其人格化，使其成为想象中与人相似的物体。"天"被赋予理性和道德的内涵，成为理性和道德的化身，封建皇帝宣称的"奉天承运"，起义农民坚持的"替天行道"，不过是这种思维的具体表现而已。从表面上看，是人按天意在"承运"、在"行道"，但实际上，"天"却只是人们实现政治理想的手段，而不是目的。所谓"存天理，灭人欲"也不过是借"天"来推行一套伦理道德而已。天人之间人为主导，人是目的，充分体现了以人为本的文化精神。

（五）重德重生

中华文化强调人世间的价值。儒家传统文化认为要使社会和谐，就要追求礼乐社会与仁民政治，而贯通礼乐社会与仁民政治就要重德。所以在中华文化中重德（即重视道德修养）与重生（即重视人生价值）是统一的。于个人而言，道德修养是人生价值实现的崇高目标；于社会而言，一切道德规范是为了维护社会的稳定，创造一个君义臣忠、父慈子孝、夫敬妇从、兄友弟恭的理想社会。

三、中华民族的传统美德造就了源远流长的传统文化

（一）中华民族具有敬祖爱国的传统美德

中华民族是富有爱国主义光荣传统的伟大民族。深厚的爱国主义情

感，是中华文化最优秀的传统之一，是中华民族精神的核心。中国人的爱国情，发端于对故乡、亲人的眷恋，对祖先的崇敬。在古代中国，国家观念是以家庭观念为基础的。中华文化传统也是建立在自给自足的自然经济和家族血亲基础上的。由对祖先父母的孝，扩展到对家族乡里的凝合，再扩展到对国家社稷的忠，这便形成了中国人的"国""家"一体观念。在力倡"仁爱孝悌"的儒家文化视域中，历代忠君爱国之士，首先是事亲至孝之人。人们把祖国比喻成母亲，把孝亲心升华为爱国心，把爱乡情放大为爱国情。

中国人的爱国情，产生于对祖国壮丽河山的依恋。家乡的一山一水、一草一木，无不激发起中华儿女对祖国的热爱之情。从东海之滨到青藏高原，从白山黑水到壮寨苗乡，从"天苍苍，野茫茫，风吹草低见牛羊"的草原牧场到"日出江花红胜火，春来江水绿如蓝"的江南水乡，祖国的万里江山锦绣如画，使得每一位中华儿女感到由衷的骄傲和自豪！

中国人的爱国情，出于对祖国历史文化和人文精神的钟爱。中华民族悠久的历史和丰富多彩的文化，在相当长的时间里一直居于世界前列，对人类文明的发展作出了伟大的贡献。在中华传统文化中，包括诗经、楚辞、汉赋、乐府、六朝骈文、唐诗、宋词、元曲、明清散文、古典小说，书法绘画，多少名篇精品都饱含着对祖国山河、中华文化的挚爱，抒发了对国家和家乡的深情。

中华文化具有深厚的爱国主义传统。中华民族不仅产生了无数爱国英雄人物，而且从爱国实践中升华出立志报国的人生观、价值观，形成了国家和人民利益高于一切的价值取向。早在两千多年前的春秋战国时期，就已出现了爱国的观念和爱国的思想。《战国策·西周策》记载："周君岂能无爱国哉。"《汉纪》也有"欲使亲民如子，爱国如家"的记载。战国时期楚国屈原创作的《离骚》，充分表达了他"虽九死其犹未悔"的爱国情怀。屈原"捐躯赴国难"之后，中国人民世世代代不忘在端午节用划龙舟、吃粽子等活动来纪念这位伟大的爱国诗人。南宋岳飞的"精忠报国""还我河山"，陆游的"位卑未敢忘忧国"，文天祥的"人生自古谁无死，留取丹心照汗青"……一曲曲慷慨激奋之词，酣畅淋漓地表达了中华民族坚持操守、忠于国家的磅礴正气。明朝戚继光奋战十年，荡平倭患；清朝林则徐禁烟抗英，保卫祖国，"苟利国家生死以，岂因祸福避趋之"；关天培、邓世昌等爱国将领在抗击帝国主义侵略中视死如归，以身殉国。这些可歌可泣的爱国主义精神，为中国人民千古传颂。这一优秀文化传统，造就了中华儿女执着的爱国主义情操和维护国家利益宁折不弯的高尚民族气节。这种爱国主义精神，在维护祖国统一和民族团结、反对分裂，维护祖国的独立和主权、反对侵略，推动祖国进步和繁荣、反对倒退中，发挥了铸造"国魂""民魂"的作用。

中华文化中敬祖爱国的传统，使中华儿女产生的爱家、爱乡、爱国的感情，刻骨铭心，不可动摇。我中华民族之所以历经磨难，却一次次衰而复兴，巍然屹立在世界的东方，很重要的一个原因就是血液中流淌的爱国主义传统。凡中华儿女，无论走到哪里，都有一颗赤诚的中国心。这种血浓于水的亲情、乡情、爱国情，是中华民族伟大凝聚力的突出表现，是一条永远割不断的精神纽带。

（二）中华民族具有崇礼重德的传统美德

中国历来被称为礼仪之邦，中华民族是崇尚美德的民族，重礼仪、讲道德，崇尚和谐的人际关系，追求人格上的精神美，是中华优秀传统文化中最具特色的基本精神之一。从某种意义上来说，中华文化是伦理型文化，是以伦理道德为内涵的文化。

中华文化认为，礼是人与低级动物区别开来的重要标志。"凡人之所以为人者，礼义也。"礼也是区分人格高低的标准。《诗经》讲："人而无礼，不遄死？"孔子指出："不学礼，无以立。""礼"是中华民族的传统道德之一，中华伦理文化可以说就是礼仪文化。社会讲"礼节"，个人讲"礼貌"，人际关系讲"礼让"，"礼"是中华文化的精华。人们赞赏家庭和睦、社会合群、尊师重教、尊老爱幼、扶贫济困的好风气，称道"亲仁善邻，国之宝也""有朋自远方来，不亦乐乎""远亲不如近邻"等，表现了中国人宽厚兼容、恭谦礼让、笃情重谊的文明风貌。

"礼"是人的品质的外在表现，而内在的本质是"仁"。"仁"是中华民族道德精神的象征，也是世俗道德中最普遍的德行标准。"仁"

的根本出发点是"爱人",也就是尊重人、爱护人、以人为本、舍己为人,实际也是如何做人的道理。由此派生出的礼、义、诚、信、廉、耻、孝等,成为世代中国人的精神追求。其中虽有不少应剔除的封建礼教陈规,却不乏众多闪光的思想精华和做人的道理。如"己所不欲,勿施于人"这句话,被西方视为"人类行为的伟大法则",并誉为"黄金法则"。而"先天下之忧而忧,后天下之乐而乐","鞠躬尽瘁,死而后已"的精神,则是中华道德观的最高境界。

中国人把建立高尚的道德视为人生的最高追求,"讲礼仪、崇道德、重人伦"逐渐成为中国人的主要心理和性格特征,崇礼重德意识渗透到我们民族文化生活理性观念的各个方面,成为中华文化重要的构成元素,对我们民族的心理结构、生活习俗、社会行为产生了广泛而深远的影响。其中许多道德观念,超越了时空,成为具有普遍意义的准则。如富于理想、追求真理的传统,忧国忧民、立志报国的传统,公而忘私、克己奉公的传统,以民为本、舍己为人的传统,独立自主、自力更生的传统,勤劳勇敢、艰苦奋斗的传统,重义轻利、清介自守的传统,革故鼎新、勇于创新的传统等,都是中国人民长期奋斗中的智慧结晶,是中华文化优秀传统中的元典精华。

中国道德文化建设有一条宝贵的经验,就是注重道德观念的伦理化、实践化,将其渗透到大众日常生活与社会关系的方方面面,成为人们处世、立世、行世的准则和信条。以孔子学说为核心的儒家文化,绵延两千年,历经频繁的朝代更替而生生不息,成为历代王朝的正统思想和治国之说,同时也成为平民百姓修身养性的准则,例如,"修身、齐家、治国、平天下",是儒家文化的基本内核和价值取向,为历代统治者所崇奉推行,这一价值取向把个人的修养、家庭的整理、国家的整治同天下太平、国泰民安紧密联系在一起,真正实现了"天人合一""体用合一""知行合一"的境界,成为妇孺皆知、君民同为的日常意识和行为规范。这恰恰是中华文化重德精神的突出特点。

(三)中华民族具有贵和尚中的品德

中国人自古就特别强调"和",主张以和为贵;也特别重视"中",讲究中庸。所谓"和",是指不同事物的合和、和谐、统一,对立面的相济相成、既同且异、共聚一体、相资相长。所谓"中"，是强调不偏不倚、恰到好处，是一种人生和道德的至高境界和追求目标，强调在处理问题时要不偏不倚、无过不及，达到最佳的结构和比例关系。这种思想不仅体现在个人修养上，也体现在治国理政中，成为中华政治文化的精髓。"贵和尚中"中的"和"与"中"相互关联，共同构成了中华文化的核心价值观，对于促进社会和谐、国家发展以及国际交流与合作都具有深远的影响。

中华传统文化追求宇宙自然的和谐、人与自然的和谐、人与人之间的和谐、身与心的和谐。中国人历来以和谐为最高原则来处理各种矛盾和各方面的关系，包括"天人合一""家庭和睦"、人与人"亲和"、民族"协和"、国与国"和平共处"，这样才能"天下太平"

中国的先哲们对"和"的概念有独特的见解，主张"和而不同"。西周末年的史官史伯说："和实生物，同则不继。"他认为，"和"是多样性的统一，只把一种物质放在一起是不能产生任何新的物质的。他主张不同事物的交融，不同意见的兼蓄。春秋时期齐国政治家晏婴认为，"和"就像五味调和才能生出美味，如果只是水加水，则单一寡淡，无人愿食，又像八音和谐才能奏出美妙音乐，如果琴瑟只一个音调，则无人愿听。孔子丰富了"和"与"同"的概念，第一次正式提出了"君子和而不同，小人同而不和"的命题，把"和而不同"作为理想人格应具备的品德，表现了"重和去同"的价值取向。这种"和实生物""和而不同"的文化观，对中华文化的发展起了重要的积极作用。

（四）中华民族具有自强不息的精神

刚健有为、自强不息，是中华民族最宝贵的民族精神，是中华文化的基本精神内核，是人们处理天人关系和各种人际关系的总原则，也是中国人积极人生态度的最集中的理论概括和价值提炼。中华五千年灿烂文化始终蕴含着一股奋发向上、开拓进取的精神力量，深刻地影响着中国人的心理和品格，是中华民族生存、繁衍、发展的生机与活力。《易经》说："天行健，君子以自强不息；地势坤，君子以厚物载德。"这相当于中华民族自立于民族之林的历史宣言。在中华文化的典籍中，可以看到无数篇闪耀着生生不息精神光芒的华章。如神话、寓言有"夸父追日""精卫填海""愚公移山""神农尝百草"等。如诗词有屈原的"路漫漫其修远兮，吾将上下而求索"，曹操的"老骥伏枥，志在千里，烈士暮年，壮心不已"，岳飞的"莫等闲，白了少年头"等。这些都是中国人积极进取人生态度的总结。

中华民族具有吃苦耐劳、奋发向上、默默奉献的内在气质。大禹治水三过家门而不入；李冰父子率众修筑都江堰，不避风雨，苦干巧干；北魏郦道元历尽千辛万苦寻图访迹，完成《水经注》这部不朽的地理著作；祖冲之刻苦钻研，所求得的圆周率在精确度上保持近千年的领先地位；明代徐霞客经过三十多年的实地考察，完成六十多万字的《徐霞客游记》……勤劳、勇敢、智慧的中国人民为人类文明作出了重大贡献。

中华民族具有不畏强暴、百折不挠、愈挫愈勇的自强自立精神。历史上有许多遭遇艰辛而奋发有为的仁人志士，为后代子孙所传颂。司马迁说："文王拘而演《周易》；仲尼厄而作《春秋》；屈原放逐，乃赋《离骚》；左丘失明，厥有《国语》；孙子膑脚，《兵法》修列；不韦迁蜀，世传《吕览》；韩非囚秦，《说难》《孤愤》；诗三百篇，大抵贤圣发愤之所为作也。"这些仁人志士虽身处逆境，仍然矢志不移，苦心钻研，奋发向上，才创造出了光辉灿烂的民族文化瑰宝。而司马迁本人，也是遭受宫刑之后，忍辱负重，发愤修志，继孔子《春秋》而作《史记》，成为"史家之绝唱、无韵之离骚"，皇皇巨著千古流传。

中华民族信奉"士可杀不可侮""富贵不能淫、贫贱不能移、威武不能屈"的人格精神，敬奉忠义伟岸的"武圣人"关公，讴歌刚正不阿的黑面铁包公，都体现了中华民族刚健奋发、矢志不渝的阳刚之气。正是这种刚健有为、自强不息的精神，不仅在中华民族兴旺发达时期起过巨大的积极作用，在民族危难之际，也总是成为激励人们起来进行斗争的强大精神力量。中国人民表现出的坚持正义、英勇奋斗、不怕牺牲的高尚气节。

思考题

1. 中华文明的显著特点有哪些？

2. 中华优秀传统文化当中在现代中国仍然有重大现实意义的部分有哪些？

第二节　中国特色社会主义文化

中国特色社会主义文化是社会主义先进文化，是中国共产党领导中国人民在长期的革命斗争和改革开放实践中所创造和累积的先进文化和中华五千年优秀传统文化有机结合的产物。

一、马克思主义先进文化

马克思主义是关于全世界无产阶级和全人类彻底解放的学说。由马克思主义哲学、马克思主义政治经济学和科学社会主义三大部分组成，是马克思、恩格斯在批判地继承和吸收人类关于自然科学、思维科学、社会科学等优秀科学成果的基础上于 19 世纪 40 年代创立的，并在实践中不断地丰富、发展和完善的无产阶级思想的科学体系。在阶段属性方面，马克思主义是无产阶级争取自身解放和整个人类解放的科学理论，是关于无产阶级斗争的性质、目的和解放条件的学说。在研究对象和主要内容方面，马克思主义是无产阶级的科学世界观和方法论，是关于自然、社会和思维发展的普遍规律的学说。马克思主义是由一系列的基本理论、基本观点和基本方法构成的科学体系，是一个完整的体系。

19 世纪科学技术的新成果新发展为马克思主义的产生奠定了坚实的自然科学基础。1848 年出版的《共产党宣言》中，第一次对无产阶级的思想体系作了系统的表述，这标志着马克思主义的诞生。马克思主义吸收和借鉴了人类思想文化的优秀成果，特别是 18 世纪中叶和 19 世纪上半叶的社会科学和自然科学的成果。马克思主义的理论来源主要是德国古典哲学、英国古典政治经济学和英法空想社会主义。此外，法国启蒙学者的思想和法国复辟时期历史学家的阶级斗争学说，也为科学社会主义理论提供了思想资料。

《共产党宣言》发表后，马克思恩格斯用毕生的精力继续丰富和发展马克思主义。"马克思主义"一词，是在 1883 年马克思逝世后，才被作为无产阶级思想体系的代称而逐步流行起来的。

作为中国共产党和社会主义事业指导思想的马克思主义，是中国化的马克思主义，既包括由马克思、恩格斯创立的马克思主义的基本理论、基本观点、基本方法，也包括经列宁等对其的继承和发展，推进到新的阶段，并由毛泽东、邓小平、江泽民、胡锦涛、习近平等为主要代表的中国共产党人将其与中国具体实际相结合，进一步丰富和发展了的马克思主义，从而得出适合中国国情的社会主义革命和建设道路的理论。

> **政治讲堂**
>
> 马克思的全部天才正是在于他回答了人类先进思想已经提出的种种问题。他的学说的产生正是哲学、政治经济学和社会主义极伟大的代表人物的学说的直接继续。
>
> ——列宁

毛泽东同志最早提出了马克思主义中国化的思想。1938 年 10 月，毛泽东在中共六届六中全会的政治报告《论新阶段》中指出："离开中国特点来谈马克思主义，只是抽象的空洞的马克思主义。因此，马克思主义的中国化，使之在其每一表现中带着必须有的中国的特性，即是说，按照中国的特点去应用它，成为全党亟待了解并亟待解决的问题。"

马克思主义为什么要中国化呢？首先，这是由马克思主义自身的理论品质所决定的。马克思主义作为无产阶级政党的理论思想和行动纲领，就必须回答和解决当时当地的实际问题，同样，政党要想成功地践行马克思主义的基本原理，也一定要将这一原理和本国的实际相结合，用新的实践、新的内容、新的语言来丰富和发展马克思主义。所以，坚持马克思主义和发展马克思主义是互为依托的。

其次，这也是总结我们党的历史经验和教训后得出的郑重结论。中国共产党成立以后，在怎样学习实践马克思列宁主义这个重大的基本问题上，大体有两种截然不同的态度，一种是教条主义的态度，一种是实事求是的态度。教条主义态度将马克思主义经典作家的著作当作不变的教义，开口闭口"拿本本来"，只注意具体结论，而忽视了引出结论的具体的历史背景和过程，没有看到马克思主义经典作家的许多观点，是根据欧洲无产阶级革命实践的经验总结而来的，生搬硬套地将它用到中国这个东方社会，结果犯了"水土不服"的毛病。这种做法，看起来取到了马克思主义的"真经"，但实际上却抛弃了马克思主义具体问题具体分析的灵魂。与之相对应的就是实事求是的态度，用毛泽东的话讲就是用马列主义这根"矢"，去射中国革命实践这个"的"，理论科学，目标明确，这才叫作"有的放矢"。回顾我们党的历史，可以清楚地看到，什么时候我们坚持了马克思主义中国化的原则，我们的革命和建设事业就会取得成功；反之，什么时候我们违背了这一原则，形而上学地、僵化地、保守地、片面地理解马克思主义，就会遭到严重的挫败。

马克思主义先进文化立足于无产阶级和全人类的解放，实现了历史和逻辑、科学性和阶级性、理论和实践的有机统一，是我们认识世界、改造世界的强大思想武器，具有无可比拟的先进性。

二、中国共产党带领中国人民创立的革命文化

任何一个政党，都有其独特的精神基因。独特的精神基因决定了一个政党的精神气质、文化形象和价值追求。2016 年 7 月 1 日习近平总书记在庆祝中国共产党成立 95 周年大会上的讲话中强调："在党和人民伟大斗争中孕育的革命文化和社会主义先进文化，积淀着中华民族最深层的精神追求，代表着中华民族独特的精神标识。"从根本意义上讲，革命文化是中国共产党独特的精神基因，是我们党能够从小到大、由弱变强，始终走在时代前列的核心竞争力。

首先，中国革命文化是中华民族革命斗争史的文化凝聚。

作为中国共产党独特精神基因的革命文化，不是凭空产生的，而是在中华民族反抗侵略、追求富强民主的伟大斗争中凝聚而成的。在中华优秀传统文化的滋养和马克思主义中国化的历史进程中，我们党在革命斗争年代所形成的井冈山精神、长征精神、延安精神、西柏坡精神，以及诸多英雄人物与先进集体，构成革命文化的独特标识和精神谱系。革命文化传承和升华了中华优秀传统文化的合理内核，把马克思主义普遍真理与中国革命实践有机结合起来，成为中国文化自信的优质基因。这种优质基因决定了中国共产党在革命和发展实践中，忘我奋斗、锐意进取，带领中国人民从胜利走向胜利。因此，革命文化源于实践又引领实

践。正如毛泽东所强调的，"革命文化，对于人民大众，是革命的有力武器。革命文化，在革命前，是革命的思想准备；在革命中，是革命总战线中的一条必要和重要的战线"。[1]

其次，中国革命文化构建了中国共产党精神图谱的基本内核。

就像人的基因决定了人的性状、功能和行为一样，中国共产党的精神图谱，就像一幅生命的蓝图，引领我们党在严酷的斗争中适应环境、保存优势、生存进化。

它确立了"把中国引向光明"的理想目标。这体现了中国共产党所追求的根本理念、终极价值目标，是合乎全人类利益、合乎人性发展的，它以马克思主义信仰、共产主义理想信念为表征，是中国革命胜利的一种精神动力，成为中国共产党人的政治灵魂，科学地回答了"我们要到哪里去""我们的未来是什么样的""我们怎样实现这一目标"的终极性问题。

它确立了中国共产党全心全意为人民服务的根本宗旨。70多年前，毛泽东同志在延安的窑洞前响亮地喊出"全心全意为人民服务"，绝非空洞的说教，而是对我们党核心价值的高度凝练。在改革发展时期，习近平总书记反复强调"为人民服务，担当起该担当的责任"的执政理念，发出"人民对美好生活的向往，就是我们的奋斗目标"的庄严承诺，正是我们党精神基因的延续体现。

它确立了中国共产党人"不怕牺牲，排除万难"的意志品质。这种不屈不挠的勇气和自强不息的志气，使中国共产党人无论是在革命年代还是改革时期，始终保持一种"要有肝胆、要有担当精神"的积极进取态度，始终保持一种敢于藐视和压倒一切困难、顽强拼搏、去争取胜利的精神气概。在革命年代，它体现为中国共产党人勇于革命、不怕牺牲的精神。在深化改革时代，则体现为不惧困难、敢啃硬骨头的"不怕苦"精神。咬定青山不放松，任尔东西南北风。不因困难而退却，不因痛苦而放弃。这些都成为中国共产党人的精神气质。

最后，中国革命文化塑造了中国共产党人的理想人格。

中国共产党人干事业，一靠真理的力量，二靠人格的力量。在延安

---

〔1〕《毛泽东选集》第二卷，人民出版社1991年版，第708页。

时期，毛泽东同志用"高尚的人，纯粹的人，脱离了低级趣味的人，有道德的人，有益于人民的人"，这五种人形象地描摹了中国共产党人理想的精神意象，展现了人类精神世界良好美善的崇高天地。

革命文化作为中国共产党独特的精神基因，是对中国共产党人世界观、人生观、价值观的阐述，为中国共产党人理想人格塑造提供了指南。就世界观而言，革命文化对生死问题的价值判断，强调"为人民利益而死，就比泰山还重；替法西斯卖命，替剥削人民和压迫人民的人去死，就比鸿毛还轻"。就人生观来看，革命文化所赞颂的毫不利己、专门利人的精神，彰显出中国共产党人对工作认真负责，对同志对人民亲切热忱的精神风貌，反对那种对待同志"冷冷清清，漠不关心，麻木不仁"的极端个人主义。在价值观方面，革命文化推崇"为人民的利益坚持好的"与"为人民的利益改正错的"相统一，展现了中国共产党人自我完善、自我净化的内在力量。

因此，源自中国革命文化的独特精神基因，指引着中国共产党实践的目的和方向，指导着中国共产党对理想道德"至善"的选择，决定着中国共产党人具体行为目标的取舍和人生力量的释放，使之为正义而崇高的事业不懈奋斗。独特的精神基因，必将使中国共产党不断增强自我净化、自我完善、自我革新、自我提高的能力，永葆中国共产党人的政治本色。

三、中国特色社会主义文化源自中华文明的优秀文化成果

中国特色社会主义文化，源自中华民族五千多年文明历史所孕育的中华优秀传统文化，熔铸于中国共产党领导人民在革命、建设、改革中创造的革命文化和社会主义先进文化，植根于中国特色社会主义伟大实践。习近平总书记在全国宣传思想工作会议上强调，要不断提升中华文化影响力，"中华优秀传统文化是中华民族的文化根脉，其蕴含的思想观念、人文精神、道德规范，不仅是我们中国人思想和精神的内核，对解决人类问题也有重要价值"。[1]中国是一个历史悠久的文明古国，古往今来，中华民族自强不息、艰苦奋斗、开拓进取，创造了绚烂多姿、

---

〔1〕　引自习近平 2018 年 8 月 21 日至 22 日在全国宣传思想工作会议上的讲话。

独具特色的中华文化。中国特色社会主义植根于中华文化沃土，独特的文化传统注定了我们必然要走适合自己的发展道路。

（一）中华优秀传统文化为中国特色社会主义提供文化沃土

任何理论的产生，都离不开其文化基础，中国特色社会主义理论，是马克思主义中国化的理论成果。这个"中国化"既指马克思主义理论要同中国实际相结合，也指其要吸收中国文化的精华，使之形成具有中国气派、中国风格的理论。习近平总书记强调："在带领中国人民进行革命、建设、改革的长期历史实践中，中国共产党人始终是中国优秀传统文化的忠实继承者和弘扬者，从孔夫子到孙中山，我们都注意汲取其中积极的养分。"[1]离开了中华优秀传统文化，中国特色、中国气派和中国风格就无从谈起。毛泽东同志注重用中华传统文化中的命题解读马克思主义，深入浅出地说明问题，他创造性地用"实事求是"来阐释辩证唯物主义认识论；将"民惟邦本""民为贵，社稷次之，君为轻"等中华传统文化中的民本思想升华为"群众路线"思想；用"知行观"生动阐述了认识与实践的关系。我们党提出的"全面建设社会主义现代化国家"的奋斗目标，吸收借鉴中华传统文化中"小康"思想的精华，结合中国实际国情体现了对传统文化的继承与超越；"和平统一、一国两制"的伟大构想是对中国特有的"和合"思维的当代阐发；"依法治国，以德治国"的理念将传统的法治思想和德治思想进行现代性转化；科学发展观秉承了"天人合一"的传统文化基因。习近平新时代中国特色社会主义思想深刻阐释了马克思主义中国化的文化内涵，其治国理政思想是对中国传统治国安邦、修齐治平思想的超越与转化；"人类命运共同体"理念是对"天下为公""世界大同""仁者爱人"思想的创新性发展。

一种文化不应抛弃传统，而是吸收传统、再铸传统。在马克思主义理论指导下发展的中华传统文化，与当代文化不断融合创新，其合理的文化内核逐渐积淀为中华民族最深沉的精神追求和价值指引。马克思主义中国化是一个动态的、不断创新的历史进程，中华优秀传统文化为其

---

[1] 习近平总书记2014年9月24日在纪念孔子诞辰2565周年国际学术研讨会暨国际儒学联合会第五届会员大会开幕会上的讲话。

发展提供了不竭动力和思想源泉，不断推进理论创新、制度创新、文化创新。中国特色社会主义理论将继续从中华优秀文化中汲取营养，不断实现创新和发展。

（二）中华优秀传统文化为社会主义市场经济发展提供价值导向

中华传统文化是伦理型文化，文化观念与价值观念、社会规范紧密相连，汲取其中的优秀文化基因在于为社会主义市场经济的健康有序发展提供价值导向。

中华传统文化蕴含的义利观有助于遏制市场经济条件下的拜金主义，端正追求物质利益的态度，在一定程度上消解私利化倾向。在义利关系上，传统儒家倡导"先义后利""见利思义""义然后取""不义而富且贵，于我如浮云""君子喻于义、小人喻于利"的价值取向。以社会主义市场经济精神为指导，挖掘中国传统义利观中的合理要素，在充分尊重个人正当利益的同时，主张义利统一，有利于规导市场经济条件下的私利化倾向，有利于构建一个和谐、文明的社会主义市场经济秩序。

诚实守信的价值观有助于加强市场主体的道德修养，培育良性的市场经济契约精神。市场经济实质上是一种"契约经济""信用经济"，它与诚实信用的价值观存在天然的联系，中华传统文化强调"仁、义、礼、智、信"，强调"君子养心莫善于诚，致诚则无它事矣"。"信"既是持家、兴业的重要行为规范，同时也是做人的内在道德要求。从市场主体角度而言，树立诚信意识，加强道德自律，确保市场经济交往活动中行为的道德性，尤其在网络经济时代，诚实信用对于市场中的买卖双方都是非常重要的品行；从市场秩序角度而言，建立诚信制度，将诚信融进社会主义市场经济中，充分发挥政府在市场经济中的功能，建立完善的个人、企业、中介信用制度体系，以保证市场竞争的公平性。

中华传统文化中的"和合"思想、大同理念、自强精神等优秀基因，为社会主义市场经济发展提供了文化资源、精神力量，在新的历史条件下，应继续巩固、拓展、创新中国传统文化，使其发挥更为强大的生命力。

（三）中华优秀传统文化是彰显文化自信的有力支撑

党的十九大报告中提出："文化自信是一个国家，一个民族发展中更基本、更深沉、更持久的力量。"彰显中国文化自信，是道路自信、理论自信、制度自信的基础，是文化强国战略的前提。五千年绵延不绝的中华文明是文化血脉的延续，是建立中国文化自信的有力支撑，不断从中华传统文化中发掘合理资源，继承传统、创新传统，将传统文化与近代文化、当代文化融通。

文化自信，是一个国家、一个民族、一个政党对自身文化价值的充分肯定，对自身文化生命力的坚定信念。正是出于对中华传统文化的自豪感，中华民族才能坚定文化自信，源远流长的中华传统文化虽历经磨难却已经深深积淀于中国人民的思维模式和价值取向中，成为中华民族坚定文化自信的文化根基。中华传统文化强调"天行健，君子以自强不息"，"公家之利，知无不为，忠也"，"吏不廉平，则治道衰"，"君子之守，修其身而平天下"等，其中蕴含的自强、公忠、廉洁、修身等理念具有鲜明的民族特色和时代价值，是中华文明传承至今没有中断的根基，是我们坚持文化自觉的底气、坚定文化自信的底色。

中华传统文化的包容性、开放性、融合性特质是中华民族在世界文化多元格局下保持文化自信的基础。在几千年的历史流变中，中国文化经历辉煌、衰败未曾中断发展至今，强有力地说明中国文化具有开放包容、兼收并蓄、融会贯通的特质。中华传统文化发展至今，依旧保持鲜活的创造力和强大的生命力，得益于其包容开放、兼收并蓄的特质，中华民族在西方文化霸权、文化渗透的背景下依旧能坚定文化自信，为世界文明多样性发展贡献中国力量。

（四）中华优秀传统文化为社会主义核心价值观构建提供思想源泉

中华优秀传统文化是中华民族的精神命脉，是涵养社会主义核心价值观的重要源泉，也是我们在世界文化激荡中站稳脚跟的坚实根基。中华传统文化与社会主义核心价值观是一种双向的互动融通，一方面，构建社会主义核心价值观体系是对中华传统优秀文化的继承与升华；另一方面，中华传统文化与社会主义核心价值观是"源"和"流"的关系，中华传统文化蕴涵的独特价值体系是社会主义核心价值观的重要思想资源。

社会主义核心价值观在国家层面倡导"富强、民主、文明、和谐",在社会层面倡导"自由、平等、公正、法治",在个人层面倡导"爱国、敬业、诚信、友善",充分体现了中国人民的价值诉求和社会主义本质要求。社会主义核心价值观的个人、社会、国家三个维度与中华传统文化倡导的"正心、修身、齐家、治国、平天下"相一致。中华传统优秀文化蕴涵丰富的治国理政思想,传统儒家强调"民惟邦本""民贵君轻"的民本思想,提倡"大道之行也,天下为公",主张"天人合一",注重人与人、人与自然统一的和谐思想。孔子提出"仁者,爱人"已经由血缘关系延展到"四海之内皆兄弟""天下大同"的社会理想中,"老吾老以及人之老,幼吾幼以及人之幼"等观念都体现在社会维度中,为构建自由、平等、公正、法治的社会提供了价值支撑。

社会主义核心价值观把对国家、社会、公民的价值要求融为一体,既体现了社会主义本质要求,继承了中华优秀传统文化,也吸收了世界文明有益成果,体现了时代精神。它对于人们获得精神力量,增强中华民族的向心力、凝聚力,弘扬具有当代价值的中国文化精神具有重要意义。

四、每个当代中国人都应当坚定文化自信

2016 年 5 月 17 日,习近平总书记在哲学社会科学工作座谈会上的讲话中指出:"坚定中国特色社会主义道路自信、理论自信、制度自信,说到底是要坚定文化自信。文化自信是更基本、更深沉、更持久的力量。""要围绕我国和世界发展面临的重大问题,着力提出能够体现中国立场、中国智慧、中国价值的理念、主张、方案。"推动中国文化走向创新,为中国和世界的发展贡献中国智慧、中国方案,是坚定中华民族文化自信所必需的。

(一) 在学习与了解中增强文化自信

坚定中华民族的文化自信,首先要全面了解、深刻认识中华民族的

发展道路和文化内涵，对中华优秀传统文化进行深入学习、研究与系统总结。从古到今，中华民族历经沧桑巨变，走过了一条艰难曲折而又繁荣兴盛的发展之路，迎来了一个又一个文明发展高峰，创造出无数享誉世界的文明成果，凝练成具有广泛世界意义的中华文明传统与中华民族精神，对于当代中国、当今世界的文明进步与社会发展产生了巨大的影响力和推动力。深入研究、系统总结中华民族的发展道路、中华优秀传统文化的思想内涵与成长机制，深刻领会中华文明生生不息的精神伟力与生命活力，是我们坚定文化自信的重要源泉。

（二）在弘扬与传承中增强文化自信

坚定中华民族的文化自信，就是要大力弘扬中华优秀传统文化，让传统文化融入人们的日常生活，不断增强传统文化在当代的影响力和感召力。中华优秀传统文化不仅体现为浩如烟海的历史文化典籍，也体现为历代先贤身体力行的具体历史实践。这些厚重多元的思想文化与实践经验对于培育当代青少年健康人格，提升全民人文素养，推动思想文化繁荣发展，完善社会治理体系建设，对于中华民族的繁衍进步、中华文明的持续兴盛，有着巨大的推动作用。弘扬传统文化要注重知识普及与价值观传递相结合，课堂讲授与社会实践相结合，国内普及与国际传播相结合。要注重精准普及、精准传播，要对传统文化的经典文本进行准确的提炼、萃取，将书本知识落实到行动中，刻印在人们的记忆和心灵深处不断强化人们对中华优秀传统文化的体认、体会与体验，激活深藏在每个人内心深处的中华民族精神基因，增强中华文明内在的生机与活力，这是坚定文化自信的重要基础。

（三）在创新与发展中增强文化自信

中华优秀传统文化蕴藏着极其鲜活丰富的伦理道德观念和精神价值追求，如何立足当代中国的民情国情，立足当代世界的新变化新格局，如何创新发展中国传统优秀思想文化与社会治理经验，为我们统筹国内国际两个大局提供思想资源与智力支撑，是面临的重大现实课题与时代命题。习近平总书记强调坚持以马克思主义为指导，首先要解决真懂真信的问题。推动中国文化的创造性转化与创新性发展，要解决真懂真信的问题。我们要深入领会、深刻把握中华优秀传统文化的精髓要义，发自内心的尊崇、尊重、尊敬中华优秀传统文化，只有这样才能真正推动传统文化走向时代化、大众化和国际化。

当前，科学技术迅猛发展、思想潮流日新月异，文化成长的深层土壤早已发生了深刻的变化。这就要求我们必须顺应当代中国改革创新的新形势新要求，推动中国传统文化思想观念的创造性转化与创新性发展，一方面赋予传统思想观念以新的时代内涵、新的价值标准，使之在当代社会中持续保持强大的文化感召力与道德感染力；另一方面要在传承传统思想观念的基础上，以马克思主义理论为指导，对于中华文明思想体系进行原创性的理论创新，着力构建以中华优秀传统文化为深厚底蕴的中国特色哲学社会科学体系，使中华民族和中华文明焕发出新的蓬勃生机，推动中华文化走向新的辉煌。

思考题

1. 什么是中国特色社会主义文化？
2. 什么是社会主义核心价值观？

第三节　走向世界的中国特色社会主义文化

20 世纪以来，很多发展中国家照搬西方模式，不仅没有实现现代化，反而失去了发展自主性，进而落入经济发展停滞、社会矛盾丛生、政治局势动荡的"怪圈"。西方国家只是现代化的先行者，并不是现代化的范本和唯一模式，更不是衡量其他国家现代化的标准。2016 年 7 月 1 日，习近平总书记在庆祝中国共产党成立 95 周年大会上的讲话中郑重指出："中国共产党人和中国人民完全有信心为人类对更好社会制度的探索提供中国方案。"认真学习领会习近平总书记这一重要论述的深刻内涵，对于我们增强中国特色社会主义的道路自信、理论自信、制度自信和文化自信，具有重要意义。

一、向世界贡献中国智慧

中国特色社会主义进入新时代，表明新中国在短短 70 多年的发展和探索中，走出了自己的现代化道路，意味着中国经验、中国方案、中国智慧可以为世界上其他国家的发展作出贡献，特别是对那些与我国国情相似，面临相似发展难题的国家和民族来说，中国的发展道路，具有积极的借鉴意义和价值。

（一）中国特色社会主义经济为发展中国家经济发展探索出具有一定可行性的方案

改革开放以来，中国人民用 40 多年的时间走过了西方国家几百年时间才走完的工业化城市化道路，迅速成为世界第二大经济体，不仅在经济上创造了令世界惊叹的"中国奇迹"，也为发展中国家探索出了一种新的发展道路。

第一，以经济建设为中心，推动经济社会全面协调发展。坚持以发展为第一要务，聚精会神搞建设，一心一意谋发展。同时，注重处理好发展平衡性、包容性、可持续性问题，注重处理好改革发展稳定的关系，推进经济社会的全面发展和全面进步。

第二，将以公有制为主体与多种所有制经济协调起来，既发挥公有制经济的主体作用，为人民群众共享发展成果提供制度性保证，又发挥各种所有制经济的优势，共同推动社会生产力的发展。

第三，将社会主义基本制度与市场经济结合起来，实行社会主义市场经济体制，既尊重市场经济一般规律，充分发挥市场在资源配置中的决定性作用，又坚持以社会主义制度为市场经济的基础和前提，更好地发挥政府作用，有效克服市场失灵的风险，保持宏观经济稳定和可持续发展。

第四，将"先富"与"共富"衔接起来，让"先富"激励和带动落后地区、后富群众更快富裕起来，同时坚持"以人民为中心"的发展思想和"共享"的发展理念，切实保障和改善民生，促进社会公平正义。

这些中国特色社会主义经济发展的智慧和方案，超越了西方经济理论的解释范畴和经济发展的固有模式，为世界其他国家特别是发展中国家提供了重要借鉴。美国著名经济学家、诺贝尔经济学奖获得者斯蒂格利茨指出，中国经济发展形成的"中国模式"，堪称很好的经济学教材。一些发展中国家不顾本国国情，奉"市场化""自由化"和"私有化"为圭臬，照搬新自由主义经济模式和经验，其结果要么是"水土不服"，要么是引发政局动荡，使国家和社会陷入混乱。中国特色社会主义经济发展道路的成功，对那些因简单复制西方经济发展道路、发展模式而陷入"困境"的发展中国家来说，无疑提供了具有高度可行性的选择方案。

（二）中国特色社会主义政治制度为人类对更好政治制度的探索提供了中国经验

坚持党的领导、人民当家作主和依法治国有机统一，是我们党探索社会主义政治发展道路的基本经验，集中体现了中国特色社会主义的特点和优势，也为人类对更好政治制度的探索提供了有益经验。首先，中国共产党的领导是中国特色社会主义最显著的特征，中国共产党的领导为中国的现代化提供了稳定、强大的政治领导力量，避免了照搬西方多党竞争导致的社会失序和政局动荡，避免了在决策环节长时间的讨价还价甚至相互攻讦，保证了政策的连续性和决策的实效性，并且在执行环节有利于明确责任、形成统一步调，从而在效率上体现出显著优势。其次，人民当家作主是社会主义民主政治的本质，它把民主基础上的集中和集中指导下的民主结合起来，把人民通过选举、投票行使权利和人民内部各方面在重大决策之前进行充分协商有机结合起来，把民主选举、民主协商、民主决策、民主管理、民主监督、民主自治结合起来，有效避免了人民只有投票的权利而没有广泛参与的权利。最后，依法治国是党领导人民治理国家的基本方略，它把党的正确主张、人民的共同意志、国家的科学决策有机结合起来，保证了党的领导和人民民主的合法性。离开了依法治国，党的领导和人民民主就会失去法理依据。

党的领导、人民当家作主和依法治国有机统一，是国家根本政治制度、基本政治制度和社会主义法治体系的有机统一，为中国长治久安提供了科学的制度保证，也为人类政治制度的发展探索出了一条新的道路。美国著名未来学家约翰·奈斯比特在《中国大趋势》一书中认为，中国没有以民主的名义使自己陷入政党争斗的局面，在未来几十年中，中国不仅将改变全球经济，而且也将以其自身模式来挑战西方的民主政治。正如习近平总书记指出的，治理一个国家，推动一个国家实现现代化，并不只有西方制度模式这一条道，各国完全可以走出自己的道路来。我国实现国家治理现代化，将会用事实宣告"历史终结论"的破产，宣告各国最终都要以西方制度模式为归宿的单线式历史观的终结。

（三）中国特色社会主义文化展现出中国智慧和中国价值对世界的巨大引领作用

中国特色社会主义文化，是以社会主义核心价值观为灵魂，以中华优秀传统文化为底蕴，面向现代化、面向世界、面向未来，是民族的、科学的、大众的社会主义的文化。中国特色社会主义文化，积淀着中华民族最深层的精神追求，汲取人类创造的一切优秀文明成果，代表着中国先进文化的前进方向。社会主义文化作为外来的文化，要转化为中国文化形态，有一个与中华优秀传统文化相结合的过程。中华传统文化源远流长、博大精深，是中华民族赖以生存发展的"根"。但中华传统文化，从整体上看是一种前现代文明的文化，需要进行革新，社会主义恰好就是这样一种革新的力量。中国共产党在马克思主义中国化过程中，不仅自觉地坚持用社会主义文化为中华传统文化提供变革的动力，而且自觉地用中华优秀传统文化为发展马克思主义注入丰厚的本土文化滋养。中国特色社会主义文化不但传承了中华优秀传统文化，继承了红色革命文化，而且为中华文化注入了新的时代内涵。

在历史上，中国智慧对世界产生过极其深刻的影响，中华文化对人类文明有重大的贡献。现在，随着中国经济的崛起，中国智慧、中国文化正在迅速走向世界，中国特色社会主义的新概念、新表述、新论断，日益成为国际话语场中的核心议题和基本共识，逐步展现出中国价值对世界的巨大引领作用。中国的发展优势、制度优势、治理优势终将转化为世界舞台上的文化优势、价值优势、话语优势，中华文化复兴的时代必将到来。

（四）中国特色社会主义大国外交为当代国际关系开辟出一条合作共赢、共建共享的文明发展新道路

在新中国成立初期，中国向世界贡献了"和平共处"五项原则，在20世纪70年代初提出了"三个世界划分"的理论，为世界和平与反对霸权主义作出了杰出贡献。改革开放以来，中国从维护世界和平、促进共同发展的现实需要出发，坚定不移地走和平与发展的道路，努力争取利用和平的国际环境来发展自己，又以自身的发展来维护世界和平、促进共同发展。党的十八大以来，面对世界多极化、经济全球化、文化多样化、社会信息化深入发展的形势，面对"人类将向何处去"的时代拷问，以习近平同志为核心的党中央，紧紧把握21世纪世界发展的新趋势，提出了"构建人类命运共同体"的理念和主张，并以前所未有的勇气和担当，着力在世界范围内建立平等相待、共商互谅、包容互鉴的伙伴关系，走出一条"对话而不对抗、结伴而不结盟"的国与国交往的新道路。

中国关于构建以合作共赢为核心的新型国际关系和"人类命运共同体"的理念和实践，越来越为国际社会所认同和接受。"构建人类命运共同体""一带一路"倡议等中国理念和中国主张，陆续被写进联合国决议、联合国安理会决议和联合国人权理事会决议，中国方案、中国

主张凝聚起越来越多的和平希望与发展力量。

总之，中国特色社会主义大国外交为发展当代国际关系提供了新理念、新思路，为开辟一条合作共赢、共建共享的人类文明发展新道路作出了卓越贡献，必将深刻地改变世界，开创人类发展的新纪元。

二、巨大的包容性是中国特色社会主义文化的特质

作为世界四大文明古国之一，数千年以前，中国就以独具特色的古老文化而闻名世界。经过长期的发展和积淀，中华文化愈加丰富多彩，博大精深，其影响与成就举世罕见。中华文化之所以具有上述优势，与其在发展形成过程中兼容并包，吸收外来文化因素，并加以改造，不断丰富其内涵息息相关。中国社会发展的跌宕历史表明，中华文化具有极强的包容性。

在历史上，中国境内的各民族虽有过多次纷争与融合，但并没有对中华文化带来根本性的变化，中华文化反而以其博大的胸怀，兼容并包，在与外来文化交流时，秉持会通包容的原则从而获得新的养分，走上了一个更高的层次，使得中华文化更加丰富多彩，生机勃勃。正是这种包容会通的精神，使得中华文化具有非凡的融合力。近代以来，中国在抵抗西方列强的战争中屡遭失败，面对西方列强的欺凌压迫，大批有识之士从失败中看到了先进的西方工业文明，了解到了中国与西方的巨大差距，主张向西方学习，提出"师夷长技以制夷"。但是，中国人在学习西方的过程中，并不是全盘西化，而是取其先进、取其精华，融入中华文化，使中华文化不断提升与发展，是对自身糟粕的剔除和对外来文化优势的吸收，从而形成了具有强大生命力的文化。

在改革开放进程中，在坚持社会主义道路的前提下，积极改革创新，学习外国一切先进科技、先进经验和管理制度，为中国式现代化建设探索道路和方法。这种文化开放的心态，正是中华文化有容乃大的包容性的体现。中华文化的包容性，使得自身在多样性的历练中变得更具有生命力。这种以包容为基础的文化，有利于化解社会的种种矛盾。这种富于包容性的文化，也得到其他国家和民族越来越多的认同和越来越高的评价。

三、爱好和平是中国特色社会主义文化的显著特点

在中华文化中，和平、仁爱思想占有很重要的地位。这些思想在今天的中国和世界仍然发挥着重要的作用。

（一）中华文化中的"和平"表现为"仁""和"

"仁"的思想，源自古代大教育家、大思想家孔子，对我们今天社会生活的各个方面仍产生了不可估量的影响。"仁者爱人"思想有利于维护家庭的稳定，家庭又是社会的基本细胞，家庭的稳定有利于社会的稳定，有利于加强人与人之间的相互尊重与爱护，构建社会主义和谐社会，为中国的和平崛起营造良好的社会氛围。"己所不欲，勿施于人"的思想是人际交往的理想境界，是形成良好社会道德风尚的要求。"克己复礼为仁"思想要求人们抑制私心杂念，遵守社会秩序，有助于社会形成良好的社会制度和秩序，维护社会稳定全面发展。

"和"的思想，在现代仍具有重要影响。"和合"思想强调不同文化之间的相互交往、吸收、融合，对推进人类文明的发展起到了至关重要的作用。在全球化加速发展的今天，在不同民族和地域的文化交融与碰撞中，减少摩擦、增加共识，发扬"和为贵""和而不同"的思想显得更为重要。为此，继承和发扬中华优秀传统文化的共生、共存、共赢的"和合"思想，坚持走和平发展道路，是中国和平崛起战略的重要指导思想之一。在融入世界的过程中，中国所倡导的"和而不同"理念，必将推动全球多元文化的共同发展，成为引领国际关系的新潮流。

（二）中国和平崛起是对世界和平进步事业的重大贡献

中国的新崛起，与历史上其他大国的崛起有着明显的不同，历史上大国的崛起多是通过战争、征服、扩张、侵略、掠夺来实现，整个过程充满了血腥和非正义。中国的新崛起则完全是通过和平的方式来实现的。中国这条崛起道路是在总结人类发展史，特别是大国兴衰史的经验教训后作出的抉择。中国在崛起过程中，决不做损人利己之事；强大了也决不威胁他人，永不称霸。

作为一个有古老文明的东方大国，在不长的历史时期内使五分之一的人类摆脱贫穷落后，走上富裕文明道路，这本身就是对人类的贡献。中国发展不仅没有损害包括周边国家在内其他国家的利益，而且还使它们从中国的发展中不同程度地获益，这也是对世界的一个贡献。更重要的是，中国的和平发展之路，虽然带有鲜明的中国个性，但却具有普遍价值和意义。

中国选择和平崛起之路，是基于对和平与发展关系的深刻理解和对当今世界发展潮流的准确把握。全面审视人类的历史就会发现，人类的进步大多是在和平的变革中实现的，战争和暴力很少能带来真正的进步。和平是人类最大的福祉和最大的愿望。世界要和平，人民要合作，国家要发展，社会要进步，是当今世界不可阻挡的潮流。选择和平与发展，不仅符合中国人民的最大利益，得到全体中国人民的拥护，而且符合全世界人民的最大利益，受到国际社会的广泛欢迎。

中国一向致力于维护亚洲和世界的和平与稳定，伸张正义，反对强权政治和霸权主义，反对国际恐怖主义，积极主张通过和平谈判的方式化解地区纷争和矛盾，体现出负责任的大国形象。

中国的和平崛起之路，迄今为止是成功的，总的来说是顺利的。但中国人民应始终保持清醒的头脑，应认识到在前进的道路上可能会出现这样那样的障碍，但不管怎样，中国将排除万难，沿着和平与发展的道路走下去。

（三）秉承中华文化，在国际事务中践行和平外交思想

中华文化有着丰富的和平思想，并自古延续形成了中国和平文化的优良传统，主要表现在三大方面：一是"和而不同"——国家间相处的和谐理念；二是行"仁政"，
修"文德"——国家内政外交的和平理想；三是"诚""敬""信"——国民个人修身的温和信条。

中国政府的外交方针一直践行着中华文化的和平思想。中国外交实践不仅深深汲取这一精华和内核，而且把这一思想融入当代中国外交政策的目标、宗旨及原则之中。1955 年，周恩来总理在万隆会议上提出"和平共处"五项原则："互相尊重主权和领土完整，互不侵犯，互不干涉内政，平等互利，和平共处"。这五项原则不仅反映了世界各国人民的共同愿望，而且经受了国际风云变幻的考验，显示了强大的生命力。它完全符合联合国宪章的宗旨，并在实际上已成为国际公认的处理国际关系的基本准则，不仅适用于指导社会制度不同的国家之间的关系，也适用于指导社会制度相同的国家之间的关系。

现在，中国不但是世界第二大经济体，也是反对霸权、维护世界和平的重要力量。中国的崛起不会对他国构成潜在的或实在的威胁。相反，中国的和平崛起将使人类的文明和文化更为丰富多彩，为人类发展提供更多的模式和文化借鉴。中国的和平崛起将为国际关系的历史带来新的范例，证明人类可以通过理性和和平的方式处理好国家冲突这一千古难题。

四、坚持自强不息的中国精神

中华文明是世界文明史上唯一没有中断、传承至今的伟大文明，中国五千年的文明历史孕育出了以自强为内核的优秀传统文化。习近平总书记在党的十九大报告中指出："文化是一个国家、一个民族的灵魂。文化兴国运兴，文化强民族强。没有高度的文化自信，没有文化的繁荣兴盛，就没有中华民族伟大复兴。"站在新的历史起点，更应该做中华优秀传统文化的守护者、传承者和践行者，通过传承与转化、践行与创造，不断铸就中华文化新的繁荣。

（一）以执着的信念做中华优秀传统文化的忠实守护者

中华优秀传统文化蕴含着丰富的思想资源和强大的精神力量。从孔子"学而时习之，不亦说乎"的价值追求，孟子"富贵不能淫、贫贱不能移、威武不能屈"的意志品行，到屈原"路漫漫其修远兮、吾将上下而求索"的求进心态，文天祥"人生自古谁无死，留取丹心照汗青"

的爱国精神，再到鲁迅"心事浩茫连广宇，于无声处听惊雷"的革命情怀，孙中山"国家之本，在于人民"的治国理念，这些思想大师在文化历史长河中留下了数不尽的精神财富，经过岁月的沉淀熔铸到我们的精神血脉中，为我们提供了源源不断的文化滋养。立足当下，我们应深刻认识到中华优秀传统文化的丰富内涵，坚持守护，坚决认同，坚定自信。

（二）以不变的精神做中华优秀传统文化的坚定传承者

对待中华传统文化，要去其糟粕、取其精华。迈向新时代，发展中国特色社会主义文化要坚持以马克思主义为指导，结合中国实际，对中华优秀传统文化加以补充、完善、拓展，促使古老的传统文化更具有先进性和创造性。习近平总书记 2016 年 11 月 30 日在中国文联十大、中国作协九大开幕式上的讲话中指出，"坚定文化自信，是事关国运兴衰、事关文化安全、事关民族精神独立性的大问题"，因此必须让中华优秀传统文化"抬起脚，走出去"，以喜闻乐见的形式把既继承优秀传统文化既弘扬时代精神、又立足本国实际又面向国际世界的中国文化成果传播出去，在不断的实践中推进文化创新，在继承与发扬中推动文化进步。

（三）以昂扬的姿态做中华优秀传统文化的自觉践行者

党的十九大报告指出："中国特色社会主义进入新时代，我们党一定要有新气象新作为。"共产党员作为时代先锋要争做中华优秀传统文化的带头人、弘扬伟大精神的排头兵。在改革开放最前沿，每一名共产党员都要以扎根基层的广大英雄模范人物为榜样，始终保持自强不息、艰苦奋斗的优良作风，以求真务实的精神，更好地发挥表率作用，不断作出经得起实践、人民、历史检验的成绩。

中华优秀传统文化具有深远的历史影响和弥足珍贵的当代价值，需要我们身体力行、发扬光大，从而在新时代的深刻变革中，真正树立文化自信，实现中华民族伟大复兴！

思考题

1. 中国特色社会主义文化有哪些优势？
2. 中国的成功会给世界贡献些什么？

推荐书目

1. 《中国文化概论》，李建中主编，武汉大学出版社 2014 年版。
2. 《社会主义核心价值观》，吴新文，重庆出版社 2009 年版。

推荐电影

1. 《孔子》（2010 年），胡玫执导。
2. 《无问西东》（2018 年），李芳芳执导。

第七篇

我们如何看待宗教

我国是一个有多种宗教的国家。宗教作为一种社会现象，在我国社会主义历史条件下长期存在。如何对待宗教，实际上就是如何对待信教群众的问题。我们从事革命、建设和改革的事业，需要团结群众和依靠群众。群众，既包括信教的群众，也包括不信教的群众。马克思主义宗教观认为，宗教的社会作用既有积极的一面，也有消极的一面。积极方面是指宗教具有维护社会稳定、促进社会和谐的作用；消极方面指宗教又可能被利用来破坏社会的稳定与和谐。做宗教工作，就是要支持宗教界发扬宗教中的积极因素，抑制宗教中的消极因素，引导宗教适应时代进步要求，为社会发展作出贡献。

【阅读提示】

1. 了解我国作为多宗教国家的现实，认同党和国家的宗教政策。

2. 树立正确的宗教观，了解宗教在中国社会中的作用。

习近平总书记在全国宗教工作会议上明确指出，要坚持和发展中国特色社会主义宗教理论。为我们正确认识宗教现象，正确处理宗教问题，指明了方向。对于我们每一个人来说，树立正确的宗教观，理性对待宗教现象和问题，是现实生活的需要。

第一节　宗教的外在表现

宗教是当今人类社会的普遍现象。可以说，今天的宗教已经渗透到人们日常生活的方方面面，特别是对于宗教信徒来说，宗教是他们的精神寄托。那么到底什么是宗教？它有怎样的表现形式？又有哪些社会功能？只有弄清了这些问题，才有助于我们正确认识宗教。宗教的本质反映着宗教内在的东西，其外在表现为一种社会现象，特别是表现为一种社会组织，使人们能具体感受到宗教是实实在在看得见、摸得着的东西。

一、宗教是一个复杂的系统

宗教作为一种社会现象，并不是单纯存在于教徒头脑中一种纯粹精神的东西，它还通过具有共同宗教信仰的一个庞大的宗教徒群体作为其外在的表现。所以，宗教徒是宗教的主体，涉及宗教的方方面面均是宗教徒行为的结果，没有宗教徒，也就不可能有现实的宗教的存在，宗教徒是由教职人员和一般教徒组成的。

教职人员是指在宗教组织内专门从事教务工作并有一定宗教职务的人，他们负责宗教活动场所的管理，主持宗教礼仪，组织宗教活动等。一般教徒是指经过相应的入教仪式，正式加入宗教的人士。

宗教作为一种社会现象，其表现之一就是宗教徒都会从事宗教活动。从宗教的历史发展来看，宗教活动或行为主要有宗教禁忌、祈祷献祭、宗教礼仪等。

为了满足宗教活动的需要，在各宗教的发展中，陆续建造了寺、观、教堂等宗教活动场所，并配备了各种各样的器物，如神灵的塑像、画像及其他物品，以保证宗教活动的肃穆与庄严。为了更好地将宗教徒联系起来，使宗教活动更为规范化，宗教组织及其宗教制度应运而生。宗教组织在不同的历史时期和在不同的国家的表现形式有所不同。如在政教合一的国家，宗教组织往往是国家政权机构的一部分；在政教分离的国家，宗教组织一般是用以满足宗教徒的信仰的机构。欧洲封建社会时期，宗教组织干预政治、干预国家行政的情况十分突出。宗教制度则是维系宗教群体、规范宗教生活、指导宗教活动的规章、教法、体制、惯例和传统的总称。

总体而言，宗教作为一种社会现象，是一个由若干基本要素组成的多层次的系统。其中宗教思想处于基础或核心的地位，它直接反映了宗教的本质。宗教徒有了宗教思想，才会产生特殊的宗教感情和体验，才会产生一系列宗教崇拜的外在行为。宗教的组织和制度则是宗教思想信条化、宗教行为规范化和制度化的结果，它处于宗教体系的最外层，是宗教实体的集中表现，对宗教信仰者及其宗教思想、宗教心理和宗教行为起着凝聚团结的作用。因此，宗教是一种包含宗教意识及其外在表现的社会体系。

二、宗教是一种文化现象

宗教作为一种文化现象，从广义上来说，是人类社会历史发展过程中所创造的物质财富和精神财富的一部分，如原始社会的中后期，人类的文化史几乎就等同于宗教史。从狭义上来说，宗教作为一种社会意识，在社会的精神生活领域广泛地同哲学、政治、法律、道德、文学、艺术乃至科学产生密切的关系，形成了独特的宗教文化现象。

从世界历史上看，世界各民族的哲学、道德、教育、科学、文学、艺术以及风俗习惯、生活方式都不同程度地受到了宗教的影响。奴隶社会时期，人类对自然界和社会的认识大多表现为巫术和神话的形式，表现在文学艺术方面则是对神的赞歌、娱神的舞蹈以及表现宗教内容的绘画和雕刻。古希腊罗马建筑艺术的杰作大多是神殿、陵墓和纪念堂等。在封建社会，特别是在欧洲，宗教成为思想领域的绝对权威，各种文化现象更是弥漫着宗教色彩。在这样的历史条件下，宗教和其他意识形态紧密结合而产生的宗教文学、宗教音乐、宗教美术、宗教建筑等，成为人类历史文化的一部分，成为人类文化史上的宝贵财富。

从中国历史上看，佛教思想作为中国哲学史的重要组成部分，对于推动中国哲学史的发展起了重要作用。佛教文化的精华，如敦煌壁画和经卷，龙门、云冈、大足等地的石刻等，都是中华文化史上灿烂的篇章。道教为寻求"道法自然"，在探索方术的过程中，客观上对医学、化学和天文学等的发展作出了贡献。在我国西北和西南各少数民族地区，宗教与民族的历史文化、伦理规范和生活习惯有密切关系。我国有十个少数民族普遍信仰伊斯兰教。伊斯兰教虽是外来宗教，但自传入中国后，在保持其基本特点的基础上与中国固有文化相融合，成为信仰伊斯兰教各民族文化不可分割的重要组成部分，并且对中华民族的历史文化，特别是医药学、天文学、数学和历法等作出了巨大贡献。基督教传入中国后，曾有过被帝国主义者利用而作为侵略工具的历史，但它在中国建立医院、开设学校、提倡男女平等、出版报刊图书等，对于传播西方科学文化，客观上起到了一定的积极作用。

宗教不仅是一种社会文化现象，而且是一种历史现象，都是一定社会历史条件下的产物，都有其产生、发展及演化的过程。

三、当今世界主要宗教流派

随着社会的发展，世界各地在政治、经济、文化等方面的交往日趋频繁，在某些民族、国家中出现了超民族和超国家地区的宗教乃至世界性宗教，佛教、基督教和伊斯兰教即为当今世界主要宗教流派，被称为世界三大宗教。

（一）佛教

佛教相传为公元前 6 世纪至公元前 5 世纪古印度的迦毗罗卫国王子释迦牟尼所创，广泛流传于亚洲的许多国家。佛教传入中国以后，从"水土不服"到"入乡随俗"，适应并且完成了中国化的历程。历史证明，佛教教理的多样性和融摄性、行为规范的忍让和协和精神、处世应变的"智巧"，善于将入世与出世、王法与佛法、戒律与伦理等相会通，因时因地作出适应性的解释和回应，从而使其能立足中国并存续和发展，成为中国的重要宗教之一。

> 政治讲堂
>
> 一切宗教都不过是支配着人们日常生活的外部力量在人们头脑中的幻想的反映，在这种反映中，人间的力量采取了超人间的力量的形式。
>
> ——恩格斯《反杜林论》

（二）基督教

基督教是对奉耶稣基督为救世主的各教派的统称，亦称基督宗教。公元 1 世纪，基督教发源于罗马巴勒斯坦地区。基督教在世界各地分布最广、信徒数量众多，影响也最大，一般认为其信徒约占世界人口的三分之一。基督教在人类发展史上有着极为重要且不可替代的关键作用和深远影响。

（三）伊斯兰教

伊斯兰系阿拉伯语音译，公元 7 世纪时由麦加人穆罕默德在阿拉伯半岛上创立，原意为"顺从""和平"，意指顺从和信仰创造宇宙的独一无二的主宰安拉及其意志，以求得两世的和平与安宁。公元 7 世纪至 17 世纪时期，在伊斯兰的名义下，曾经建立了倭马亚、阿拔斯、法蒂玛、印度德里苏丹、土耳其奥斯曼帝国等一系列大大小小的王朝。经过一千多年的历史变迁，这些盛极一时的封建王朝都已成为历史陈迹。但是作为世界性宗教的伊斯兰教却作为一种宗教、文化和政治的力量，一种人们的生活方式，在世界范围内不断地发展，乃至成为世界的三大宗教之一。

思考题

1. 宗教的本质是什么？
2. 当今世界有哪些主要的宗教？

第二节 党的宗教政策

习近平总书记指出，宗教工作本质上是群众工作，如何让群众全面理解和领会党的宗教工作方针政策，是做好新形势下宗教工作的首要问题。只有赢得了信教群众的理解和支持，才能实现宗教和谐和社会稳定。我们应该积极弘扬党的宗教工作方针政策，以及相关的法律法规宣传群众、教育群众、引导群众、团结群众，让群众知道哪些是对的，哪些是错的；哪些是合法的，哪些是违法的；哪些是应该倡导的，哪些是应该抵制的。这关系到党群关系、民族团结、宗教和谐和社会稳定。

一、尊重和保护宗教信仰自由

尊重和保护宗教信仰自由，是党对宗教问题的基本政策，也是一项长期政策。宗教信仰自由的主要含义是：每个公民既有信仰宗教的自由，也有不信仰宗教的自由；有信仰这种宗教的自由，也有信仰那种宗教的自由；在同一宗教里，有信仰这个教派的自由，也有信仰那个教派的自由；有过去不信教而现在信教的自由，也有过去信教而现在不信教的自由。应当强调指出，宗教信仰自由政策的实质，就是要使宗教信仰问题成为公民个人自由选择的问题。贯彻党的宗教信仰自由政策，要体现全面性，防止片面性。应从以下方面理解党的宗教政策：

第一，宗教信仰自由。我国宪法、刑法、选举法、兵役法、义务教育法等法律对保护宗教信仰自由有明确规定，即尊重和保护公民信教的自由，也尊重和保护公民不信教的自由。

第二，国家实行宗教与政权相分离的原则。社会主义国家政权当然绝不能被用来推行某种宗教，也绝不能被用来禁止某种正常的宗教信仰和宗教活动。同时，绝不允许宗教干预国家行政、干预司法、干预学校教育和社会公共教育；绝不允许强迫任何人特别是未成年人入教、出家和到寺庙学经；绝不允许恢复已被废除的宗教封建特权和宗教压迫剥削制度；绝不允许利用宗教反对党的领导和社会主义制度，破坏国家统一和民族团结。中国各宗教不论信众多少，不论影响大小，在法律面前一律平等，政府对各宗教一视同仁。

第三，不得歧视不信教的公民，也不得歧视信教的公民。无论是哪个民族，在哪个地方生活，都要相互尊重不同的宗教信仰，在多数群众不信教的地方，要特别注意尊重和保护信教群众的权利；在多数群众信教的地方，还要特别注意尊重和保护少数不信教群众的权利，决不能采取压制、歧视的办法对待。

第四，国家保护一切在宪法、法律和政策范围内的正常宗教活动。各宗教团体按照宪法、法律和政策的有关规定，可自主地办理各种教务。经政府主管部门批准，开办宗教院校，出版宗教书刊，销售宗教用品和宗教艺术品，开展宗教方面的国际友好交往，进行宗教学术交流活动。依法登记的宗教团体和宗教活动场所的合法权益受法律保护。任何人不得到宗教场所进行无神论的宣传，或者在信教群众中发起有神还是无神的辩论；但是任何宗教组织和教徒也不应当在宗教活动场所以外布道、传教，宣传有神论。

第五，要警惕带有政治图谋的宗教渗透和诉求。以习近平同志为核心的党中央敏锐地认识到，当前境内外敌对势力利用宗教对我国进行的渗透破坏活动不断加剧，并呈组织化、系统化、精细化趋势。西方敌对势力利用宗教大搞恐怖活动，制造民族分裂。"法轮功"等一些邪教组织不断制造所谓拯救生命的"法术"，其真实目的是想否定社会主义制度，制造动乱，祸国殃民。面对这些破坏性活动，人们必须擦亮眼睛、明辨是非，坚决抵制这种带有政治图谋的宗教渗透和诉求。

第六，实行宗教信仰自由政策不适用于共产党员。党的宗教信仰自由政策，是对我国公民来说的，并不适用于共产党员。共产党人是无神论者，不能信教，不能参加宗教活动。但生活在基本上全民信教的少数民族地区的基层党员，应当根据具体情况区别对待这一规定，既要做到在思想上同宗教信仰划清界限，又要在生活中尊重和随顺民族习俗，以利于联系群众。

二、宗教界是爱国统一战线的重要组成部分

我国坚持和发展的中国特色社会主义宗教理论，是从中国宗教的具

体实际出发，根据中国宗教在不同历史时期发生的变化，不断总结经验，逐步形成了一整套关于宗教问题的基本观点和基本政策，走出了一条妥善处理社会主义历史条件下宗教问题的正确道路。坚持"爱国爱教"是我国各宗教中国化方向的基本点和立足点。在宗教界必须提倡爱国爱教，爱教必先爱国。每一个宗教界人士，第一身份首先是中华人民共和国公民。"爱国"不是空洞的或虚无的概念和口号，爱国是具体的已融入全民族血液的文化基因。爱国就要做到服从和适应国家的政治制度和法律制度，拥护社会主义制度、拥护中国共产党的领导，对祖国认同、对中华文化认同、对中华民族认同、对中国共产党认同、对中国特色社会主义认同，离开了这个基本点，包括宗教在内的一切意识形态都是不能存续的。

在新的历史时期，我国宗教界作为中国共产党领导下的爱国组织，作为党和政府联系、团结、教育广大信教群众的桥梁，在带领信教群众爱国守法、维护社会稳定、促进祖国统一、共同致力于建设有中国特色社会主义的伟大事业中作出了突出的贡献。

（一）为社会公益和服务事业效力

改革开放以来，宗教界发扬各教的优良传统，积极开展社会公益和服务事业，在扶贫救灾、助学济残、开荒种地、植树造林、架桥铺路、服务社会等方面表现出极高的热情，作出了重大的贡献。在 1998 年的抗洪救灾中，宗教界为灾区捐款 4000 多万元。1999 年 9 月，我国台湾地区发生百年罕见的强烈地震，祖国大陆宗教界获悉后，深刻体恤台湾同胞的蒙灾之苦，纷纷以不同的方式表达对台湾同胞的慰问，并积极加入赈灾救助行列。

（二）尽职尽责维护祖国统一

在新的历史时期，宗教界在维护祖国统一方面，作出了积极的努力，藏传佛教领袖班禅大师就是杰出的爱国主义者。1987 年秋，当少数民族分裂分子纠结达赖集团策动分裂祖国的活动，在拉萨市蓄意制造骚乱时，班禅大师就此发表讲话，严厉谴责这一罪恶行径，积极维护祖国统一。1991 年，中国天主教青年代表团在马尼拉参加世界天主教青

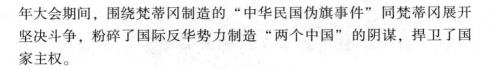

年大会期间，围绕梵蒂冈制造的"中华民国伪旗事件"同梵蒂冈展开坚决斗争，粉碎了国际反华势力制造"两个中国"的阴谋，捍卫了国家主权。

（三）为维护世界和平而不懈努力

和平和发展是当今世界的两大主题。和平是发展的前提和保障，是全世界人民根本利益之所在。一切真正宗教教义的共同特征和根本精神都包括和平——内心世界和外部世界的安宁与和平，一切真正的宗教往往把维护世界和平视为神圣天职。占世界人口五分之四以上的宗教徒是一支重要的和平力量，可以在防止战争、化解冲突中发挥独特的作用。我国宗教界具有维护世界和平的光荣传统，进入新时期，更为世界和平而不懈努力。

思考题

1. 党的宗教政策的主要内容是什么？
2. 信教和爱国矛盾吗？

第三节　宗教极端主义与邪教是美好生活的毒药

　　宗教极端主义和各种邪教，是人们美好生活的毒药。宗教极端主义秉持极端的宗教观点，采用极端主义的方式对待社会、对待他人，是不理性、反人道的。邪教更是社会的毒瘤，是极端反社会、反人性的。

一、宗教极端主义的反动本质及特性

　　宗教极端主义是一种打着宗教旗号出现的一种极端主义思潮，其本质是反社会、反科学、反人类，为了达到其不可告人的政治目的，对宗教建设任意歪曲篡改，煽动宗教狂热，煽动教派之间、不同信仰之间、不同民族之间的仇恨，制造暴力冲突。要解决宗教极端主义问题，就必须对这个"怪胎"进行剖析和清理，认清宗教极端主义的现实危害及反动本质。

　　宗教极端主义的反动本质和特性有以下表现：

　　一是亵渎性。任何一种正常的宗教都在其教义中倡导向善的思想。而宗教极端主义不仅背弃了宗教正信，而且亵渎教规教义，在一次次暴恐案件中，制造种种暴行，与宗教教规教义格格不入，挑战了合法宗教的权威，这是对合法宗教最为严重的亵渎。

　　二是暴恐性。宗教极端主义的另一个代名词就是"暴恐主义"，从一起起暴恐案件可以看到，暴恐分子毫无人性可言，丧失理智，残害无辜，背离社会公德，破坏社会秩序，制造恐慌和动乱，成为和谐社会必须割除的"毒瘤"；其野蛮残暴行径严重挑战了人类社会的文明底线，是现代文明社会所不能容忍的。不消除宗教极端思想这一暴力恐怖的根源，暴恐活动就会像癌细胞一样不断复制繁衍扩散。

　　三是欺骗性。宗教极端主义的欺骗性表现在：披着宗教的外衣，大搞"神权政治论"，利用人们朴素的宗教感情灌输宗教极端思想，从而进行渗透破坏活动。

　　四是民族分裂性。宗教极端主义的分裂阴谋有以下方面：阴谋之一是煽动教派之争。宗教极端主义否定延续千百年的、传统的、正常的宗教礼仪和活动，认为传统教派是"非正宗"的，鼓吹"极端"是"正宗"的，而且故意滋生矛盾制造纷争，教唆和强迫教民相信这种教派而不能信那种教派。阴谋之二是破坏民族团结。宗教极端主义千方百计破坏各民族之间的团结，歪曲宗教演变史、民族发展史，煽动民族仇恨，制造民族隔阂，故意把宗教问题与民族问题扯在一起，从中达到不可告人的目的。

五是非法性。宗教极端主义鼓吹宗教至上论，排斥国家法律，干涉干扰政府事务，具体表现在：宗教极端主义者鼓噪教大于法，信教不信法，鼓吹教法统治，以"教法"代替国法，反对国家法律和制度的实施，具有严重的非法性。

认清了宗教极端主义这些反动本质和特性，就不难得出结论：宗教极端主义根本就不是宗教，而是彻头彻尾的披着宗教外衣的打着宗教旗号的黑社会性质的反动组织。

二、邪教的共同特点及危害

邪教是宗教的异化，二者之间有着本质区别，这些本质区别表现在教义、组织活动、道德传统以及对待社会和政府的态度等方面。当代邪教是伴随着新兴宗教的产生而产生的，因此必须注意区分邪教和新兴宗教的联系与区别。一般而言，新兴宗教都是在传统宗教的基础上演化发展而来的，其教义一般都来自传统宗教，只不过是获得了新的宗教启示。而邪教却是走到了新兴宗教的极端，邪教的主要特征无非是打着宗教旗帜的歪理邪说，通过神化教主思想控制秘密组织，以实现教主的私人利益。其中既有经济利益，也包括不可告人的政治目的，最终的结果都是危害信众、危害社会。因此可以说，邪教是危害社会的一个"毒瘤"，其本质是反人类、反社会、反政府、害教众的。

宗教是人类社会历史发展到一定阶段的产物，是人类社会灿烂文化的重要组成部分，在一定的历史条件下，它满足了人类的精神需求和终极关怀，促进了人类的发展。然而，正如西方著名宗教社会学家缪勒所说："哪里有人类生活，哪里就有宗教。而哪里有宗教，由宗教产生的问题就不可能长久地隐而不露。"[1]宗教和邪教之间有着本质区别。宗教发展至今已有几千年的历史，各传统宗教都形成了自己的经典、教义、崇拜仪式、组织形式，并广为人们所接受，其组织形态井然有序，其精神追求相对地较为真诚、执着，崇尚真善美，在世界各国拥有数量众多的信徒。传统宗教在其历史发展中，与主流社会相适应，是社会上层建筑和意识形态的一部分，是民族文化传统的代表，其价值观与主流社会相吻合。

邪教是在宗教创立、发展过程中走向严重危害社会、违反法律与人性、扰乱社会秩序甚至自绝于社会与人类、导致信众或无辜百姓蒙受巨大的生命财产损失的一些极为个别的教团。区别邪教与其他宗教的一个主要标准是，是否有极端的反人类性、反社会性和对教主的绝对服从性。因此我们不能简单地将新兴宗教等同于邪教，更不能在宗教与邪教之间画等号。

当一个宗教组织逐步走向反社会、反人性的道路，其行为活动违反了社会的基本道德和法律时，我们就可以将之定性为邪教。它是新兴宗教的一种恶变，它把新兴宗教具有的某些一般特征极端化，成为其特有的教义，尤其表现为绝对的教主至上，同时在信仰教义上鼓吹具体的末世论，即判定某一个具体的日期为世界的末日，或把某些事件作为世界末日的标志等。例如日本邪教"奥姆真理教"教主麻原彰晃预言2000年将爆发"世界最终战争"。对一般人来说，邪教组织及其教义和预言可谓荒唐至极。但对于某些精神极度空虚的人来说，邪教的"末世预

---

〔1〕 ［英］麦克斯·缪勒：《宗教的起源与发展》，金泽译，上海人民出版社1989年版，第5页。

言"却有巨大的感召力，可能导致集体自杀或其他严重的社会事件，所以应引起我们的关注。这些年来由于各种复杂的原因，邪教在世界范围内有蔓延趋势。有些邪教组织利用电脑网络等先进科学技术手段传播妖言邪说，发展信徒，进行疯狂的跨国邪教活动。如"奥姆真理教"以日本为大本营，在美、俄、法、斯里兰卡等国设立海外分部；"太阳圣殿教"势力遍及欧美10多个国家；"基督教科学派"在50多个国家设立分部等。

邪教组织一般有如下特点：

第一，反正统性，宣扬"教主"崇拜，对教徒实施精神控制，使信徒变成绝对服从教主的奴隶。传统宗教的崇拜对象是超人间的神，如基督教的上帝、佛教的佛、道教的太上老君等，教职人员并不是神本身或神的化身，信众并不将教职人员甚至宗教领袖作为神来崇拜。邪教组织的教主却自封为"神""主""活基督"，集神权与教权于一身，扮演着世界创造者、主宰者和救世主的角色，宣扬自己的种种"特异"能力，迷惑信徒，并企图"改朝换代"，有明显的政治野心和政治色彩。

第二，反现世性，制造邪说，蛊惑人心。传统宗教教义除强调追求天国幸福之外，还适当地关注人的现世生活，给人以安慰、劝勉和鼓励，如基督教教人博爱、忍耐、宽容；佛教教人慈悲、宽大；伊斯兰教主张两世吉庆等。在某种程度上，传统宗教具有一定的稳定社会、扶助人生的作用。而邪教则偏执一端，狂热地渲染灾劫的恐怖性和紧迫性，扬言世界末日将至、天国将临、唯入其教者方可获救等异端邪说，制造恐怖不安气氛，扰乱社会秩序，由此往往导致两类极端行动的发生：一是煽动信徒在所谓的"世界末日"来临之际集体自杀"升天"；二是为建立地上"天国"对社会进行暴力攻击，达到其颠覆社会秩序、建立极端统治的罪恶目的。

第三，反社会性的非法、非人道的教内生活。传统宗教虽然被动但却一直努力地调整教义，力求与社会相适应，有限度地倡导服务社会、造福群体。如佛教的"庄严国土，利乐有情"，基督教的"荣神益人"，道教的"慈爱和同、济世度人"，伊斯兰教的"善行"等，即体现了传统宗教对人的关怀之情。一般而言，流传至今的传统宗教的教义和制度并不危及国家宪法、法律赋予信徒的基本权利，教职人员对信徒采取劝诚的方法，并不施以暴力胁迫。而邪教的立言行事则违背公认的社会伦理、道德准则、法律准则，使用欺骗、恐怖的手段，对教徒的精神生活和世俗生活进行控制，强制剥夺教徒的合法权利，残酷摧残教徒的身心健康，诈骗钱财、盘剥信众、蹂躏女性，实行专制统治。

第四，秘密结社，对抗政府。现存的传统宗教并不以颠覆政权、建立神权政治为目标，而是寻求与政权相协调，在社会生活中发挥民间团体的辅助作用，力求将爱国与爱教结合起来。而邪教组织却具有强烈的反社会倾向，与法律相抵触，敌视现存的社会秩序和政权，隐含着取而代之的权力意图，故而政教合一，组织严密，甚至囤积武器弹药，进行与法律相抵触的反社会行为。如日本的"奥姆真理教"仿照日本政府的"省厅制"机构，设有"法务省""建设省""文部省""外务省"等，俨然一个"奥姆帝国"。该邪教一心扩展其"神圣空间"，称"神圣空间"充分展开之日，便是日本政府灭亡之时。邪教在受到人们或政府追查时，教主为了保住"神"的地位和尊严，往往不惜牺牲教徒的生命。1978年，美国"人民圣殿教"在教主查姆·琼斯的煽动下集体服毒自杀，造成900多人死亡。1994年至1995年，"太阳圣殿教"70多名信徒先后在法国、瑞士、加拿大等地神秘死亡。2000年，乌干达的众多邪教成员在"恢复上帝十戒运动"中集体自焚，造成至少530人死亡。据乌干达警方统计，该教派已害死了1000多名信徒。

目前，我国部分地区出现的一些邪教组织大多是从国外渗入，在国内滋长发展起来的。这些邪教组织虽然为数不多，但社会危害性很大。虽组织名称各异，但其表现如出一辙。

三、远离邪教，珍爱生活

从以上世界范围内对邪教定义和特征的研究及概括来看，邪教无非是打着宗教旗帜的歪理邪说，通过神化教主、思想控制、严密组织来实现教主的私人利益，其中既有经济利益，也包括不可告人的政治目的，最终的结果都是危害信众、危害家庭、危害社会。因此可以说，邪教是危害社会的一个"毒瘤"，其罪恶本质是反人类、反社会、反政府。

由于邪教组织从事危害国家安全和社会秩序、危害人民群众生命财产等违法犯罪活动，中国共产党和中国政府采取的政策是：坚决查禁取缔邪教组织，制止和打击其非法活动。中国共产党第十五届三中全会通过的《中共中央关于农业和农村工作若干重大问题的决定》中明确指出："全面贯彻党的宗教政策，依法打击邪教和利用宗教进行的非法活动。"对利用邪教组织进行违法犯罪的首要分子，要按照《刑法》第三百条依法处理；对不够依法打击处理的一般骨干，主要采取教育转化；对受蒙骗的群众，主要进行宣传教育，教育他们不要参与邪教组织活动，摆脱邪教组织的影响。

建立正确的宗教观，认清宗教极端主义和邪教的反人类、反社会、反政府本质，对于每个公民的幸福生活而言都是非常重要的。传统宗教都有其社会功能，都在一定程度上可以满足人们的精神和心理需要，因此国家尊重和保护每个公民的信仰自由。但是由于宗教极端主义和邪教，都是打着宗教的外衣和旗号开展活动的，因此不可避免地具有欺骗性。所以，有宗教信仰是可以的，参加合法的宗教活动也是可以的。但是必须小心，要认真辨析那些打着宗教旗号，行反社会、分裂国家、祸害教众和信徒之实的危险分子，远离宗教极端主义和邪教，是每个人自由和幸福的保障。

思考题

1. 什么是邪教？
2. 邪教有哪些危害？
3. 我们如何防止被别有用心的人利用，危害社会？

推荐书目

《宗教与现代社会》，印顺、李大华主编，人民出版社 2014 年版。

推荐电影

1. 《冈仁波齐》（2017 年），张杨执导。
2. 《追梦赤子心》（2016 年），周孜凯执导。

第八篇

人生再审视

核心价值观是一个民族赖以维系的精神纽带，是一个国家共同的道德基础。文化是一个国家、一个民族的灵魂，文化自信是一个国家、一个民族发展中最基本、最深沉、最持久的力量，而价值观则是文化最深层的内核，价值观自信是文化自信最本质的体现。中国独特的文化传统与历史命运，决定我们必然坚守根植于中华文化沃土又具有当代中国特色的价值观。只有持续培育和践行社会主义核心价值观，大力传承中华民族思想精髓、精神基因、文化血脉，才能更好构筑中国精神、中国价值、中国力量，使中华民族以更加昂扬的姿态屹立于世界民族之林。

【阅读提示】

1. 思考个人的价值观和人生观，增强对社会主义核心价值观的理解。

2. 提升自己做人的境界和水平，成为更好的人。

　　树立正确的世界观、人生观、价值观，是每个人健康成长的基础。人的一生，挫折和错误是难免的。重要的是建立正确的是非观和幸福观，并经常反省自己。习近平总书记在 2018 年 2 月 14 日春节团拜会上指出："奋斗本身就是一种幸福，只有奋斗的人生才称得上幸福的人生。"人应该怎样活着？什么样的人生才是幸福的人生？这样的问题再次让许多人沉思。对犯过错误的人来说，回头审视自己的人生，审视自己的三观，审视自己对于幸福和是非的看法，是完成自身改造、重回正确人生轨道的重要一环。如何做一个大写的人，成就我们大写的国家，是每个人应该思考的问题。

第一节　人是自然的一部分

　　个体的人组成了人类社会，人类社会又是大自然的组成部分。因此对世界的正确看法也就是正确的世界观，是正确的人生观和价值观的基础。人的能力有大小，但精神是平等的。只要有为人民服务的精神和胸怀祖国、胸怀天下的境界，就是一个大写的人。

一、人类社会是大自然的组成部分

　　在人类社会产生之前，自然界就已经存在了。自然界就像母亲，人类社会就如同孩子，人类生活的方方面面都取之于大自然。人类对大自然的态度从一开始的迷信般的崇拜与爱戴，到后来无节制的索取，导致自然界遭到严重的破坏。这一切都源于人性的贪婪，由于贪婪，使得最初的崇拜变成了征服。如今，人类对自然过分索取的结果就是自然对人类的报复：沙尘暴严重、荒漠化加剧、全球气候变暖、海平面下降导致很多物种濒危灭绝……人与自然之间紧张的关系需要加以改善。生态文明的观念在近几年广泛流行，这是人类对传统工业文明的反思，是人类站在时代前沿，对人与自然的关系进行全面反思，对自然生态系统进行深入探讨之后，提出的创新性概念。生态文明发展观所追求的目标是人与自然的和谐发展。

（一）人与自然的对立统一

如何实现人与自然的和谐发展一直是困扰人类的难题。生态文明发展观强调，在开发和利用自然的过程中，必须要遵循自然界的发展规律，

尊重自然的价值和内在属性，可以使人与自然和谐相处，协调发展。首先，在人与自然的发展过程中，保护与改造需同时进行，只有将保护与改造二者辩证地结合在一起，才能更好地实现人与自然的协同发展。人类只有认识自然、树立保护自然的意识，才能使自然正常地发展延续。其次，在人对自然的改造过程中，要做到尊重与利用相统一，只有将尊重作为前提，利用作为过程，在尊重的基础上有方法有成效的加以利用，才能促进人与自然和谐共生。人类要想真正保护自然，就应该在改造自然的过程中尊重自然、充分认识自然、遵循自然的发展规律。人类只有清楚地认识自然，按自然的发展规律去合理开发与利用自然，树立保护自然的意识，才能使自然得以正常发展和延续。因此，在人与自然和谐发展的过程中，改造自然与保护自然是不能分割的，要改造自然必须以保护自然为前提，而要想更好地保护自然，又必须要求人类积极参与到自然中去，通过改造自然以更好地认识自然，了解自然自身的发展规律。因此，在人与自然的和谐发展过程中，保护自然与改造自然是协调统一的。

（二）人与人的和谐统一

人与人和谐发展是指每个人都应该公平享有对自然资源的权利，享

有自身自由发展的权利，且不受他人或其他群体的侵犯。

首先，从代际内的公平性来看，无论是群体还是个人，要想实现彼此的和谐发展，就不能侵犯其他群体或个人的生存和生活空间，尤其是其健康的生态环境。群体发展与个体发展相互制约，如果个体发展超过了自己的极限，这个极限也就是哲学上经常说的"度"，那必然会影响到他人或群体的发展。反过来讲，如果群体的发展超过了自己发展的"度"，那也将会影响其他群体和个体的发展。其次，从代际间的公平性来看，前一代人过度开发和利用自然资源必定会给下一代人的生存和发展带来隐患。一代人在发展过程中，对环境的污染与破坏必然会损害后代的利益，将会给后代造成无法挽救的损失。因此，人类一定要注意代际间的公平问题，任何一代人，在自己生存发展的同时，必须要为后代的生存和发展留下余地，为后代的健康成长创造条件。

人与人的和谐统一，不仅仅是代际间在生态环境中的和谐统一，也包括政治、经济、文化、社会的和谐发展。社会和谐是发展的前提和保证，人与人之间的和谐更是一切发展的前提。

（三）环境保护与经济发展的协调与统一

生态文明作为一种新式的发展观，强调在保证自然环境的承受能力的前提下进行发展，把经济发展与环境保护结合起来，将二者看作是一个有机整体。经济发展与环境保护二者相互依存、不可分割。人类不能为了单纯追求经济效益而忽视人类的生存环境；同时，也不能为了单纯的生态复归，而忽视社会经济的发展。将生态保护与经济利益的追求作为一件事的两个方面，是对生态环境的尊重，也是对人类发展的贡献。习近平总书记说过，"绿水青山就是金山银山"，在追求经济利益的前提下，要保护青山绿水。坚持二者协调发展，不仅是当代人的责任，也是下一代、下下一代人的使命。

健康的经济发展与良好的生态环境是分不开的，良好的生态环境能为经济的可持续发展和人类自由全面的发展提供强有力的物质保障，自然环境得以延续，经济的发展和人的发展才能得以延续。但我们也不能只为了单纯的生态环境而放弃经济发展，因为实现良好的生态环境，以及治理环境污染和保护生态环境，依然需要我们发展经济来支撑。在生态文明的发展过程中，环境保护与经济发展是相互依存、相互促进、和谐共生的。

人类社会是大自然的组成部分，要加强人与自然和谐相处，要发展人与人之间的和谐模式，要坚持生态环境与物质利益的协同共进，如此才能更好地实现人类社会的和谐发展、健康发展。

二、每个人都是社会人

人是社会中最活跃的因子。马克思对于人的本质进行了细致深刻的研究和分析。他在总结人类思想史上优秀文化的基础上，第一次对人的本质做出了科学界定。他认为，人的本质在于：一是劳动是人的本质，这是人与动物的根本区别。二是一切社会关系的总和是人的本质。马克思认为："人的本质不是单个人所固有的抽象物，在其现实性上，它是一切社会关系的总和。"[1]这种社会关系决定人的生产生活方式以及存在的价值。三是人的需求即人的本质。这三方面的规定性都与社会发展相关，体现了人作为社会人的基础。

（一）人是劳动的产物

劳动构成人的本质。无论从人类进化的历史看，还是从人类不断发展壮大的历史看，劳动都对人类发展做出了突出贡献。对处于萌芽状态中的人而言，他们通过不断地劳动来锻炼自身的能力，在成长过程中找到适合自身不断发展进化的内在动力，这应该归功于劳动在人的发展变化过程中不断地完善和提升人的各方面能力。从劳动促使人类进化成为真正的人的角度看，可以发现人类的本质界定是从劳动开始形成的。马克思认为人的社会属性和动物的群体属性之间存在一定的区别，这种区别是人与动物的区别，劳动是人的本质所在。在这个意义上，人的社会性体现在人参与到社会活动中的时候，这种活动往往是通过协作式的劳动来完成的，而动物则不具备主观能动性的劳动活动。人类进行劳动的过程就是改造自身的过程，人之所以能比动物更好地生活在地球上，劳动发挥了不可取代的作用。

---

〔1〕《马克思恩格斯选集》第一卷，人民出版社 1995 年版，第 60 页。

人不仅仅能够通过劳动改造周围的客观世界，而且能在劳动过程中改造自己的主观世界，从而促进了社会的进步。马克思曾说过："整个所谓世界历史，不外乎是人通过人的劳动而诞生的过程，是自然界对人来说的生成过程。"[1]劳动在促进人从动物转化为人的阶段中发挥了关键的作用。

（二）人是一切社会关系的总和

马克思将人的本质定义为一切社会关系的总和，这不仅仅是从人区别于动物的角度上来进行区分的，更多的是从人与人之间的区别上来阐释的，这就涉及了人类社会的分工和协作。在人类社会不断地进步和完善的过程中，人与人之间形成了一定的社会关系。人类社会关系总和的形成不是一次性的，而是由后天不断地学习以及持续的社会实践过程中完善的，可以说是人类在不断地学习、工作、生产、交往的过程中所建立起来的人与人之间的关系。这种社会关系的总和还需要人们不断地改进和完善，将自身的各项交往活动和自身的提升融入社会的发展过程中去。[2]在这个意义上，每个人都是社会的人，人的个性包含在社会的共性中。

让人们在现实的生活中成为一个真真正正的社会人，这样才能够有效地提升人类对于自身本质的探索。从这个角度上来看，马克思对于人的本质的认识是一个逐渐提升和完善的过程，从劳动是人的本质开始，上升到人是一切社会关系的总和。对于人类社会的发展进程来说，人在其中所发挥的作用就是人作为一切社会关系总和的一种体现。

（三）个人需求和社会需求

马克思在不断思考人的本质的过程中，对于人类的自身发展以及社会发展的看法日渐成熟。人类为了满足自身生理需求，往往需要通过辛勤的劳动来换取一定的物质资源，一切生命活动的首要条件就是同外界进行一定的物质交换。这种物质交换的过程往往就是自身需求意识的积极体现，从这个角度来看，人类还存在着一定的动物属性。但是人类这

---

〔1〕　［德］马克思：《1844 年经济学哲学手稿》，人民出版社 2002 年版，第 92 页。
〔2〕　杨兰："马克思怎样界定人的本质"，载《人民论坛》2018 年第 3 期。

种自身需求的满足往往是随着物质条件的增长而不断变化的，这种变化是不断进步和发展的过程。正是在这一过程中，人类对于需求内容不断进行提升和完善。

马克思认为，人类社会的劳动创造活动内在的主要原因和根本动力来源于人类不断发展的需求。这种需求激发了人们将自身更好地投入到社会的建设过程中，从中获得更多的社会财富，以满足人们不断增长的物质文化需求。从这个角度上来看，人类社会在不断的发展过程中，始终有一项活动就是要不断地满足人们日常生活发展的需要。

三、大写的人和小写的人

人因为具备历史内涵，承担着对国家、民族、社会、公众的未来的一份责任而显其"大"，人因为固闭于自我生存、自我发展、自我存在而显其"小"。人的生活也因为连接着历史的运行而显其"大"，因为囿于个人的生存而显其"小"。"大写的人"不单指大人物，"小写的人"也不单指小人物，革命战争时期为革命事业牺牲的无名英雄们也是"大写的人"，改革开放以来为中国特色社会主义事业默默奋斗的中国人都是"大写的人"，而有些人，虽然掌握着较大权力或者经营着大生意，但是贪污腐败、受贿行贿、昧心昧德，依然不能成为"大写的人"，而只能被社会所唾弃。

"穷则独善其身，达则兼济天下"，这句名言是很多人的梦想。在不发达的时候，先提升自身，想办法让自己变得更优秀、更出色，等到有一天成功的时候可以帮助更多需要帮助的人，这是许多人所信奉的哲学。可是，也有人说钱多了为什么要去做慈善？为什么要帮助那些不相干的人？为什么要浪费精力在那些跟自己没有利益关系的人的身上？这反映一个人的人生观的问题。能够正确对待他人和社会公共利益，能够公而忘私，把社会利益置于个人利益之上，这种人是"大写的人"。

有了"大写的人"，才有大写的国。有人说，"人"字最简单，没有偏旁，没有繁体，何谓大写、小写？但有一点是肯定的，"大写的人"的脊梁是笔直的，人格是闪亮的。这个社会，就因为有了"大写的人"，才会充满希望和生机。由此，我们可以看到，"大写的人"，就是崇高的人，伟大的人，他们的人格魅力给予我们一种向上向善的力量。

习近平总书记在 2017 年 5 月对我国著名的地球物理学家黄大年同志的先进事迹作出重要指示："黄大年同志秉持科技报国理想，把为祖国富强、民族振兴、人民幸福贡献力量作为毕生追求，为我国教育科研事业作出了突出贡献，他的先进事迹感人肺腑。"习近平总书记强调："我们要以黄大年同志为榜样，学习他心有大我、至诚报国的爱国情怀，学习他教书育人、敢为人先的敬业精神，学习他淡泊名利、甘于奉献的高尚情操，把爱国之情、报国之志融入祖国改革发展的伟大事业之中、融入人民创造历史的伟大奋斗之中，从自己做起，从本职岗位做起，为实现"两个一百年"奋斗目标、实现中华民族伟大复兴的中国梦贡献智慧和力量。"

黄大年同志是我国著名的地球物理学家，生前担任吉林大学地球探测科学与技术学院教授、博士生导师。2009 年，黄大年同志毅然放弃国外的优越条件回到祖国，刻苦钻研、勇于创新，取得了一系列重大科技成果，填补了多项国内技术空白。黄大年同志就是一个"大写的人"。他始终坚持把自己定义为"国家的人"，他一直坚守为国做事，为国奋斗。他是一个"大写的人"，是我们奋斗路上的一面旗帜。

"大写的人"拥有"先天下之忧而忧，后天下之乐而乐"的情怀，他们登高远望，将党和人民的利益放在第一位，不突破红线，不逾越法纪，只为踏踏实实保国为民。他们是时代楷模，是人民的英雄，是国家的骄傲，是一座座巍峨的丰碑，他们的先进事迹值得我们永远传承弘扬！

思考题

1. 人和自然以及人和社会是怎样的关系呢？

2. 满足个人需求必须遵守的底线是什么？

3. 什么样的人是伟大的人，是高尚的值得我们学习的人？

第二节　人的一生应该怎样度过

人的一生应该怎样度过？什么样的人生才有价值？这是许多人经常思考的问题。

人的一生难免犯错，知错能改善莫大焉。古人有见贤思齐、闻过则喜的典故，也有浪子回头金不换的俗语。说的就是一个人，犯了错误并不可怕，只要真心改正，就仍然可以被社会所接纳。在人生的旅途中，犯了错误并不可怕，可怕的是执迷不悟、知错不改，甚至在错误的道路上越走越远。任何人不管犯了什么样的错误，只要认真思过，诚心悔过，积极努力改造自己的世界观，就能回归社会，恢复正常健康的生活。那么，人的一生应该怎样度过？什么样的人生是有价值的？

一、什么样的人生是有价值的

鲁迅先生曾说过："一个人的生命是可宝贵的，但是一代的真理更可宝贵，生命牺牲了而真理昭然于天下，这死是值得的。"在鲁迅先生看来，真理，比生命还要珍贵。

（一）追求真理的人生才有价值

在中国共产党的历史上，用生命去追求真理、捍卫真理的英雄有许多，也正是老一辈无产阶级革命家不畏艰苦、上下求索的精神才铸就了中国共产党与时俱进、实事求是的优良品格。回首百年历史，战火硝烟没有击退中国共产党人追求真理的脚步，腥风血雨不曾动摇中国共产党人捍卫真理的信念。

20 世纪初，列强凌辱，军阀混战，中华大地满目疮痍，民不聊生。甲午海战战败后，谭嗣同以悲凉的诗句记录下了当时的国情："世间无物抵春愁，合向苍冥一哭休。四万万人齐下泪，天涯何处是神州？"[1]

在这样的社会背景之下，有无数仁人志士前仆后继探索救亡图存的

---

〔1〕　蔡尚思、方行编：《谭嗣同全集》，中华书局 1981 年版，第 540 页。

道路。在那暗无天日的时代，追求真理就意味着流血和牺牲。但中国共产党人始终不曾退却，在寻求真理的路上，真正诠释了中国共产党人的风骨。

1928 年的冬天，白色恐怖笼罩全国。革命先辈夏明翰在武汉进行革命工作时被敌人逮捕。敌人劝夏明翰投降，只要他肯放弃共产主义，就能免遭毒手。但他坚定地回答："我可以牺牲我的生命，决不放弃我的信仰！"敌人用尽酷刑，将他折磨得血肉模糊，遍体鳞伤。但是，再残酷的刑罚也无法动摇他的革命意志，面对敌人的审讯，他依然高呼"共产党万岁"，在敌人将他押到刑场时，他依然面无惧色，高唱着国际歌，留下绝笔诗后慷慨赴死。

"砍头不要紧，只要主义真。杀了夏明翰，还有后来人。"这是夏明翰同志用生命留下的千古绝唱。虽然他的人生很短暂，但却重于泰山，他用鲜血和生命守护的是共产主义的伟大信仰。正是无数这样的先烈成就了一个伟大的政党。习近平总书记 2017 年 9 月 29 日在中共中央政治局第四十三次集体学习时的讲话中指出："时代在变化，社会在发展，但马克思主义基本原理依然是科学真理。尽管我们所处的时代同马克思所处的时代相

△夏明翰

比发生了巨大而深刻的变化，但从世界社会主义 500 年的大视野来看，我们依然处在马克思主义所指明的历史时代。"大浪淘沙，任何时候，真理都像金子一样闪闪发亮，追求真理的人们永远不会畏惧敌人的屠刀，因为我们始终相信，真理的力量可以战胜一切，人生也会因为追寻真理而显得意义非凡。

（二）温暖他人的人生才有价值

自幼唱着"学习雷锋好榜样"长大的我们从小就被教育要团结同学、乐于助人，这是我们一直以来推崇和学习的优良品德。雷锋同志说过："自己活着，就是为了使别人过得更好。"这句话看似简单，但凝结其中的，是他毕生的价值追求。"雷锋"二字也早已经成为人们心中乐于助人、见义勇为、奉献社会的代名词。

随着当代中国迈向市场经济和现代化，有一些人只注重追逐经济效益、追求富裕的生活。我们必须认识到，在进行经济建设的同时，思想道德建设也同样不可放松。雷锋精神是经过了时光磨洗后的中华民族宝贵的精神财富，其中包含着个人对社会的责任、对社会的热爱和对祖国的忠诚。雷锋和他所属的那个时代已经过去，但是忠诚、坚强、乐观、奉献这些与雷锋精神一脉相继的品质在新时代仍被赋予了更加丰富的含义，在今天依然有着鲜活的生命力。

党的十八大以来，习近平总书记多次谈到雷锋精神，号召全党将雷锋精神代代传承下去。习近平总书记2018年9月28日在东北三省考察并主持召开深入推进东北振兴座谈会时强调："雷锋是时代的楷模，雷锋精神是永恒的。实现中华民族伟大复兴，需要更多时代楷模。""我们既要学习雷锋的精神，也要学习雷锋的做法，把崇高理想信念和道德品质追求转化为具体行动，体现在平凡的工作生活中，作出自己应有的贡献，把雷锋精神代代传承下去。""我们要见贤思齐，把雷锋精神代代传承下去。""学习雷锋精神，就要把崇高的理想信念和道德品质追求融入日常的工作生活，在自己岗位上做一颗永不生锈的螺丝钉。"这句句嘱托，是新时期道德建设的重要方向，号召我们要做雷锋精神的种子，把雷锋精神广播在祖国大地上。

（三）奉献祖国的人生才有价值

爱因斯坦曾经说过："人只有献身社会，才能找出那实际上是短暂而有风险的生命的意义。"在今天，我国一对英雄伉俪用毕生的时间和经历诠释了这句话，这就是时代楷模王继才、王仕花夫妇，《感动中国》栏目写给他们的颁奖词是这样的："浪的执着，礁的顽强，民的本分，兵的责任。岛再小，也是国土。家未立，也要国先安。三十二年驻守，三代人无言付出，两百面旗帜，收藏了太多风雨，涛拍孤岛岸，风颂赤子心。"王继才、王仕花夫妻二人，守护着一面红旗，日升日落，只为了告诉世界这里属于中国。大海磅礴，是为他们唱颂的最坚贞的赞歌。王继才是今天全社会学习的榜样，他的精神成为一面鲜红的旗帜，飘扬在祖国的海岛，更飘扬在每个人的心里。

习近平总书记对王继才同志先进事迹作出重要指示时强调，王继才同志守岛卫国 32 年，用无怨无悔的坚守和付出，在平凡的岗位上书写了不平凡的人生华章。我们要大力倡导这种爱国奉献精神，使之成为新时代奋斗者的价值追求。从建党之初的浴血奋战，到新时代的改革发展，中国共产党走的每一步都离不开共产党员脚踏实地的奋斗。正是无数共产党员的牺牲奉献，祖国才实现了从站起来、富起来到强起来的伟大飞跃。

爱国主义精神在中华民族几千年的历史长河中绵延传承、生生不息。在不同时期不同的历史背景之下，有着不同的表现形式，但是却始终贴近时代脉搏，反映社会风貌，雕琢着一代又一代人的精神品质。在中华民族走向复兴的伟大征途中确立爱国主义精神在现代社会的重要地位，确立奉献精神的价值导向地位有着重要的现实意义。

习近平总书记在党的十九大报告中指出："人民有信仰，国家有力量，民族有希望。"加强爱国主义教育，是新时代中国特色社会主义建设过程中信仰构建的重要组成部分。社会主义核心价值观强调公民要自觉树立国家意识、民族意识和责任意识，主动为中华民族伟大复兴的中国梦贡献力量，在服务社会和奉献国家的实践中实现自身价值。

（四）守护家庭的人生才有价值

每个人都是家庭的一员，每个人在家庭中扮演着不可替代的角色。家庭为我们提供情感支持，是我们心灵的港湾，家庭成员之间的相互支持和共同成长是个人幸福和成功的基石。每个人在家庭中的位置都是独一无二的，家庭的和谐与温暖有利于个人成长成才。通过家庭，我们不仅形成了自己的身份认同，还学会了如何为他人着想，如何在更大的社会环境中贡献自己的力量。

家庭在个人成长和发展中扮演着极其重要的角色，是人生的第一所学校。家庭在个人成长的早期阶段提供了基本的社会化框架，为一个人日后在更广阔的社会环境中取得成功打下了坚实的基础。无论时代如何变化，经济社会如何发展，家庭的社会功能不可替代，我们必须注重家教和家风建设。把良好的道德观念从小就传递给孩子，引导他们做人有气节、有骨气，帮助他们塑造美好心灵，促进健康成长。同时家庭成员也应当以身作则，做出榜样，传承良好的家风，正所谓"积善之家，必有余庆；积不善之家，必有余殃"。

建立自己的家庭，意味着开启一段全新的旅程，在这段旅程中，扮演好家中的角色至关重要。首先，作为家庭的一分子，我们需要承担起对伴侣和子女的责任，共同营造一个温馨、和谐的氛围。这意味着不仅要关注物质生活的保障，还要注重情感的支持。其次，作为伴侣，我们要学会倾听和理解对方的需求与期望，通过有效沟通来解决问题，共同规划家庭的美好未来。作为父母，则要成为孩子的榜样，传授给他们正确的价值观和生活技能，引导孩子健康成长。更重要的是，无论遇到什么困难和挑战，都要携手共进，共同面对，因为家庭是彼此最坚强的后盾。夫妻应当互相忠实，互相尊重，互相关爱；家庭成员应当敬老爱幼，互相帮助，维护平等、和睦、文明的婚姻家庭关系。我们作为家庭的重要成员，也要积极弘扬践行家庭美德。感念父母养育之恩，感念长辈关爱之情。孝敬父母，尊重长辈。回报家庭，回馈社会。为家庭创造美好生活，为社会树立家庭典范。

二、奋斗的人生最幸福

（一）奋斗成就出彩人生

中国特色社会主义进入了新时代，这是奋斗者的时代。习近平总书记 2018 年 5 月 2 日在北京大学师生座谈会上告诫青年群体："广大青年要培养奋斗精神，做到理想坚定，信念执着，勇于开拓，顽强拼搏，永不气馁。"[1]

奋斗应当成为我们人生的底色。在 2019 年的新年贺词中，习近平总书记回首过去一年的奋斗旅程，肯定了每一位奋斗者的辛勤付出，热情礼

---

〔1〕 习近平总书记 2018 年 5 月 2 日在北京大学师生座谈会上的讲话。

赞了每一位奋斗者的追梦之旅。总书记满怀信心地鼓舞亿万人民"我们都在努力奔跑,我们都是追梦人"。总书记的贺词中饱含着对奋斗者的致敬,也是对新时代奋斗精神的深情呼唤。在总书记的贺词中,林俊德、张超、王继才、黄群、宋月才等奋斗英雄们是新时代最可爱的人,在新时代的伟大征程上写下了浓墨重彩的篇章。正是有了千千万万这样的奋斗者,才能创造出美好的生活,才能构建这个伟大的新时代。

致敬奋斗者,就是推崇奋斗的伟大精神。站在这样关键的历史节点上,回首过去,没有先辈们的奋斗,就不会有我们今天的幸福生活。改革开放四十多年来,国家前行的每一步都成就了亿万中华儿女的个人梦,无数个人梦想的实现也汇聚成了推进国家进步的合力。中华儿女以感天动地的奋斗者姿态创造了举世瞩目的中国奇迹。新的征程就在前方,中国梦也是每个人的梦,只有将个人价值的实现熔铸进国家的梦想中才有实现的可能和助力。我们不能满足于现今取得的成就,而是要有"雄关漫道真如铁,而今迈步从头越"的气魄,去勇敢地追寻自己的梦想。

奋斗的人生才有意义,无论是一名普通的快递小哥、环卫工人、出租车司机或者退伍军人……工作看似平凡无奇,但是都有一个神圣的身份,就是新时代的奋斗者。新时代是奋斗者的舞台,更是追梦人的舞台,无论你身处何方,都可以用奋斗者的姿态来证明,每个人有机会、有能力在奋斗中书写新时代的伟大历史,创造中华民族的伟大奇迹!

(二) 奋斗铸就中国梦

如果说个人的奋斗能成就一个人有价值的一生,那么千万人的奋斗就能绘就一张国家繁荣昌盛的壮美蓝图。回首中国共产党百年光辉历史,中国共产党从成立的那一天起,就把实现民族独立和人民解放作为自己的使命,这就注定中国共产党选择了一条满是艰险的奋斗之路。在困难面前,中国共产党人从来没有退却,对真理的追求也没有动摇,在变革的洪流中,风险、困难和挑战纷至沓来,如何化险为夷、成功地应对困难都是对共产党人的严峻考验。在枪林弹雨的革命战争年代,共产主义远大理想激励着一代又一代共产党人英勇奋斗,成千上万的烈士为了这个理想献出了宝贵生命。只争朝夕的改革岁月中,涌现出了一大批为了建设祖国鞠躬尽瘁的奋斗楷模，为实现中华民族的伟大复兴，他们把自己化成尖刀利刃，化成国之重器。正是他们用坚定理想、百折不挠的奋斗精神铸就了大国的骄傲和强大，沧海横流，方显英雄本色，艰难困苦，砥砺精神品格。中华民族总是能从危难中奋起，于困顿中重生，越是面对困难和矛盾，越能激发出意想不到的力量。在铸就中国梦的奋斗中，中国共产党人经历了无数艰辛，在关系党和国家命运的关键时刻，总是能做出正确的判断，带领中国人民取得一个又一个的胜利。回首这些历史，我们更加信心百倍、豪情满怀，更有理由相信在中国共产党的领导下能够早日实现中华民族的伟大复兴。

（三）幸福是奋斗出来的

关于奋斗，古人留下了太多经典诗句，既有"人定兮胜天，半壁久无胡日月"的豪迈，也有"业无高卑志当坚，男儿有求安得闲"的壮志。爱因斯坦也有过这样的灵魂拷问："我们一来到世间，社会就会在我们面前竖起了一个巨大的问号，你怎样度过自己的一生？我从来不把安逸和享乐看作是生活目的本身。"

习近平总书记曾多次强调，"幸福都是奋斗出来的"，"世界上没有坐享其成的好事，要幸福就要奋斗"。

习近平总书记所倡导的"奋斗幸福"已经成为全社会的共识。中华民族从站起来到富起来再到强起来的伟大飞跃中，始终离不开伟大的奋斗精神。只有继承和弘扬奋斗精神，才能在新时期找到前进的姿态，才能建功立业，报效国家。

首先，要弘扬奋斗精神必须先夯实爱国之情。对国家和人民的热爱是报效国家的原动力，培养爱国之情是弘扬奋斗精神的感情先导，培养热忱自信的爱国情怀是弘扬奋斗精神的基础。其次，弘扬奋斗精神的关键在于立报国之志。将爱国之情转化为报国之志才是弘扬奋斗精神的核心，只有将奋斗情怀升华为思想认同，才能坚定中国特色社会主义道路的共同理想。最后，我们必须脚踏实地地走好奋斗之路，这也是继承和弘扬奋斗精神的出发点和落脚点。空谈误国，实干兴邦。爱国不是响亮空洞的口号，而是奋斗的行动，没有坚持不懈的奋斗实践，再谈国家和人民的情怀也是空话套话。新时代是奋斗者的时代，只有将爱国之情和报国之志转化为实实在在的报国行动才有可能收获幸福人生。

艰难困苦，玉汝于成，"不驰于空想、不骛于虚声"，要始终保持一股热情和激情，奋发进取、锐意创新，扎扎实实地做好每一件事情。幸福不会从天而降，坐而论道不行，坐享其成更不可能。要创造美好生活，收获幸福，必须不懈奋斗。

思考题

1. 人的一生怎样度过才是值得的？

2. 你觉得自己人生过得有价值吗？表现在哪里？

第三节　践行社会主义核心价值观

有了正确的世界观，人生观，价值观，明白了什么样的人生才是有价值的人生，就可以确立自己人生的正确方向。正确的方向一旦确立，重要的就在于行动，在于实践。践行社会主义核心价值观，是每个中国公民的行为准则。

一、什么是社会主义核心价值观

党的十八大报告指出：“倡导富强、民主、文明、和谐，倡导自由、平等、公正、法治，倡导爱国、敬业、诚信、友善，积极培育和践行社会主义核心价值观。”这一论述明确了社会主义核心价值观的基本理念和具体内容，指出了社会主义核心价值体系建设的现实着力点，是对社会主义核心价值体系建设的新部署、新要求。正确理解社会主义核心价值观的内涵，深刻把握积极培育和践行社会主义核心价值观的重要性，对于推进社会主义核心价值体系建设，用社会主义核心价值体系引领社会思潮、凝聚社会共识，具有重要的理论意义和实践意义。

（一）社会主义核心价值观的丰富内涵

核心价值观是社会核心价值体系基本理念的统一体，直接反映核心价值体系的本质规定性，贯穿于社会核心价值体系基本内容的各个方面。社会主义核心价值观是社会主义核心价值体系最深层的精神内核，是现阶段全国人民对社会主义核心价值观具体内容的最大公约数的表述，具有强大的感召力、凝聚力和引导力。党的十八大报告关于社会主义核心价值观的表述，对社会主义核心价值体系基本内容进行了凝练，是重要理论创新成果。

“富强、民主、文明、和谐”，是我国社会主义现代化国家的建设目标，也是从价值目标层面对社会主义核心价值观基本理念的凝练，在社会主义核心价值观中居于最高层次，对其他层次的价值理念具有统领作用。"富强、民主、文明、和谐"是从国家层面对社会主义核心价值观所作的阐述，也是我们始终如一的奋斗目标。它反映着全党全国各族人民对社会主义现代化国家的美好憧憬，描绘出了中华民族实现国家富强、人民幸福、和谐文明的美好愿景。就自身构架而言，富强是经济基础，民主是政治保障，文明是进步的标志，和谐是对富强、民主和文明的总括、延伸和升华，它们相互作用，相互促进，四位一体，共同构成了国家层面的核心价值理想和目标。它是社会主义现代化国家在社会建设领域的价值诉求，是经济社会和谐稳定、持续健康发展的重要保证。

"自由、平等、公正、法治"，是对美好社会的生动表述，也是从社会层面对社会主义核心价值观基本理念的凝练。它反映了中国特色社会主义的基本属性，是我们党矢志不渝、长期实践的核心价值理念。自由是指人的意志自由、存在和发展的自由，是人类社会的美好向往，也是马克思主义追求的社会价值目标。平等指的是公民在法律面前的一律平等，其价值取向是不断实现实质平等。它要求尊重和保障人权，人人依法享有平等参与、平等发展的权利。公正即社会公平和正义，它以人的解放、人的自由以及平等权利的获得为前提，是国家、社会应有的根本价值理念。法治是治国理政的基本方式，依法治国是社会主义民主政治的基本要求。它通过法制建设来维护和保障公民的根本利益，是实现自由平等、公平正义的制度保证。

"爱国、敬业、诚信、友善"，是公民基本道德规范，是从个人行为层面对社会主义核心价值观基本理念的凝练。它覆盖社会道德生活的各个领域，是公民必须恪守的基本道德准则，也是评价公民道德行为选择的基本价值标准。爱国是基于个人对自己祖国依赖关系的深厚情感，也是调节个人与祖国关系的行为准则。它同社会主义紧密结合在一起，要求人们以振兴中华为己任，促进民族团结、维护祖国统一、自觉报效祖国。敬业是对公民职业行为准则的价值评价，要求公民忠于职守，克己奉公，服务人民，服务社会，充分体现了社会主义职业精神。诚信即诚实守信，是人类社会千百年传承下来的道德传统，也是社会主义道德建设的重点内容，它强调诚实劳动、信守承诺、诚恳待人。友善强调公民之间应互相尊重、互相关心、互相帮助，和睦友好，努力形成社会主义的新型人际关系。

（二）积极培育和践行社会主义核心价值观的重要意义

党的十九大报告指出："社会主义核心价值观是当代中国精神的集中体现，凝结着全体人民共同的价值追求，要以培养担当民族复兴大任的时代新人为着眼点，强化教育引导、实践养成、制度保障，发挥社会主义核心价值观对国民教育、精神文明创建、精神文化产品创作生产传播的引领作用，把社会主义核心价值观融入社会发展各方面，转化为人们的情感认同和行为习惯。"社会主义核心价值观凝聚了国家、社会、个人三个层面的价值要求，是马克思主义在社会意识形态领域的生动体现，也是马克思主义指导国家和社会发展的基本要求。当前，在坚持和发展中国特色社会主义的伟大实践中，积极培育和践行社会主义核心价值观具有重要而深远的意义。

积极培育和践行社会主义核心价值观是推进社会主义核心价值体系建设的基础工程。社会主义核心价值观是中国特色社会主义在价值导向上的核心要义，是社会主义核心价值体系的灵魂内核。社会主义核心价值观的形成也经历了一个孕育和发展的过程，是国家、公民、个人三个层面对民族品格、社会意识、公民道德的科学回答。社会主义核心价值观是中国共产党领导人民在革命、建设和改革的艰辛历程中孕育形成的民族品格、社会品格和公民品格，指引着中华民族一直走在正确的道路上。

积极培育和践行社会主义核心价值观是维护我国意识形态安全的迫切需要。长期以来，西方敌对势力对我国实施西化分化的图谋从未停止。当今我国正处于改革发展的关键阶段，西方敌对势力乘机加紧对我国实施价值观渗透战略。世界上从来就不存在抽象的民主，也不存在绝对的自由。实际上，民主、自由和人权并不是西方国家的专利，而是人类社会的美好追求。面对价值观领域的渗透与反渗透斗争，我们必须坚守好价值观领域这块阵地，确保意识形态安全。这就需要我们坚持以马克思主义为指导，大力加强社会主义核心价值体系建设，在凝魂聚气、强基固本上下足功夫。

当前，我国已经进入中国特色社会主义建设的新时代，大力培育和弘扬社会主义核心价值观是巩固马克思主义在意识形态领域的指导地位，保持社会主义文化先进性的重要保障，对于集中力量决胜全面建成小康社会、实现中华民族伟大复兴都有着重要的现实意义和深远的历史意义。社会主义核心价值观有其自身的特征和规律，我们要致力于探讨新形势下社会主义核心价值观的规律和特点，从而准确做出把握和判断，循序渐进、深入持久地培育和弘扬社会主义核心价值观，使之成为指引人民生活和实践的重要价值遵循，成为引领中国特色社会主义现代化建设的价值标杆。

（三）社会主义核心价值观的践行路径

第一，以中华优秀传统文化滋养社会主义核心价值观，是培育和弘扬社会主义核心价值观的重要路径。2014 年 9 月 24 日在纪念孔子诞辰2565 周年国际学术研讨会暨国际儒学联合会第五届会员大会开幕会上，习近平总书记指出："优秀传统文化是一个国家、一个民族传承和发展的根本，如果丢掉了，就割断了精神命脉。"中华优秀传统文化是中华民族的"根"和"魂"，中华民族传统文化博大精深、源远流长，经过了数千年的历史积淀，形成了完备的价值体系和道德评判标准。中华民族悠久的历史文化滋养着一代代中华儿女，形成了中华民族所独有的精神标识。在我国的传统文化当中，早就有家国天下的概念，关于国家治理方式、社会发展理念、家庭道德规范的论述中的许多观点在今天看来也十分适用。这些优秀的传统文化引导着人们不断地提高精神境界、提升道德品质，在社会的稳定和发展中起到了至关重要的作用，维护了传统社会的稳定和繁荣。

第二，培育和弘扬社会主义核心价值观，要以制度、机制调整和创新作为重要保障。培育和弘扬社会主义核心价值观，一是要坚定"四个自信"，坚定马克思主义理论自信，不断强化马克思主义理论素养；二是要树立广大人民群众对于社会主义核心价值观的情感认同和理论认同，将培育和弘扬社会主义核心价值观融入中国特色社会主义的伟大历史进程中去，使之成为国家和社会、个人的核心价值引领；三是要形成培育和弘扬社会主义核心价值观的常态化机制，让有利于实现社会和谐、公平正义、诚信平等的积极因素充分发挥作用，将社会主义核心价值观融入公共政策之中，从而营造更加和谐美好的社会环境。

第三，培育和弘扬社会主义核心价值观，必须以脚踏实地的实践作为重要落脚点。党的十九大报告中指出："要以培养担当民族复兴大任的时代新人为着眼点，强化教育引导、实践养成、制度保障，发挥社会主义核心价值观对国民教育、精神文明创建、精神文化产品创作生产传播的引领作用，把社会主义核心价值观融入社会发展的各方面，转化为人们的情感认同和行为习惯。"这一重要论述，进一步明确了社会主义核心价值观培育的重要落脚点。在人民群众的生产生活实践中，探索培育和践行社会主义核心价值观的实践路径，以喜闻乐见的方式去宣传社会主义核心价值观，以良好的社会环境滋养社会主义核心价值观，使之逐渐成为人民群众日常实际工作和生活实践中的自觉行为准则和价值标尺。

二、社会主义核心价值观对个人的基本要求

（一）爱国

爱国是人们对于祖国的一种深厚的依恋、爱护，以及与此相应的实际行动。爱国是每个公民应当遵循的最基本的价值观念和道德准则，也是中华民族的光荣传统。几千年来，中华儿女一直高举爱国旗帜，涌现出无数爱国英雄、仁人志士，传诵着数不清的爱国诗篇，爱国主义精神已融入亿万人民的心里。

在中华民族成长和发展的历史实践中，人们深深地懂得国家的重要和爱国的必要，懂得个人命运与国家和民族命运在根本上是一致的：没有国，就没有家，也就没有个人的自由和幸福，甚至没有个人的生命和安全；只有国家独立富强，个人才能自由、富裕与幸福。正是从这种个人与国家的密切关系中，以及对这种关系的深刻认识中，中国人民产生了对祖国浓厚强烈的道德情感，并把这种强烈的爱国情感转化为行动和实践。

爱国就要热爱人民，就要尊敬我们的先辈，是他们创造了中国的今

天；就要热爱同自己一样生长在中华大地上的父老乡亲、师长朋友，他们与我们血肉相连，共同支撑和发展着今天的社会。爱国要怀着一颗感恩之心，为人民服务，努力回报祖国、回报社会、回报人民，让人民生活得更富裕、更美好。

爱国就要保护好祖国的领土不受侵犯，爱惜国人的辛勤劳动和创新创造，热爱祖国大好河山的优良传统，加强生态文明建设，推动和保障我国经济社会可持续发展。

爱国就要热爱中华优秀传统文化，增强我们的道路自信、理论自信、制度自信、文化自信。

爱国最重要的就是要热爱中国特色社会主义。是社会主义救了中国，是中国特色社会主义发展了中国。在当前，爱国的重要内容就是积极投身中国特色社会主义建设，使得"国家富强、民族振兴、人民幸福"的中国梦加快实现。

(二) 敬业

所谓敬业，"就是人们基于对一件事情、一种职业的热爱而产生的一种全身心投入的精神，是社会对人们工作态度的一种道德要求。它的核心是无私奉献意识。低层次的即功利目的的敬业，由外在压力产生；高层次的即发自内心的敬业，把职业当作事业来对待"。[1]

在现代世界上的所有国家，敬业精神都是被高度提倡的精神品质。尤其是在中国，敬业是社会主义现代化建设的必然要求，也是实现中华民族伟大复兴中国梦的题中之义，更是建设富强、民主、文明、和谐的社会主义现代化强国的必要品质。敬业也是中华民族的传统美德，自古就有诗句表达对敬业的态度，"春蚕到死丝方尽，蜡炬成灰泪始干"，"鞠躬尽瘁死而后已"。步入新时代的今天，敬业依然是对公民职业价值评价的基本行为准则，是对人的本质和追求与自我价值实现的评价标准。人们只有具有高度的敬业精神和敬业态度，才能够在服务社会的过程中实现自我价值，从而得到社会的认可和肯定。

---

〔1〕 源自百度百科。

（三）诚信

诚信是契约社会的基本素养，是人与人之间交往的基本原则。诚信强调的就是人际交往中的一言九鼎、信守承诺，是社会生活中的诚实劳动、合法经营。诚信是一个人道德修养的外在表现，人无信而不立，业无信而不兴，国无信而不宁。诚信是个人之根本，行业之根本，社会之根本。不论是过去还是现在，诚信都具有永不褪色的价值。在当下，诚信在社会道德建设中起到的作用越来越明显，对个人道德评价的标杆作用也更为突出。凡事讲求诚信的人往往能赢得他人的信任和喜爱，赢得领导和同事的赏识和青睐，赢得社会各界的看好，人生也就多了许多机会，他们也就更容易成功。与之相反，如果一个人言而无信，满口谎言，不论是家人还是朋友，都无法信任他，社会也就会质疑他的品行，这样的人就失去了社会竞争力，就注定不可能有大的建树，甚至可能走上违法犯罪的道路。

诚信是社会和谐发展的基础，树立诚信理念，营造诚信环境，建设诚信体系已经成为全社会的责任。但近年来，随着市场化进程的加快，各类社会主体之间的活动日益多样化、复杂化，各种失信行为频繁曝光，给社会带来严重危害。针对诚信缺失的问题，我国建立了个人诚信档案，包括个人职场诚信档案、大学生诚信档案、个人社会诚信档案等重要方面，这对于规范个人诚信、监督个人诚信、促进全社会诚信有着重要作用。所以，必须以诚为先、以诚相待，深刻理解社会诚信的重要性，积极重塑和维护社会诚信，只有这样，我们的社会才会更加和谐，人民的生活才会更加美好。

（四）友善

友善是指人与人之间的团结互助，尊重友好。对人友善是中华传统文化的优良品质。自古便有"仁人无敌于天下"等传世名言。《论语》中也记录了孔子诸多关于仁爱友善的思想：不仅有"四海之内皆兄弟也"的博爱亲善，也有"益者三友，损者三友。友直，友谅，友多闻，益矣。友便辟，友善柔，友便佞，损矣"[1]的哲人思维。孟子也是中国古代思想家中推崇友善的代表人物，他留下了许多关于友善的教诲，"可欲之谓善，有诸己之谓信，充实之谓美，充实而有光辉之谓大，大而化之之谓圣，圣而不可知之之谓神""仁者爱人，有礼者敬人，爱人者，人恒爱之；敬人者，人恒敬之"。[2]这些都是教导人们心怀善良、团结友爱的名言警句。

古人的教诲字字珠玑，时至今日也是值得我们深思和遵从的传统文化。当今社会，友善包括人和人、个人和社会、人与自然环境等各方面的友善，有着更为丰富的内涵，是更加系统科学的友善观。友善对于促进社会关系和谐，维护社会秩序稳定都有着重要的现实意义和长远影响。只有友善地对待他人，才能获得幸福感和满足感。友善对待社会，才能实现个人价值。友善对待自然，才能收获绿水青山。由此可见，友善是人们日常活动的精神动力，也是人们追求自身自由全面发展过程中的道德支撑。只有在友善的环境下，个体才能在社会中健康成长，社会才能安定和谐，国家才能走向现代化，实现伟大复兴的中国梦。

三、走好自己的人生之路

《钢铁是怎样炼成的》一书中，保尔·柯察金写道：人，最宝贵的是生命；它，给予我们只有一次。人的一生，应该这样度过，当他回首往事时，不因虚度年华而悔恨，也不因碌碌无为而羞愧；这样在他临死的时候，他就能够说："我已经把我的整个生命和全部精力，都献给了这个世界上最壮丽的事业——为了人类的解放而斗争！"这是保尔选择的人生价值，并且他也为之奋斗付出，一步步走出了自己的人生之路。对于如何走好自己的人生之路，我们应该从以下几个方面去实践。

（一）树立正确高尚的人生观、价值观

俗话说：一寸光阴一寸金，寸金难买寸光阴。过去的日子就像泼出去的水一样再也回不来。小时候老师、家长会问我们，长大后的梦想是

---

[1]　（宋）朱熹撰：《四书章句集注》，中华书局 2011 年版，第 160 页。
[2]　（宋）朱熹撰：《四书章句集注》，中华书局 2011 年版，第 346-347 页、第 278 页。

努力改造　重塑新生

什么？我们的回答五花八门、多种多样，喜欢什么就会说什么。随着年龄的增加，阅历的丰富，我们越来越知道自己想得到什么，知道自己想做什么。但也是从这个时候，每个人的人生观渐渐地开始产生差异，逐渐走上了不同的人生之路。

人生观，就是指对人生的看法，也就是对人类生存的目的、价值和意义的看法。随着世界的改变和社会环境的变化，每个人的人生观在不同的时期会发生变化。价值观，就是指个人对客观事物及对自己的行为结果的意义、作用、效果和重要性的总体评价。正确高尚的人生观、价值观会帮助我们塑造健康积极的人生态度，创造丰富多彩的人生。而错误的人生观、价值观会使人走入歧途，甚至掉入犯罪的深渊。爱因斯坦说："一个人的价值应该看他贡献了什么，而不应该看他取得了什么。"人生观和价值观就像灯塔一样，指引着人生前进的方向。树立正确高尚的人生观、价值观是在个人层面上进行道德培育的关键所在。我们要铭记中华民族的传统美德，真正将个人的人生观、价值观统一到国家社会层面来，走光明正确的人生大道。

（二）对自己的人生有科学合理的规划

人活着，从来不是人云亦云、随波逐流，而是要对自己的人生高度负责，我的人生我做主。一位哲人说过："我们既要低头前行，也要仰望星空。"科学合理的人生规划，就像出行前提前计划好路线，才能不慌不忙，淡定从容。

如何做好科学合理的人生规划？一是要正确认识自己。《孙子兵法》云："知己知彼，百战不殆。"俗语也说，"人贵在有自知之明"。了解自己、正确认识自己，知道自己人生的目标是什么，知道什么样的人生才有意义。二是要制定恰当的目标。一个人要想自己的人生有一定的价值和意义，要想自己的人生之路充满动力，就一定要有目标、有理想。在新中国成立之前的革命战争时期，人们的理想是实现民族独立和人民解放；新中国成立后，人们的理想是建设新中国，在改革开放初期，人们的理想是解决温饱、发展社会主义市场经济；步入新时代，人们的理想是中华民族的伟大复兴和"两个一百年"奋斗目标。有了目标，党和国家、各族人民就有了前进的方向。对于我们个人而言，在确立人生目标的过程中，要注意结合自身的情况，树立切实可行的目标。三是吸取经验，他山之石，可以攻玉。《论语》中"三人行，必有我师焉，择其善者而从之，其不善者而改之"的名句，意思是选取别人的优点学习，别人不好的方面要对照自己加以改正。在学习和工作中，要善于学习并运用好他人的经验，取长补短，不断完善自己。

（三）践行对自己的承诺，撸起袖子加油干

有了正确高尚的人生观、价值观，确立了科学合理的人生规划，接下来最重要的就是积极行动，实现自己的人生目标。幸福从来都不是想象出来的，而是踏踏实实干出来的。空想只会浪费时间、消耗生命。"撸起袖子加油干"是国家主席习近平在 2017 年新年贺词中对全党全军全国各族人民的激励和倡议，是时代赋予我们这一代人的使命。"撸起袖子"是号召也是动员，"加油干"是命令也是鼓舞。我们要抓住历史机遇，响应习近平总书记大的号召，精诚团结、努力奋斗、奋发向上，真正做到实干兴邦。在明确目标的前提下，理清思路，拉单列条，把握重点，严守规矩，力求实效，真正将个人的理想目标，转化为扎实的行动，以踏石留印、抓铁留痕的作风践行承诺。

马克思在青年时期所写的《青年在选择职业时的考虑》中说道："如果我们选择了最能为人类福利劳动的职业，那么重担就不能把我们压倒，因为这是为大家而献身。"回顾马克思的一生，他用毕生的热情、精力和时间诠释了这句话，这就是他对自己的承诺最完美的践行。我们要将个人理想和社会理想有机地结合起来，将个人理想融入社会理想之中，用社会理想指导个人理想，个人的理想信念才能迸发出无穷的力量。

作为新时代的一分子，个人的成长成才有幸与祖国同频共振。让我们携手并肩，胸怀理想，继承先辈遗志，发扬光荣传统，为实现中华民族伟大复兴的中国梦贡献自己的力量！

思考题

1. 社会主义核心价值观对个人的要求有哪些？

2. 中国人历来重视家庭，你在家庭美德方面有哪些思考？

3. 我们应该如何走好剩下来的人生路？

推荐书目

1.《活出生命的意义》，维克多·弗兰克尔，华夏出版社 2014 年版。

2.《社会主义核心价值观与人文素养》，赵建磊、许可、吴丽萍主编，中国书籍出版社 2016 年版。

推荐电影

1.《当幸福来敲门》（2006 年），加布里埃尔·穆奇诺执导。

2.《阿甘正传》（1994 年），罗伯特·泽米吉斯执导。

结束语

中华民族是一个历史悠久的民族，中国是一个历史悠久的统一的多民族国家，中华文明是人类历史上唯一一个延续至今的古文明。中国共产党创立的中华人民共和国是这个文明的优秀继承者。认同自己的祖先、民族和国家，认同自己的历史、文化和共同价值观，是每一个国民最基本的思想素质。

中国共产党领导中国人民经过艰苦卓绝的英勇奋斗和流血牺牲，充分发扬中华民族勤劳勇敢、自立自强、团结统一的民族精神，赢得了国家独立和人民解放；中国共产党领导和带领中国人民站起来、富起来，使我们看到民族复兴国家强盛的胜利曙光。为人民谋幸福，为民族谋复兴，为世界谋大同，一代又一代的共产党人，不忘初心为之奋斗，是中国人民赢得个人尊严和追求幸福美好生活的坚强保障。进入中国特色社会主义新时代，习近平同志提出的全面建成中国特色社会主义现代化强国的伟大奋斗目标，为我们描绘了更加美好的未来图景。中华民族伟大复兴，是全体中国人的共同愿望，需要每一个中国人贡献出自己的力量。

我们身处一个伟大的时代。中国人民和中国历史选择了中国共产党。中国共产党团结带领全国各族人民，自力更生，艰苦创业，用28年的时间完成了实现国家主权、民族独立的历史任务，用不到百年的时间初步实现了国家繁荣和人民幸福。到本世纪中叶，中国共产党会领导全国各族人民建成富强民主文明的社会主义现代化强国。这是一个伟大的时代，一个中华民族和平崛起的伟大时代，伟大的时代需要凝聚团结奋斗的智慧和力量，去不断创造和巩固美好的发展成果，去抵达美好的生活高地！

未来可期，中国特色社会主义伟大事业进入新时代，一个突出的标志就是：每一个个人不仅物质文化生活获得更高的满足，而且在安全、公平、正义等方面获得更高的满足。古语说，浪子回头金不换。一个人，不管身犯何种罪错，只要从今天做起，从现在做起，认真改造自己的世界观，重新树立自尊自爱自强、爱党爱国家爱民族的正确价值观，树立中国特色社会主义必胜的坚定信念，愿意为实现中华民族伟大复兴的中国梦贡献自己的力量，就能够重新为社会所接纳，开始光明幸福的新生活。